大是文化

神探的科學

毒理學、指紋辨識、臉部重建、
鑑識彈道學、血液、DNA 分析，
最完整鑑識調查技術，長銷 20 年。

專業科學家、前生物化學研究員、鑑識科學作家
布萊恩・隱內 Brian Innes
歷史及科普書籍編輯兼作者
露西・唐卡斯特 Lucy Doncaster——著
吳國慶——譯

目錄

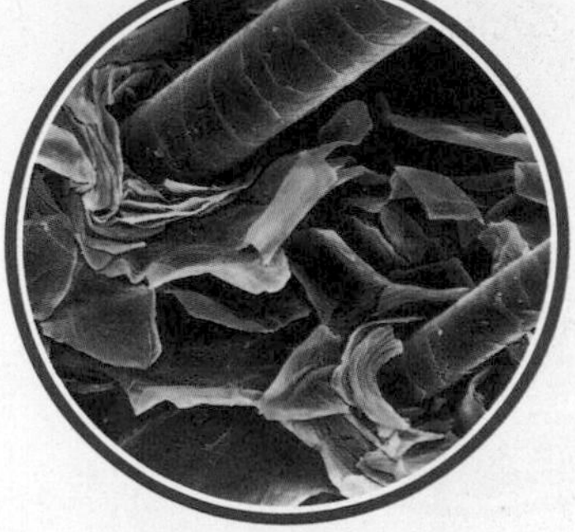
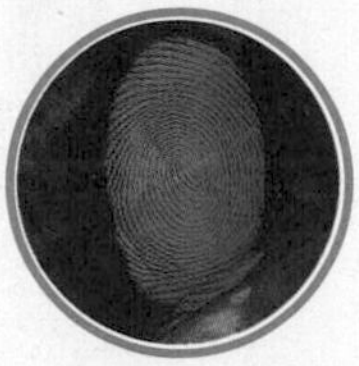

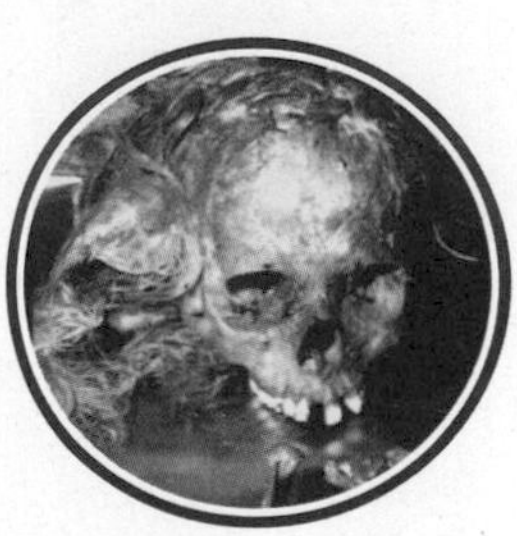
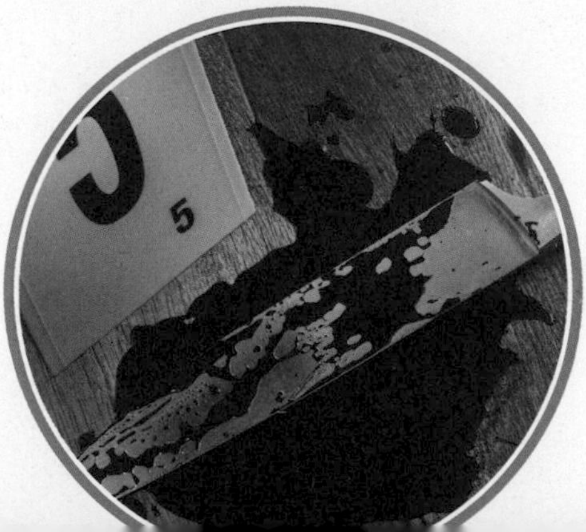

5

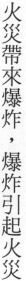

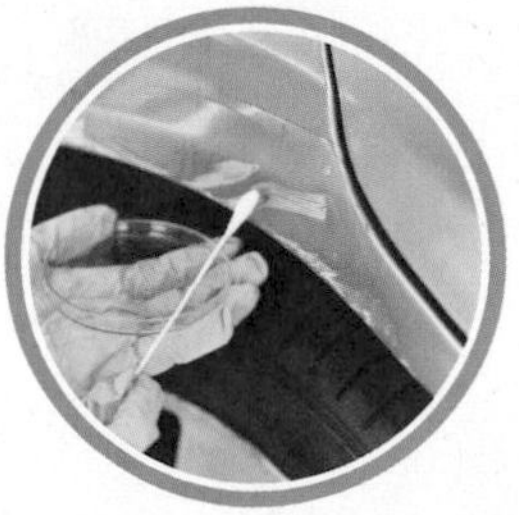

推薦序一

見識，鑑識

中央警察大學刑事警察學系教授兼科學實驗室主任／白崇彥

鑑識乃是以科學技術提供犯罪證據或線索，以執法緝凶，或返還犯嫌之清白，甚至可據以保護被害人，因此鑑識實務工作可謂是彰顯正義之大是大非的神聖任務。

但伴隨一則則怵目驚心的新聞媒體標題：「DNA鑑識打混仗，性侵再審改判無罪」、「唾液、咬痕不符，內湖裸屍案判刑，男友改判無罪」，有人開始懷疑「鑑識」似乎也會出錯，甚至造成冤獄，鑑識結果是否可信？其究係科學還是技術？

其實，刑事鑑識之領域範圍甚廣，各有或深或淺的科學學理根據，然而，不管是哪種次領域，其鑑識結果都有著不同程度的證明力，必須經過結果意義之詮釋，例如統計機率分析、專家證言，才能得到正確的案件應用與判刑依據，**未經合理詮釋的鑑識結果，往往是造成冤假錯判之主因。**

「我實在告訴你們，你們所做的，只要是做在我這弟兄中一個最小的身上，就是做在我身上了。」（《馬太福音》25章40節）

這一則《聖經》訓語之隱喻，強調要落實在最細小的地方，其精神恰好與鑑識工作一致。破案之關鍵證據，往往取決於細微跡證（trace evidence）的鑑定，故而有微量物證「羅卡交換原則」（Locard's exchange principle）之指導方針與彰顯；且正所謂萬丈高樓平地起，鑑識技術的開發以及科學學理之探索，也都不斷的往細小分子的分析探究扎根，其奠基發展理念亦與《聖經》的這句教誨訓言相互契合。

而要想逐步見識鑑識，可從《神探的科學》入門。本書雖是翻譯著作，文章語句敘述卻展現出通順達意之鋪陳，可見譯者用心及其翻譯功力之深厚。內容共計十七章，於瀏覽閱讀之後，我發現這本書有兩個特色：

其一，其領域範圍分布相當完整，而且與鑑識教科書一致，**涵蓋了刑事生物、刑事化學、物理鑑識，以及法醫鑑識等四個領域**；其二，令我讚嘆的是，每一章都有數則「事實檔案」以深入解釋學理概念，而更難能可貴之處在於，每一章也都納入數個「犯罪檔案」，以真實案例輔助解說章節主題之應用。我於課後輔導學生時，偶有學生反映：「雖然認真的閱讀了鑑識教科書，卻仍不甚了解。」究其原因，也許就差在實際案例之應用解說。

總體而言，這本書雖屬科普性質，卻也隱約有著教科書之屬性實效。因著本人執教刑事鑑識課程二十餘載經驗，於是參照臺灣鑑識實務的慣用語，對於書本內容出現的專有名稱與特殊詞彙，予以潤飾修訂，以契合本地化用詞習慣。

閱讀之好處，在於饒益人生。鑑識大師李昌鈺博士有諸多名言，例如：「化不可能為可能」、「人生跟鑑識現場一樣，只有一次，一旦錯過就沒有了」、「一天一小步，就能完成許多夢想」、

「案件不分大小，人不分貴賤」、「好好做人，好好做事」，讀者在閱讀本書的同時，不妨也咀嚼體會一下李博士的這些鑑識名言，以裨益靈性慧命之成長。

（本文作者白崇彥，本書專業審定者，現任中央警察大學刑事警察學系教授兼科學實驗室主任，專長為刑事鑑識、生物跡證與刑事ＤＮＡ鑑定，以及現場與證物處理。）

推薦序二

物證不會講話，卻也不會說謊

臺灣鑑識權威、前臺北市刑事鑑識中心主任／謝松善（阿善師）

一般所稱的「刑事鑑識」及「CSI」（Crime Scene Investigation），是指勘察刑案現場、蒐證及分析、鑑定與解釋物證分析、鑑定與解釋物證的作為，及所依據的鑑識科學（Forensic Science）。而鑑識科學的範疇很廣，舉凡可以用來協助辦案及法庭證明的自然科學均屬之。在犯罪偵查實務上，能讓歹徒俯首認罪的最有力要素就是物證。我國《刑事訴訟法》第一五四條第二項規定：「犯罪事實應依證據認定之，**無證據不得認定犯罪事實**。」可見法庭審判首重證據，為了勿枉勿縱，若無任何物證佐證犯行，在「無罪推定」的前提下，亦很難做出有罪之判決。

所謂「刑案現場係證據寶庫」，更是破案的關鍵所在；物證雖不會講話，卻也不會說謊。而現場之概念，大至整個處所，也可小至一根毛髮或纖維等微物。犯罪者可能在刑案現場遺留犯罪相關物證，而這些**證據又能直接或間接證明犯罪事實及重建案發過程**。例如我在《臺灣大案鑑識現場》提及的張靜華案，雖然沒有尋獲受害者屍體，但從後車廂滲漏的血跡推估血量、血跡鑑定結果為受害者所有，這些間接證據都指出了凶手。

此外，世界知名的鑑識大師李昌鈺博士，將現場物證區分為七大類，分別為：一、暫時性物證；二、型態性物證；三、情況性物證；四、移轉性物證；五、關聯性物證；六、醫療性物證；七、數位性物證。物證科學是「有一分證據，說一分話」之求真、求實精神，而物證採取的過程除了必須講求「合法性」之外，物證自採取、包裝、封緘、送驗及保存，均必須留下完整的紀錄供追蹤查考，以預防物證被掉包或栽贓，此管制流程稱為證物移轉監管鏈（chain of custody），至於蒐證過程的合法完整，也就是所謂的「程序正義」。有時候，一名獲判無罪的嫌犯，並不一定就是無辜的，也可能是因為證據不夠充分，或未落實程序正義所致，例如臺灣大案中的江國慶案，就有此類爭議（審訊過程涉及刑求）。

犯罪偵查及法庭審判均必須講求科學證據，經由現場之勘察分析及物證的蒐集檢驗，配合偵查所得及法醫結果，與其他資料進行可能的組合推理，重建、研判案件發生經過，並了解犯罪事實真相，證明嫌犯及確認犯行。**刑案現場處理及刑事鑑識是分項專業的工作，可以提供犯罪偵查重要的訊息**；但整體犯罪偵查、刑事鑑識與司法審判是整合性的工作，非團隊合作難竟全功，必須結合司法、偵查、勘察、鑑定、法醫及其他專家意見，並嚴格遵守程序正義，才能獲得正確的審判結果，真正達到勿枉勿縱之目標。

本書特別提到，目前已知最早的法醫學論文為十三世紀的中國著作《洗冤錄》，該作品最重要之處，在於強調「調查犯罪現場」的重要性，書中最重要的一句話是：「失之毫釐，差之千里。」一鑑識就是抱著這種精神在搜尋跡證，再小的微物也不放過。此外，法國犯罪學家埃德蒙・羅卡（Edmond Locard）在二十世紀初提出非常重要的「羅卡交換原則」，就是「兩物相接觸必產生跡證的相互轉移」，這個理論也奠定了現場調查蒐證的重要基礎。

本書除了介紹各項鑑識科學之外，也敘述了鑑識的發展歷程，並且舉了很多實務案例，來印證鑑識科學的應用，是鑑識專業人員或有興趣研究者非常重要的指引，我閱讀後讚賞有加，故特此撰文推薦。

（本文作者謝松善，臺灣鑑識權威，最初從基層的技佐做起，一路做到刑事鑑識中心主任，在鑑識領域努力了三十餘年，現已退休，以不同方式對未來的偵查與鑑識工作提出建言，繼續善盡社會責任。主持 Podcast 節目《阿善師鑑識實錄》，Apple Podcasts 聽眾評論 4.9 顆星，另著有《臺灣大案鑑識現場》〔任性出版〕一書。）

Podcast 節目
《阿善師鑑識實錄》

推薦序三

略知鑑識，看待案件便有嶄新的視野

YouTube 頻道「異色檔案」／DK、Di 掃

美國法醫之母——法蘭西絲・格雷斯納・李（Frances Glessner Lee）曾經說過：「調查員擁有雙重責任，其一是洗刷無辜者冤屈，其二是揭發犯罪者的駭人行為，調查員所找的只有真相。」也就是說，在踏上尋找真相的旅程，如果沒有鑑識科學，恐怕將在過程中迷路，甚至冤枉無辜者、縱放真凶，兩種結果都令人無法接受，最終肇生未解懸案。

我是DK，僅是一個喜歡研究真實犯罪的素人，與太太Di 掃一同經營了YouTube頻道「異色檔案」以及Podcast節目《故弄玄虛》，我們經常找出世界各大詭異案件，從凌亂的資訊中拼湊出事件的來龍去脈，並介紹給觀眾與聽眾。

在研讀各大懸案的過程中，我發現其實有多數未解之謎，是因為沒有扎實做到鑑識專業，而釀成冤獄或讓凶手逃逸。再加上我本身不具專業知識，必須在網路上東查西找，才能將確認過的消息，傳達給觀眾和聽眾；假設當時有了《神探的科學》這本書，相信在拼湊懸案的事件細節會有巨大的幫助。

作者布萊恩・隱內（Brain Innes）是已故專業科學家，他以最淺顯易懂的文筆去解釋深奧的鑑識科學，讀起來絕不晦澀難懂。另一名作者露西・唐卡斯特（Lucy Doncaster）則醉心於找出無解謎團，兩相搭配，構成這本具有深度與鑑識科普的書籍。

即使不是身為真實犯罪愛好者，讀起本書仍然會驚呼連連，心中吶喊：「啊！原來遇到這一類型的離奇犯罪時，科學分析是這樣子運作，真是知道不得了的知識啦！」我就是在這種滿是驚嘆的心情下，酣暢淋漓的閱讀《神探的科學》，而且由於太想知道每一章節的鑑識科學是如何破解案情，不知不覺就看完了這本書，中間沒有任何停頓。

我很喜歡本書的描述方式，它會先告訴你稍硬的鑑識理論，隨後輔以「犯罪檔案」，寫出各種光怪陸離的神祕真實事件；且不時會有「事實檔案」，補充令人驚奇的冷門小知識。如此這般，鑑識專業、真實案例、知識參考，三者交織呈現「鑑識如何打擊犯罪」，讓本書層次豐富，讀起來實在欲罷不能，並拓展三觀。

現在各家串流影音平臺，都會推出犯罪紀實片，觀眾對於穿梭在犯罪現場的鑑識專家身影，想必也不陌生。不過所謂外行人看熱鬧，這本《神探的科學》將讓你成為至少懂一點皮毛的內行人。閱讀完此書，當你在觀看真實犯罪紀實片時，看到某一幕，很可能會突然想到書中某個章節：「啊！這是在講血跡噴濺！」此時，你會用嶄新的視野去剖析案情。

只要是人類生活的領域，就會有犯罪，而每個犯人都會在現場留下跡證，或是帶走物品，即使是一根一百微米的頭髮，也可能成為破案關鍵。這就是鑑識領域的迷人之處。無論你是想知道各種不同的案件，或是想深入了解鑑識領域，DK可以保證，本書會是你最佳的入手選擇。

最後，期盼每個懸案都有水落石出、真相大白的一天。

（本文作者 DK、Di 掃，夫妻兩人經營 YouTube 頻道「異色檔案」，探討詭異事件、懸疑案件、靈異現象、社會案件、都市傳說、未解之謎，頻道已有超過五十八萬名訂閱者。二〇二〇年八月開始經營 Podcast 節目《故弄玄虛》。）

異色檔案 & 故弄玄虛

引言

鑑識科學，找出重大案件的微物鐵證

如果沒有鑑識科學的協助，現代犯罪幾乎都難以破案。

當犯罪者的罪行無人目擊，或是被捕嫌犯拒不認罪，我們就必須取得某種形式的證據，並確定其有效性，確保嫌犯能被這些證據定罪。在法庭上，專家證人會被要求出示該項證據，並向陪審團解釋其重要性。辯方則將緊咬各種證據可能「不可靠」之處，來導致判決無罪。因此，只有嚴密的科學調查，才能確保法庭上不會發生這種情況。

「法醫」（forensic）[1] 一詞原意是指「與法庭有關」。在早期法醫鑑識學裡，幾乎所有能坐在法庭裡提供專家證據的人，都是合格的醫生，因此直到二十世紀，這門學科也被稱為「醫學法學」（medical jurisprudence）。這種說法有其充分理由，因為在非自然死亡案件中，許多證據是在法醫

1 譯註：forensic science 一般舊稱為「法醫學」，現代則多稱「鑑識科學」。過去的分類是把與「人」有關的稱為法醫學，與物有關的稱為鑑識學。然而目前科學證據多半經過大量專業鑑識分析得來，不再僅由法醫判斷死因，因此本書除了將判定死因與解剖驗屍的「醫生」，續稱法醫或法醫鑑識人員外，以下凡 forensic science 相關詞語，包括工作人員、實驗室、科學家等，均統一冠為「鑑識」相關詞語（例如將法醫實驗室改為鑑識實驗室）。此外關於驗屍解剖的法醫，原文常稱為病理學家（pathologist），為免疑義，以下會稱法醫病理學家，特此說明。

病理學家「驗屍」之後取得。雖然後續也可能需要毒理學家、血清學家和彈道學檢查員等專家的專業知識，然而法醫病理學家會先透過解剖確定可能死因，並提供人體組織、體液和器官的樣本，讓實驗室進行DNA分析。甚至在大多數槍擊案例中，他們還要負責在人體內找出最重要的子彈。

事實上，許多早期的法醫病理學家，已經為其他科學分支的發展做出了重要貢獻。他們**不只檢查死者死因，也會檢查屍體上與犯罪現場的微物跡證，並以他們發現的內容進行推論**，且經常因此發現唯一的重要證據，成為法庭上的定罪鐵證。而最近由於物理、化學和生物科學上的重大進展，更因此建立了專門用於調查犯罪的專業鑑識實驗室，使得各種特定學科的鑑識專家也大量出現。

目前已知最早的法醫學論文，為十三世紀的中國著作《洗冤錄》。這部作品最重要之處，在於強調「檢查犯罪現場」的重要性，書中最重要的一句話便是：「失之毫釐，差之千里。」這句格言也反映了二十世紀初，法國犯罪學家埃德蒙・羅卡[2]對於微物跡證的重視。今日所有犯罪現場的勘察員，應該都會承認這件事情的重要性。

歐洲的法醫鑑識學發展相當緩慢。一五三三年，神聖羅馬帝國皇帝查理五世（Charles V）頒布的《加洛林納刑法典》（*Constitutio Criminalis Carolina*，簡稱《加洛林納法典》〔*Carolina Code*〕）裡，最早規定了在涉及謀殺、傷害、中毒、絞殺、溺水、殺嬰和墮胎的案件中，必須得到醫學專家的證詞。在頒布後的一段時間裡，醫生們被大量反對解剖屍體的意見阻擾，幸好這些反對意見逐漸被克服。十六世紀的法國外科醫師安布魯瓦茲・帕雷（Ambroise Paré），是第一個在槍擊受害者身上追蹤子彈跡證的人。而在十八世紀的義大利，喬瓦尼・莫爾加尼（Giovanni Morgagni）則被譽為現代病理解剖學之父。

蘇格蘭醫生亞瑟・柯南・道爾（Arthur Conan Doyle）在小說中，描寫了主角夏洛克・福爾摩斯（Sherlock Holmes）的辦案經歷，而他筆下詳盡的調查過程，對於現代讀者來說，很可能就是對現代鑑識科學技術的最初印象。事實上，道爾確實借鑑了許多已知案例的破案知識。

十九世紀時，實驗科學已有重大進步，各國警察也立刻運用了這些科學上的新發現。犯罪學家漢斯・格羅斯（Hans Gross）在一八九三年首次發表其著作《刑事調查》（*Criminal Investigation*）；瑞士洛桑市的羅道夫・阿奇博・瑞斯（Rodolphe Archibald Reiss）在一九〇〇年代，就建立了警察科學研究所，並開發了鑑識攝影技術；提出交換原則的羅卡也於一九一〇年，在里昂市建立了他的犯罪學研究所；德國犯罪學家羅伯特・海因德爾（Robert Heindl）則於一九一五年在德勒斯登市開設實驗室，而且很快就成為了德國國家警察實驗室。隨後在奧地利、瑞典、芬蘭與荷蘭等地，也都陸續建立了類似的犯罪調查實驗室。

然而在英語系國家，鑑識科學的發展卻較為緩慢。洛杉磯鑑識科學實驗室的歷史雖然可以追溯到一九二三年，但聯邦調查局（ＦＢＩ）的相關實驗室要到一九三二年才成立。英國早期的犯罪調查是由大學醫學系協助執行，而內政部負責的倫敦警察廳實驗室，也要到一九三五年才正式成立。如今，幾乎每個已開發國家，都有國家性或地區性的犯罪實驗室。儘管各國都建立了國家犯罪實驗

2 譯註：羅卡提出鑑識科學史上著名的「羅卡交換原則」，指兩個物體接觸必會產生轉移現象，也就是說，行為人一定會在現場帶走一些東西，也一定會在現場留下一些東西。

室，但鑑識這門科學領域仍不斷擴大。而且在許多情況下，各地確認死因的工作，依舊由當地的驗屍官負責，這些地方驗屍官所接受的訓練與法醫不同，屬於學術要求較低的檢驗學或法醫病理學培訓而已。

犯罪調查實驗室所擁有的強大電腦和先進設備，以及DNA和其他生物特徵分析技術（包括虹膜掃描、臉部辨識系統和靜脈模式識別）、國際刑警組織的自動指紋辨識系統（AFIS），或是國家DNA資料庫等，都改變了犯罪調查的方法，甚至也包括在法庭上提供證據的內容和方式。

除此之外，**自一九九〇年代中期以來，數位鑑識領域的範圍呈現指數級成長**，無論是大規模網路分析，或從電子媒介取得、分析和保存數位證據等發展，無疑都是鑑識科學和法庭上非常有用的工具。但**隨之而來的，便是倫理道德、證物保管、資料安全和隱私權等問題**，凡此都必須思量。

第一章

蒐集證據，每次接觸都會留下痕跡

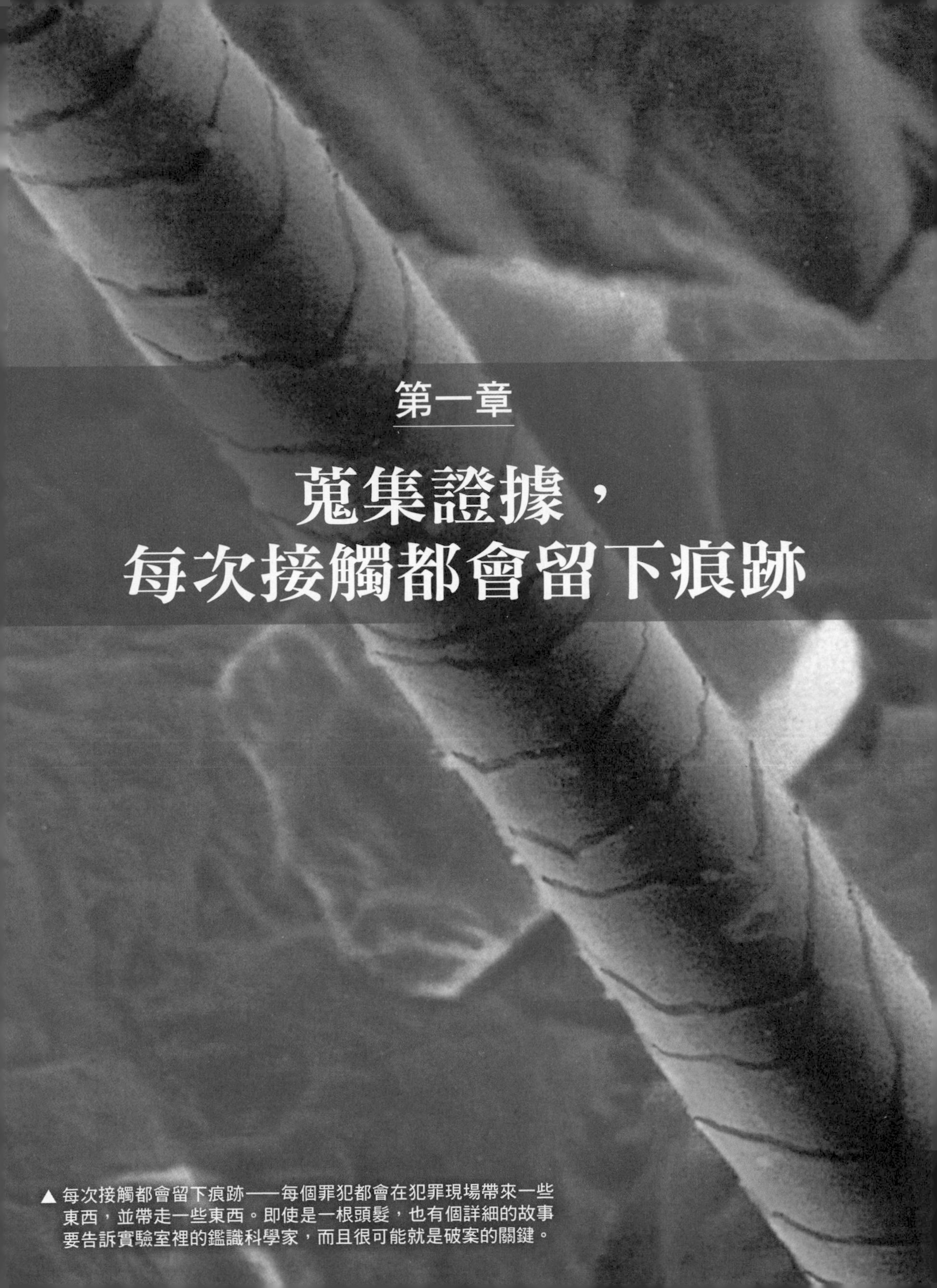

▲每次接觸都會留下痕跡——每個罪犯都會在犯罪現場帶來一些東西，並帶走一些東西。即使是一根頭髮，也有個詳細的故事要告訴實驗室裡的鑑識科學家，而且很可能就是破案的關鍵。

多數的重大犯罪，或者說比較明顯的犯罪，例如謀殺、攻擊、性侵、綁架、縱火、爆炸、入室盜竊和搶劫等，都發生在特定時間和特定地點。我們可以大致將這些案件歸類為對「人」的犯罪。

當然還有其他犯罪行為（往往同樣嚴重），其犯罪活動可能歷經一段相當長的時間，或是不針對任何特定人士，也可能不會發生在任何特定的地方。「白領犯罪」（White-collar crime，以取得錢財為動機之非暴力犯罪）便屬於此類犯罪，用來涵蓋諸如偽造文書、詐欺、挪用公款，當然還有網路犯罪等案件。

幾乎所有犯罪的調查和起訴，都需要鑑識科學家的協助。然而這些鑑識專家並非都在處理重大犯罪，鑑識實驗室裡約莫一半的工作內容，是在處理酒駕和交通事故等一般檢驗（審定註：臺灣縣市警察分局之鑑識小隊，則以一般刑案之現場勘查與採證分析為主），也可能會花上大量時間，調查毒品犯罪或工業事故等案件。本書所關注的是「重大犯罪」的調查，主要針對那些發生在特定地點（即「犯罪現場」）的案件，而這些地點，是最可能找到罪案線索以及犯罪者身分的地方。這項犯罪現場調查的基本原理，由法國的羅卡博士在二十世紀初提出。內容非常簡單，就是**「每一次接觸都會留下一些痕跡」**。**換句話說，每個罪犯都會在犯罪現場留下一些東西，並帶走一些東西**。

現場蒐證須知

在犯罪現場時，最重要的是必須毫無延遲、**即時封鎖現場，以保存任何可能跡證**。然而要做到這點通常非常困難，例如在可疑的死亡現場中，包括最早發現屍體的人、最先抵達的制服員警等，他們並非犯罪現場調查專家，因此難免會不小心破壞現場，隨後抵達的救護人員和宣判死亡的法醫也是如此。

犯罪檔案

艾米爾・古爾賓（Emile Gourbin）

「每一次接觸都會留下痕跡」，是法國犯罪學家羅卡博士的名言，他在一九一二年一起相當悲慘的謀殺案中，成功確立了此一原則。

羅卡於一九一〇年辭去里昂大學（Université de Lyon）法醫學教授的職務，成立了最早的警察實驗室之一。他在一九一二年的艾米爾・古爾賓一案中，將自己的犯罪現場調查理論付諸實踐。古爾賓是里昂的銀行職員，遭指控勒死自己的情婦，但他顯然有難以撼動的不在場證明。於是羅卡博士從被告的指甲刮下碎屑，放到顯微鏡下觀察。

他發現了可能來自受害者脖子的皮膚碎片，不過當時並沒有辦法藉由科學分析證實這一點。值得注意的是，這些皮膚碎片上面鋪有粉紅色蜜粉，與死者所使用的相同。當在法庭上面對這些證據，古爾賓坦白認罪，謀殺罪名隨之成立。

如果屍體是在戶外，還可能出現大量與案件無關的鞋印；如果犯罪現場在室內，最先發現屍體的人，也可能已經移動屍體、解開衣服，甚至是解開屍體脖子上的皮帶或繩子等物體，以便進行急救，而房間裡的重要物品也可能被移位。所有這些糟糕的情況，都發生在犯罪現場人員（審定註：現場依任務需要，區分為調查組及勘察組。調查組主要負責「人（證）」的部分，勘察組則負責「物（證）」的部分）到場之前。

現場調查組人員的基本守則是：「睜大眼睛，閉上嘴巴，手放口袋。」他們**會盡量了解現場的每個細節，例如天氣**（無論室內或戶外）、**人體的位置**（無論人還活著或已經死亡），**以及現場物品的確實位置**，因為這些物品的位置可能說明現場到底發生什麼事。調查人員也會**避免發表任何評論，以免影響到附近的員警或群眾**，因為這些人之後可能要協助提供目擊證據或證詞。而且在勘察小組成員完全抵達之前，調查人員不應觸摸任何東西。最重要的是，如果犯罪現場有手槍的話，雖然你可能看過電影或電視劇裡的調查人員，把鉛筆插入槍管再舉起來聞聞看，但現實中的勘察人員絕對不會這樣做。

▲ 必須仔細檢查犯罪現場，每一吋都不放過，才能找出最細小的微物跡證。圖為警察趴著並肩前進，執行所謂的「地毯式搜索」。

當然，我們剛剛說的這些都是「理想狀況」。在實際情況裡，勘察人員很可能在最關鍵的第一個小時內獨自工作，而且因為天氣條件的限制，他們經常得在最短時間內，盡量蒐集證據材料。整個勘察小組可能是由身穿制服的當天值班人員組成，他們在犯罪現場調查方面接受過不同程度的培訓。不過即使是這些專業的勘察人員，也很難在短時間內完成作業。

勘察小組的工作，看起來很像在考古現場工作（受過考古訓練的人，也有機會成為優秀的犯罪現場勘察員）。基本上，他們正在尋找的是**「不該在現場出現的東西」**，例如與現場所有人的鞋印匹配排除後的陌生新鞋印，或者是在現場看到的任何掙扎跡象、汽車輪胎留下的胎印痕跡，突出的樹枝上沾到油漆的斑點、樹幹上的新刮痕，甚至是汽車尾燈的玻璃碎片等。還可能會找到從衣服上扯下的纖維，或是一個可以當成攻擊武器的物體，甚至是被丟棄或隱藏在離犯罪現場有一定距離的武器。其他還有一些比較明顯的跡證，例如血液，其散布落下的模式相當重要；又比如槍的彈殼，或是射偏而未命中的子彈等。勘察小組的目的，便是抱持希望、發現以上這些證據。

▲ 犯罪現場勘察員在檢查地上血跡周圍的區域。

犯罪檔案

馬爾科姆・費爾利（Malcolm Fairley）

犯罪分子在離開犯罪現場時，經常會丟棄重要證據。警方艱苦搜查過後，發現了大量跡證，讓蒙面強姦犯「狐狸」（Fox）得以被逮捕。

一九八四年夏天，貝德福德郡萊頓巴扎德鎮四周的居民，持續遭到一名外號「狐狸」的蒙面男子威脅。該名男子手持一把槍管鋸短的獵槍，選在深夜闖入民宅，捆綁屋主並性侵他們的妻子。有好幾位受害者聲稱，男子**把手錶戴在右手腕上，很可能是左撇子**。

八月十六日，狐狸再次犯案。在滿足了自己的慾望之後，他拿起梳子，仔細梳理受害者的體毛，以抹去自己可能留下的任何痕跡。接著他用一把鋒利的小刀，從沾有精液的床單上割下一大塊正方形範圍，然後帶著刀、梳子和割下的床單逃走了。

到了早上，接到報案的警方追查狐狸的蹤跡，追

▲ 頭上蓋著毯子的「狐狸」馬爾科姆・費爾利，在因強姦罪被判處 6 個無期徒刑後，由警方帶離法庭。

蹤到他丟下汽車的地方。警方沿著小徑走，發現了裝在一個塑膠袋裡的獵槍，應該是不久前丟棄的；而在距離受害者家僅三百碼（約兩百七十公尺）的地方，他們找到了梳子和割下的床單，汽車停放處則有腳印和輪胎痕。另外，**他們發現一個面具和一隻手套，半藏在路邊的垃圾堆裡**。手套的兔皮襯裡，跟第一個受害者家中發現的小塊毛皮相符，這一小塊碎片黏附在他用來捆綁受害者的工具上，面具則是以一件藍色工作服腿部的布所製成。勘察人員還**在汽車停放處旁的一株折損樹苗上，發現了微小的油漆斑點**，經實驗室檢驗並確定，這是一種顏色被稱為「收成黃」（harvest yellow）的車漆，而且只有英國利蘭汽車公司（British Leyland）使用這種車漆。

一位卡車司機告訴警方，他曾經看到一輛汽車從公路上倒車到樹林裡。可惜的是他不記得汽車的牌子或顏色。在催眠師的幫助下，他想起了這輛註冊地為達拉謨、外表是收成黃色的奧斯丁快板（Austin Allegro，英國利蘭汽車公司製造）汽車。

關於外號狐狸的這名強姦犯，警方現在已經知道很多資訊，但仍然不知道他是誰。他們調查了幾百名嫌疑人，並向社工和醫生詢問最近搬入該地區的陌生人姓名，因而得知有一位名叫馬爾科姆．費爾利的醫生，曾經從東北部的異德蘭搬來這裡，然後又搬到北倫敦。兩名警員被派去詢問費爾利，發現他正在清洗一輛收成黃色的奧斯丁快板。當時他的手錶放在儀表板上，警方便要他先戴上手錶，而他果然把錶戴在右手腕上。從汽車的行李箱裡，還找到一件缺了一條腿的藍色工作服——這隻狐狸總算被逮到了。

室內現場可能會有其他證據，勘察小組必須懷疑或尋找是否有「強行進入」的跡象。像是翻倒的家具或破碎的物品，很有可能是打鬥的證據。而在蓄意謀殺或攻擊時，罪犯還可能試圖將現場布置成小偷入室盜竊未遂而行凶的樣子，來誤導警方。

至於任何血液散布的模式，在室內都會比在戶外更容易判定，甚至可以作為「事件發生順序」的重要佐證（參見第九章）。

犯罪現場勘察員必須蒐集每一件實體物品。無論是戴上乳膠手套用手拿取，或用鑷子、鉗子夾取，都要根據證物的類型，放入特定容器。這些容器可能是紙袋、塑膠袋、尼龍袋、裝武器的專用長短筒、有透明上蓋的盒子，或是多用途的通用容器等。裝證物的容器必須以特定方式加以密封，並在密封處邊緣簽上檢查人的名字，還要貼上標籤註明時間、地點等所有細節，以及發現該物品的確切位置。

▲ 勘察人員會注意不要弄亂任何東西。他們要在相關證據材料裝進證物袋送走之前，檢查並拍攝所有現場物品的位置細節，以利後續調查。

此外，要依需求拍攝照片，或是將調查過程錄影下來，有時甚至會使用無人機進行拍攝。如果是在戶外，也要拍照或利用鑄模法，採證鞋印和輪胎痕跡。最後經常要先將死者的手和腳以塑膠袋或紙袋套住，以免微物跡證遺失，然後再移動屍體。

在初步採證過程後，進一步的蒐證可以稍微放慢腳步。如果是在室內，必須搜索整個現場，尋找可能隱藏相關事物的地方。指紋黏取膠帶與印刷掃描器，可以用來蒐集指紋和鞋印。指紋必須透過安全郵件系統遞送到指紋室辨識，如果是現場掃描的話，還能以電子郵件或行動裝置傳送，以便即時分析。採集到的血跡可供日後進行DNA分析，亦可使用DNA鑑定儀的快篩技術，直接在現場取得DNA鑑定結果，進而得知物體上是否含有任何DNA（審定註：賽默飛世爾科技公司〔Thermo Fisher Scientific Inc.〕的RapidHIT標榜九十分鐘可以完成STR鑑定，步驟主要是細胞裂解、用filter〔濾膜片〕抓取足夠的DNA、複製擴增及電泳。但有品質和量的限制，因此美國聯邦調查局官方網頁指出，此方法僅針對被逮捕者〔參考檢體，reference sample〕，較不適用於現場物證檢體）。這種做法甚至也可以直接連線「國家DNA資料庫」，即時搜索資訊。現場的灰塵和纖維必須使用微型真空吸塵器加以蒐集，任何可能相關的文件或任何被燒毀的灰燼，也不能輕易放過。

物證類別可分成兩種類型，一種是個異的，並且是該項罪行所特有的，例如某個物體的碎片、某種工具的痕跡、子彈或指紋等；**另一種類特徵物證，雖然可以找到，但並不能算是該項罪行所特有的**，例如衣物纖維、油漆或玻璃碎片等。後者雖然對立案有價值，甚至可能導致罪行成立，卻不一定能作為呈堂證據。無論證據的性質如何，都必須記錄進「監管鏈」加以管理。由於不同的證物可能會從前一個單位交給下一個單位，從前一名警察交到另一名警察手中，而且會遞送給各種專家在實驗室進行檢查，因此，每次移轉證物都必須記錄並簽名，若非如此，辯方便能找出理由，質疑證據的有效性。

一九九四年六月十二日，前足球明星奧倫塔爾・詹姆斯・辛普森（Orenthal James Simpson，簡稱O・J・辛普森），因謀殺分居妻子妮克爾・布朗・辛普森（Nicole Brown Simpson）和餐廳服務生羅納德・高曼（Ronald Goldman）而接受審判。此案正好揭示了犯罪現場調查如何處理不當，以及後續證物監管鏈輕忽的後果。

首先，在法醫被允許進入現場之前，警方將受害者屍體露天放置了十幾個小時，而且只拿妮可家中的毯子蓋在屍體上。然後在審判中，負責驗屍的法醫病理學家竟然承認，他在檢查過程中犯了多達四十個錯誤。調查結果有許多項似乎無可辯駁的鑑識證據，包括現場發現的血跡與辛普森的血型相符；在辛普森的床腳發現了一雙沾滿鮮血的襪子，也與受害者的襪子相同；而且據說在他家後面，發現了一隻沾滿血跡的手套，與謀殺現場發現的手套相同。

然而在法庭審判過程中，陸續發現證物保管上的錯誤，例如**一個裝有辛普森血液樣本的小瓶子，在被警方保管期間神祕**

▲1994年6月12日，妮可・布朗・辛普森的屍體，躺在位於洛杉磯布倫特伍德區，自家臺階下的血泊中，血腳印也布滿整條通道。

的減少了一・五毫升，這立即引起人們懷疑，因為證據可能被調包了。而兩位在謀殺案發生兩週後負責檢查襪子的專家作證說，他們並未在襪子上找到血跡，直到四週後，檢方才承認，**並沒有在襪子上發現血跡之檢測報告**。事實上，當這批從襪子中提取的血液樣本，被送往華盛頓特區的聯邦調查局實驗室時，負責人員發現其中含有EDTA（乙二胺四乙酸），這是一種添加到血液樣本中，以防止血液凝固的防腐劑（審定註：其意義為該襪子上的血跡是檢警人員滴加上去的）。至於那雙手套，對辛普森的手來說顯然太小了。

本案呈現出來的DNA證據很雜亂，而且以讓人困惑的方式來展示說明，因此陪審團不太可能了解其真正的意義。此外，當發現手套的警官馬克・福爾曼（Mark Fuhrman）承認先前的證據作假，檢方的案件可信度隨之破滅。經過三個小時的審議，陪審團於一九九六年九月三十日宣布辛普森無罪。然而在隨後由羅納德・高曼的父親提起的過失致死民事案件中，他則被判犯了兩項謀殺罪。

若犯罪涉及火災或爆炸，現場的初步勘驗較難獲得有用的證據，得依靠消防人員或爆炸物處理專家的專業經驗。例如在飛機失事的情況下，可能會找到許多肢解的屍體，若要辨識出每個屍塊、重新組裝

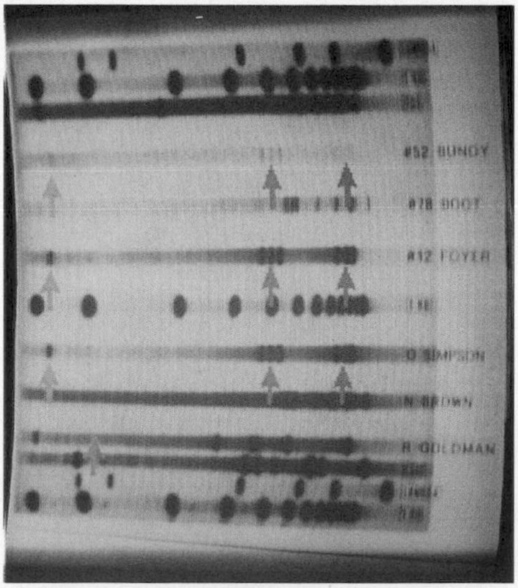

▲在O. J. 辛普森受審期間，法庭裡的螢幕展示出DNA證據給陪審團觀看。畫面中的箭頭指出，採集自謀殺現場、走廊和O. J. 辛普森本人的樣本，其DNA片段彼此相符。

遺體的話，必須靠法醫人類學家和牙科專家（牙齒尤其需要具有相關經驗的專家）協助。

解剖室作業，詳細檢查屍體

蒐集證據的任務，在驗屍解剖室繼續進行（如果是被襲擊或性侵的情況下，則是對受害者進行全面的身體檢查）。

「解剖」（autopsy，審定註：最主要目的是確認死因）一詞的原義是「親眼目睹」，這也正是法醫病理學家要做的事。他們的任務是詳細檢查屍體，如果可以的話，就確定死因。有些情況是要找到「受害者身分」的相關線索，這也是解剖室裡的檢查重點。

首先，檢查者必須確定受害者已經死亡。事實上，經常有很多意外狀況發生，例如第一個檢查屍體的人已經宣布死亡，但該具「屍體」隨後在太平間甚至解剖臺上突然「復活」、顯示出生命跡象。一般遇到藥物過量、某些特殊形式的中毒或觸電，可能會誘發人體「生命暫停」的狀態，亦即沒有明顯的心跳或呼吸，甚至無法檢測到大腦有任何電荷活動，但本來被認定死亡的人，稍後也可能在重症監護室裡甦醒。

確定被害者的死亡時間非常重要，因為可以藉此要求嫌犯提出不在場證明。然而，儘管某些判斷時間技術的「相對準確性」受到普遍肯定，**最多卻只能得到「大致死亡時間」。因為只有在非常少見的情況，例如時鐘被子彈擊中而停止，才能準確判斷死亡時間。**

在過去，第一位抵達犯罪現場的法醫，在確定被害者已經死亡後，便會測量屍體的溫度；而一般是使用一根穿透到直腸深處的溫度計來測量，不過這種方式，往往會破壞死者衣物的完整性，並干擾到後續法醫病理學家對精液、血液、毛髮和其他證據的檢查。因此，這種估計死亡時間的方法，應該等到鑑識人員完成檢查後再做會比較保險。

從死亡那一刻起，身體便開始失去熱量，這種過程被稱為「屍冷」（*algor mortis*）。在溫帶地區，中等身材、穿著衣服的死者身體，**在最初六到八小時內，每小時體溫約下降華氏二・七度（約攝氏一・五度）**，在這之後降溫速度會變慢。未穿衣服的死者身體會冷得更快，肥胖者屍體的冷卻速度則較慢。溫度下降的速度會與環境溫度有關聯，例如在炎熱氣候中，屍體可能根本不會冷卻，甚至可能在死後變得更溫暖。此外，屍體姿勢和空氣的流動，都會影響到冷卻的速度。上述這些變因以及更多可能的影響因素，都必須考慮在內。

我們通常假設死亡時的體溫為華氏九十八・四度（約攝氏三十七度），但如果是死於「失溫症」的人，則是從較低的溫度開始降溫。一般會參考一種稱為「亨斯格列線圖」（Henssge nomogram）的方法，亦即在死後前兩天內，依據身體和環境溫度來計算死亡時間，並由電腦完成一連串數學計算。然而即使**在最好狀態下，其估計值的準確度大約會誤差正負二・八小時**。而在許多情況下，不確定的範圍還會更大，通常為正負七小時左右。

在驗屍過程中，負責人員會採集包括血液、尿液和眼內液等體液樣本。因為這些液體的化學成分變化，也可用以估計死亡時間，不過我們並無法排除可能影響這些變化的外在條件。

死亡時間的進一步現象是開始「屍僵」（*rigor mortis*）。在正常情況下，**臉部肌肉會在一至四小時內開始變硬，四肢則在四至六小時內開始變硬。十二小時以後，身體會整個變得僵硬，然後隨著**

組織分解，開始逐漸放鬆。同樣的，這些變化也會有很大差異。在極少見的情況下，通常只有極端情緒或暴力發生的狀況，可能讓人死後立刻出現屍僵。在實務上，有個非常有用的經驗法則，便是**將冷卻程度和僵硬程度結合判斷**：一具溫暖而鬆軟的屍體，可能死亡不到三個小時；一具溫暖而僵硬的屍體，大約死亡三至八小時；冰冷僵硬的屍體，則約死亡八至三十六小時；而一具又冷又鬆軟的屍體，可能已經死亡超過三十六小時。

解剖時，法醫病理學家會詳細討論檢查的每個階段，寫下筆記或以錄音方式記錄，還要從非常精確的角度和距離（包含比例尺），拍攝任何重大傷害或細節的照片。有些法醫病理學家會製作草圖或在人體圖表上標註，不過比起精準的攝影，後者較可能出錯。有時這些錄影紀錄，必須由特定器材或技術來執行，例如外陰部的檢查等。

檢查和取樣的徹底程度，會因死亡情況而有所差異，在疑似凶殺案的情況會最為仔細。首先，法醫病理學家會描述屍體的外觀，包括身體特徵、種族，以及任何可能被武器明顯損壞的衣物部分。在小心脫下衣服或必要時剪開衣服後，要仔細檢查身體外表的狀況，判斷

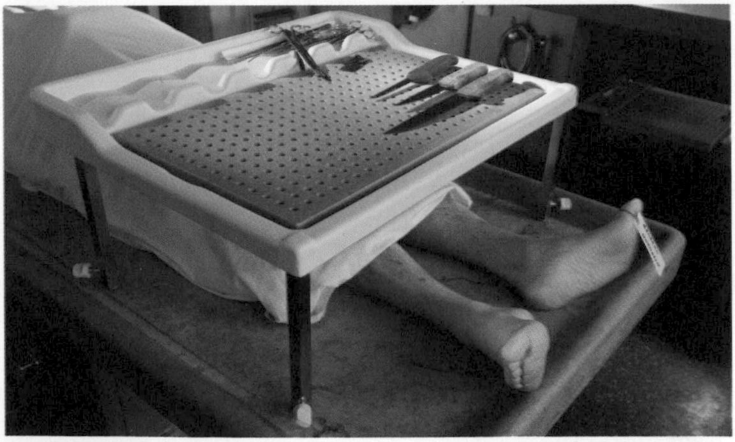

▲ 在驗屍期間，法醫病理學家在執行任何切口以檢查屍體內部之前，都會先徹底檢查過身體外部。

疤痕、紋身、穿洞、針孔、傷口或瘀傷等痕跡，還有眼睛的狀況如何。身體的顏色也很重要，因為可以用來判斷是否中毒，特別是一氧化碳中毒（皮膚會呈桃紅色）。此外，也會使用紫外線燈，檢查屍體是否有火藥殘留物，或者其他痕跡證據及其殘留物。身體照射X光可以發現骨骼是否異位，以及體內是否有任何子彈或其他異物，並找出它們的位置。

法醫病理學家還會尋找死後立即出現的血液沉積或屍斑。因為當心臟停止跳動，體內循環會立即停止，重力會讓血液透過血管下沉到身體最低的部位。紅血球最先沉降，並在死後約一到三小時變成可見的淺藍色斑塊。經過六到八小時後，這些斑塊會聚合成紫紅色的區塊。如果身體的重量壓在堅硬表面上，也就是會阻擋血液積聚的地方時，便不會形成這些區塊。例如就仰臥的屍體而言，這些斑塊會出現在脖子後面、背部的一小部分和大腿上（未接觸地面處）；而一具被吊死的屍體，血液則會沉積在手腳上。

這些深色斑塊的出現非常有用，可用來證明屍體在死後幾個小時，是否被移到了不同的位置，不過屍斑並不能算是可靠的屍體現象指標。有時現場的第一批警察會誤以為這是瘀傷，認為被害者生前遭到毆打。法醫病理學家可以確定任何變色斑塊的真實性質，不過我們已經知道這些專家們，也可能不認同「瘀傷」的說法。

至於指紋，通常是在犯罪現場勘察員的初步檢查期間，亦即屍體解剖之前或之後採集。勘察人員還會把受害者的衣物提交法醫實驗室進行科學檢驗，以發現任何有用的線索。如果現場沒有任何電子設備，例如智慧型手機、筆記型電腦或智慧手錶，或是像信用卡、駕照這類證明文件以確定身分的話，就必須注意衣物和鞋子上的製造標籤，同時也要翻模或拍攝鞋子與鞋印，以便與犯罪現場

犯罪檔案

西德尼・福克斯（Sidney Fox）

即使是法醫專家也可能意見不同。福克斯夫人的喉部是否有瘀傷的問題，在法庭上引起了激烈爭論，儘管存在疑問，但陪審團仍認定她的兒子犯下謀殺罪。

一九二九年十月二十三日，西德尼・福克斯和他的母親羅賽琳（Rosaline）預訂了位於英國東南部馬蓋特鎮的新都城旅館（Metropole Hotel）。晚上十一點三十分，西德尼大喊：「失火了！」而他的母親羅賽琳被發現死在滿屋子的煙霧中，一把扶手椅正在冒煙。被傳喚的兩名醫生都同意她死於休克，此判決也在隔天的驗屍調查中得到證實。然而，福克斯卻正好在十月二十二日，將他母親的人壽保險展延了一天。

保險公司因此起了疑心並報警。剛下葬的福克斯夫人屍體隨後被挖掘出來，由著名的內政部專任法醫病理學家伯納德・斯皮爾斯伯里爵士（Sir Bernard Spilsbury）檢驗。

雖然他發現屍體的心臟和動脈有些許病

▲1929 年 10 月，西德尼・福克斯在新都城旅館謀殺了他的母親。

況，但並無法解釋「休克」所引起的心臟衰竭，**也沒有任何因吸入煙霧而導致「窒息」的跡象**。不過他後來在這場福克斯謀殺案的審判中作證，說他確實發現福克斯夫人的喉部和食道之間的軟組織中，有一個圓形瘀傷，大約是「半克朗硬幣的大小」（約三公分寬）。因此**他推論西德尼是趁母親睡著時勒死她，然後才開始縱火**。

辯方傳喚了兩位專家證人，一位是同樣傑出的愛丁堡大學（The University of Edinburgh）病理學家悉尼・史密斯爵士（Sir Sydney Smith），另一位是羅伯特・布朗特（Robert Bronté）博士。兩人都看過福克斯夫人的喉部，也都發現了「腐爛變色」的情形，但他們一致認為，無法確認瘀傷的跡象。斯皮爾斯伯里爵士向他們解釋，自己在屍體挖出後真的有看到，但後來進行顯微鏡檢查時，瘀傷已經變得模糊不清了。

史密斯爵士後來在自傳《多半是謀殺》（*Mostly Murder*）裡寫道：「顯微切片在顯示屍體斑塊變色……是否為瘀傷方面，具有

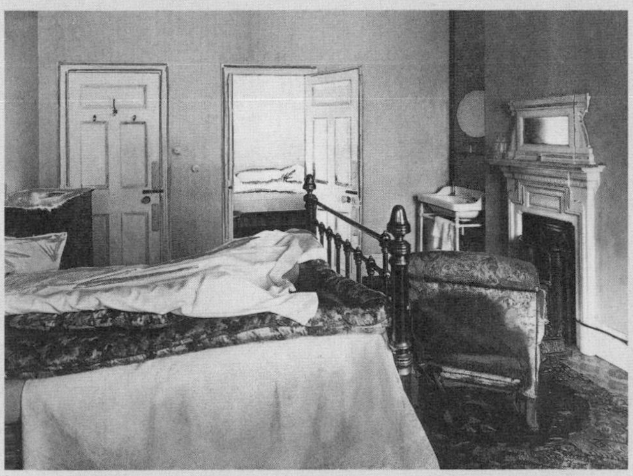

▲福克斯夫人在旅館房間內的死亡現場。打開的這扇門通向隔壁臥室，西德尼當晚就住在那裡。

非凡的價值。就我個人而言，我很確定在這個案件裡不是瘀傷。」

史密斯爵士在法庭上，遭控方激烈盤問病理學家能否區分「瘀傷和局部變色」。當有人問他：「你是說，斯皮爾斯伯里爵士不知道兩者的區別嗎？」他回答：「沒有人可以只透過視覺來判斷，」並補充道：「我認為任何人都不應該說瘀傷就一定是瘀傷，除非真的可以證明。」

此外，**人體喉部的小塊「舌骨」在被勒死時很容易折斷**，由於福克斯夫人的舌骨並未折斷，因此這點也引發了爭議。羅拉特法官（Mr. Justice Rowlatt，即西德尼・羅拉特爵士〔Sir Sidney Rowlatt〕）在審判總結時表示，這項事實「對被告非常有利」。儘管西德尼一直堅持自己的清白，不過最後還是因為謀殺母親的罪行，於一九三〇年四月八日被處以絞刑。

▲ 壁爐前燒焦的扶手椅的另一個角度。這樣的燃燒痕跡所能產生的煙霧顯然有限，而地毯的燒焦部分，顯示了這張扶手椅原先放置的位置。

拍到的其他鞋子做出區隔。牙齒的部分在此階段或在稍後，也會由牙醫製作牙模或X光檢查。

法醫病理學家的驗屍流程如下。首先，會從手、口、乳房、陰道和直腸等部位採集棉棒檢體。在性侵案的情況下，還要梳理陰毛放入證物袋或證物盒中，以便發現是否有外來毛髮，直腸也要做類似的檢查。

屍體內部檢查的第一個階段，便是**做一個很大的Y形切口，從兩隻耳朵後面開始，向下延伸到胸骨，一直切開到腹股溝**。之所以這樣做，是要讓病理學家能夠剝開皮膚，露出頸部和胸部的骨骼、肌肉、體腔和內臟，還可以藉此發現在外部檢查期間，可能不太明顯的皮下瘀傷。接著自傷口和挫傷處取得組織樣本，並仔細探索和描繪所有傷口。如果是槍擊事件，就必須取出子彈。法醫病理學家還會檢查是否骨折，尤其是第三十八頁提過、在勒死的情況下，位於頸部的骨折。

接下來必須切開胸骨，以便檢查肺臟、心臟和其他器官。完成此項操作後，還須將它們取出稱重，做更進一步的檢驗，同時要採集相關的組織樣本，並對器官進行切片。通常也必須評估胃內殘留物，因為這可以佐證死者在最後一餐和死亡時間之間，到底經過了多久（參見下頁犯罪檔案）。

這些器官都可放入福馬林保存，以供後續分析。根據實際需求，還要對包括血液、尿液、眼球玻璃體和膽汁在內的體液，進行遺傳因素、化學成分、藥物或感染檢測。瘀傷區域的組織樣本也要採集起來，以區分瘀傷與屍斑。如果該具屍體的死因與火災有關，或是明顯溺水，法醫病理學家便會在呼吸道內搜尋煙灰或水的痕跡。

在驗屍期間，法醫病理學家有時候也會檢測是否有中毒的跡象。雖然大多數毒藥和藥物是無味的，不過用嗅覺檢查亦為可行（審定註：並非所有中毒都會有氣味）。在自殺的案例中，可能服用了各種化學物質，肝臟可能出現硬化或發炎的現象。有許多藥物，例如過量服用乙醯胺酚（paracetamol，止痛退燒藥），也會在肝臟產生類似的結果。腎臟發炎則可能是由於金屬鹽類中毒（金屬鹽由金屬陽離子和非金屬陰離子組成，例如含汞化合物）、慢性鉛中毒或長期過度使用非那西丁（phenacetin，較溫和的鎮痛解熱藥）所致。

法醫病理學家的初步工作現在已經完成。在他們的監督下，血清學、組織分析和DNA分析方面，以及牙醫、毒理學家和法醫人類學家等助理專家，通常會接著繼續調查。他們的工作內容將在後續章節詳述。

犯罪檔案

派翠克・希金斯（Patrick Higgins）

胃部消化內容物的狀況，也可以用來判斷死亡時間。從胃裡未消化、蘇格蘭肉湯中的蔬菜，可以看出兩個小男孩在吃過肉湯不久後就淹死了。

一九一三年夏天的一個週日下午，兩名男子看到一個黑色捆綁物，漂浮在蘇格蘭西洛錫安郡一座積水的採石場中。令他們更吃驚的是，這個黑色的捆綁物，竟然是被繩子綁在一起的兩具屍體。

愛丁堡大學的法醫專家悉尼・史密斯檢查了屍體，先確定了死者是兩名小男孩，年齡預估為七歲和四歲。兩人衣服上的殘留物類似，而且衣服的製作方式也完全相同，證明他們應該是一對兄弟。其中一件襯衫上，有個來自法夫郡戴撒鎮之救濟院的極淺洗衣印記。**由於兩個男孩泡在水中，因此身體裡的脂肪已經轉化為一種稱為「屍蠟」**（adipocere）**的物質**（參見第六章）。這種轉化阻止了身體分解，**保持胃的完整，讓胃裡的內容物幾乎沒有變化**。史密斯發現：「兩個人的胃裡都有幾盎司未消化的植物物質，包括全綠豌豆、大麥、馬鈴薯、蘿蔔和韭菜，也就是傳統蘇格蘭肉湯的材料。」

根據屍蠟的狀況來判斷，史密斯估算，這兩個男孩已經在水裡泡了十八個月到兩年，他們是在一九一一年夏天或秋天，吃下最後一餐。

經過調查，當地有兩位男孩於一九一一年十一月失蹤，而他們分別是七歲和四歲，失蹤之前住在戴撒鎮的貧民窟裡。他們的父親——派翠克・希金斯曾在十一月時告訴一位熟人：「孩子們現在沒事了，他們正在前往加拿大的路上。」而當警方在該地區發現，有一名婦女記得自己在十一月的某個晚上，給兩個男孩享用過一頓肉湯，希金斯的案子便成立了。他於一九一三年被捕，後遭判決有罪並處以絞刑。

※珍惜生命，自殺不能解決問題，生命一定可以找到出路。若需諮商或相關協助可撥生命線專線「1995」、張老師服務專線「1980」或衛福部安心專線「1925」。

第二章

如何判別自殺，和偽裝自殺的他殺？

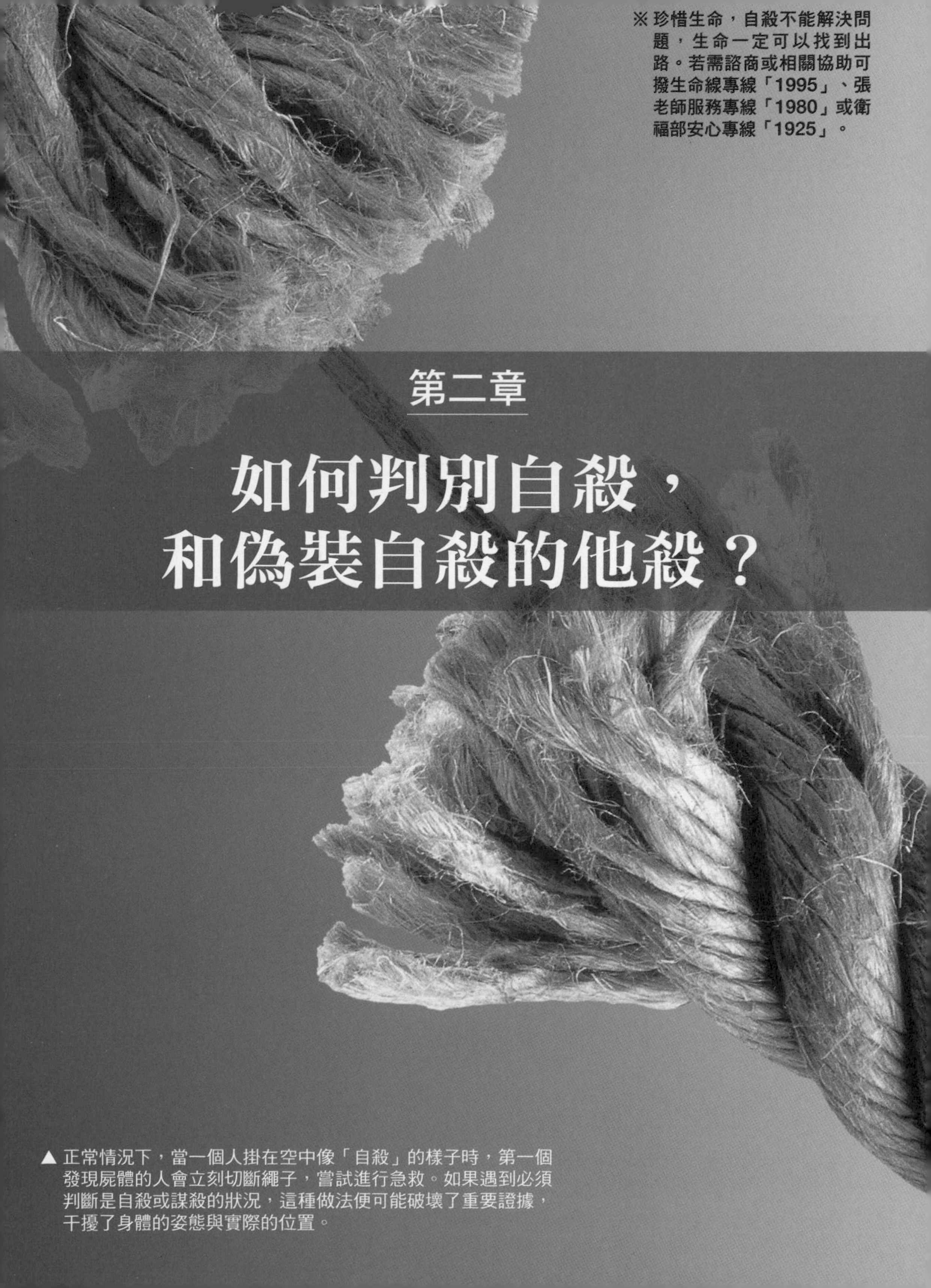

▲正常情況下，當一個人掛在空中像「自殺」的樣子時，第一個發現屍體的人會立刻切斷繩子，嘗試進行急救。如果遇到必須判斷是自殺或謀殺的狀況，這種做法便可能破壞了重要證據，干擾了身體的姿態與實際的位置。

遇到死亡的情況，我們必須判斷：這是自然死亡、意外死亡或非自然死亡？如果是非自然死亡的話，到底是自殺還是他殺？人們自殺的原因很多，被謀殺的原因也很多。在某些情況下，謀殺也很可能被看成自殺。正如利茲大學（University of Leeds）的西里爾．波爾森（Cyril Polson）教授在《法醫學要領》（*Essentials of Forensic Medicine*）中所說：「狡猾的自殺者……很可能會用一種看起來像他殺的方式來計畫自己的死亡。不過**更常見的情況是，凶手試圖將謀殺掩飾成自殺**。」

波爾森教授還在《犯罪學家》（*The Criminologist*）期刊裡的一篇文章中，**強調「明顯的死因」也可能具有很強的誤導性**。他在文章中描述了十二起案件，包括三起槍擊、兩起刺傷、兩起勒死，以及用瓶子和斧頭襲擊、踢死、窒息死亡和暴力毆打，乍看之下皆像他殺，後來卻都證明是自殺或意外的結果。其中「斧頭襲擊」原來是用霰彈槍自殺所致；「窒息死亡」是心臟病發作；「踢死」則是意外跌倒造成；而暴力攻擊所造成的一片「血海」，是由於靜脈曲張破裂而產生的。

著名的病理學家悉尼．史密斯爵士在其職業生涯中，當然也遇過一些離奇的案例。在著作《多半是謀殺》中，他描述道：「一位醫院裡的女僕，用斧頭砍擊自己的前額，造成了二十處傷口；在發現這種方法無法自殺後，她泡了個溫水澡，結果卻在浴缸裡淹死了。我想知道在我們當中有多少法醫，可以在屍體頭骨上發現了這麼多道斧頭傷口後，還能正確判斷死因是自殺？」

史密斯爵士筆下某一個案例裡，死者是一名上吊的男子。他的右臉有槍傷，左手掌心也有槍傷，喉嚨還被割了五道傷口；他的左手腕肌腱雖然割傷了，但並未傷及主要血管。然而經過現場調查，這名男子是自殺的——原先他打算開槍自殺不成，接著想割開喉嚨和割腕自殺也都沒成功；在如此的絕望中，他決定上吊自殺。

犯罪檔案

艾麗絲・西格（Iris Seagar）之死

她是自己摔倒或被推下來的呢？鑑識科學家的巧妙實驗，清楚確定一位巴爾的摩婦女，並未摔倒或自行跳樓，而是被人從陽臺上扔了下來。

在一九七〇年代初期，四十八歲的艾麗絲・西格從美國馬里蘭州巴爾的摩市的自家頂樓公寓陽臺墜地而亡，高度有兩百呎（約六十一公尺）。鄰居們認為她丈夫的酗酒行為，就足以讓她憤而自殺，警方也準備就此罷手。然而她的丈夫卻說這是意外死亡：「她正在修理故障的空調，結果不小心摔到陽臺護欄外。」而得知西格先生是其妻十萬美元意外險保單的受益人，而且該保單並不理賠自殺的情況後，警方做了進一步調查。

鑑識人員根據艾麗絲的身高體重，製作了幾個模型，並用攝影機記錄這些模型從陽臺上滑倒、推擠和被扔下時的各種狀況。從影片中可以看出，如果艾麗絲不小心摔倒，她將會掉到離建築物底部不超過十呎六吋（約三・二公尺）的地方；如果她是自殺而跳下陽臺，則不會超過十四呎（四・三公尺）。然而當她的屍體被發現時，距離建築物有十六呎（五公尺）遠。面對警方提出的證據，她的丈夫只好坦承是自己喝醉後，將她扔下陽臺。

在大學講座裡，史密斯爵士經常會以一個特殊案例（並非由他經手）來結束課程：有一個人決定在懸崖邊的一棵樹上吊死自己，而且是吊在延伸到海面的樹枝上。他還打算先吞下大量鴉片再開槍，確保能夠結束自己的生命。「當自殺的絞索調整好，服下毒藥後，他拿起轉輪手槍，在跳下懸崖時對自己開槍。結果繩子的晃動讓槍射歪了，子彈並未擊中他的頭部，反而射斷了繩子。因此他猛然一震，隨即掉進了五十呎（約十五公尺）深的海裡。由於落海後喝下大量海水，他嘔出了剛剛吞下的毒藥，接著他游泳上岸，決定要成為一個更好、更有智慧的人。」

▲史密斯爵士在他傑出的職業生涯中，遇到過不只一次匪夷所思的特殊案例，而且所有最初跡象都指向「謀殺」，後來經過深入調查，才又回過頭來判定為自殺。

就算被捆綁溺死、絲巾勒殺，也可能是自殺

史密斯爵士曾經遇過某個案件，突顯了在調查之初看起來明顯是謀殺的案件，更要謹慎行事。事情發生在某天晚上，有位老人離開投宿的蘇格蘭愛丁堡當地旅館，直到第二天早上七點三十分才

回來。當開門的服務生看到他滿臉是血，老人告訴她：「妳放心，我會自己上樓清洗乾淨。」接著掛上外套、帽子和雨傘，上樓走到浴室後，立即昏倒在地上。雖然他立刻被送往醫院急救，但還是在三小時後不治，沒有再醒過來。

我們可以明顯看出他的頭部中彈。槍口抵在他的下巴下方射擊，而子彈穿過頭部造成重大傷害，並從他頭骨前方左側穿出。射出口的直徑為一又四分之一吋（約三公分），其大小和形狀都說明這把點四五轉輪手槍的子彈在射出頭骨前已偏轉。

警察沿著血跡從旅館來到大街對面花園裡的遮雨棚，他們發現了一把點四五轉輪手槍和一大灘血。遮雨棚上方有一個彈孔，彈孔周圍附著骨頭和大腦碎片。當天早上六點左右開始下雪，因此可以清楚看到一道腳印和血跡，從遮雨棚繞了一大圈，一直延伸到旅館門口。

這把槍為該老人所有，從後來發現的信件可以看出他是自殺的。而對血跡的檢驗，也證明了他在早上六點前的某個時刻開槍自殺。很顯然，他在遮雨棚的座位上坐了一段時間，頭朝前垂下，留下了地上那一大灘血。接著他在花園裡走來走去，然後又回到遮雨棚。再次休息之後，他決定走回旅館。**儘管大腦受到了致命的槍傷，但他仍舊存活了兩、三個小時之久，甚至還進行了幾次有意識的行為**，並且可以在失去意識之前，清楚的表達意圖。

同樣的情況發生在一九九二年，一名荷蘭人在法國南部城市佩皮尼昂附近，綁架並殺害兩名年輕女孩，之後他在法國西南部城市盧爾德的一家旅館被活捉了。被捕之前，他原先打算到當地的教堂懺悔認罪，但發現鎮上的教堂晚上並不開放，於是他先試圖電死自己不成，接著嘗試割腕，最後甚至開槍自殺，不過都沒有成功。

犯罪檔案

海因茨・W（Heinz W.）

來自柏林的計程車司機宣稱這對德國夫婦服用安眠藥自殺，然而毒物檢測證明，他們在被這位司機槍擊時只是陷入昏迷而已。

一九九八年的復活節星期一（Easter Monday）[3]，於德國基爾一棟優雅的別墅裡，屋主艾瑞絲和約翰內斯・傑拉茨（Iris & Johannes Gerarts）被發現陳屍床上，兩人的頭部都有槍傷。

這對夫婦是擁有一家庭園設計公司的有錢人，而家裡有幾件貴重物品被拿走了。此外，在他們死後，銀行帳戶裡的錢也被人提領一空。

不久之後，警方逮捕一名五十歲的柏林計程車司機海因茨・W，指控他犯下這宗謀殺案，因為他曾經擔任這對夫婦的司機兼私人保鑣，但他否認這項指控，宣稱自己實際上是受託協助他們自殺。這對夫婦的健康狀況都有問題，約翰內斯因糖尿病而有一條腿截肢，艾瑞絲則罹患多發性硬化症[4]，公司也已陷入嚴重的財務困境。司機聲稱，他們是服用過量安眠藥自殺，並要求他在他們死後朝他們開槍，讓整場自殺看起來像遇到搶劫。

然而，經過毒物檢測發現，儘管這對夫婦的體內確實有安眠藥的成分，但並未達到致命劑量。隨後海因茨．W改變了他的說法，承認這對夫婦之所以服用這些藥片，是要讓他可以趁他們熟睡時開槍。

他的版本被採信了，因此他並未因謀殺罪被判處五年以上至終身監禁，反而是以協助自殺、違反槍枝法和偽造犯罪，被判處了四年九個月的刑期。

一九四五年，另一位著名病理學家基思．辛普森（Keith Simpson）醫師，在英國接到一起奇怪的自殺案件：在樸茨茅斯造船廠（Portsmouth Historic Dockyard）的水中，發現一具被繩子捆綁起來的男性屍體，死因已經確定為淹死。儘管警方認為這是一起謀殺案，但辛普森卻持反對意見，認為這個人是「死於自己的手和牙齒」，他也證明了這個人**有辦法把自己綁起來**，**方法是從小腿上的繩結開始**，**在每個打結處往上拉繩索**，**再用牙齒把最後一個繩結拉緊**。最後，辛普森把手電筒照進這名男子嘴裡，指了指夾在兩顆牙齒之間的小段繩線。

一九三〇年代也發生過一個案例，一位四十五歲的婦女陳屍在床上。由於房門鎖住了，因此必須破門而入，結果警方發現鑰匙放在房間裡。只見這名女子仰躺著，身上蓋著被單，雙臂放在被單

3　譯註：復活節星期日後的第一天，一些主要的基督教文化都會慶祝這一節日，尤其是信仰羅馬天主教會的文化。

4　譯註：多發性硬化症起因於中樞神經系統發炎及髓鞘受傷，患者的平均壽命略短於正常人，造成死亡的原因多半由於其他併發症感染。

外。她的嘴上圍著一條折疊成四吋（約十公分）寬的絲巾，並在後腦勺打結。另一條大約同樣寬度的圍巾，則套在她的脖子上，在脖子前面打結，勒緊到足以在皮膚上留下痕跡。最後還可以看到她的喉嚨深處，被強行塞進了一條手帕。

然而調查顯示，這名婦女多年來一直患有嚴重憂鬱症，有時也會威脅要在自己的脖子上綁長手帕或圍巾自殺。若非屍體在一個上鎖的房間裡被發現，她的死因可能很容易被誤認為遭受謀殺。

不過也沒人知道有多少被歸類為自殺的案件，實際上可能涉及謀殺。**如果沒有明顯的嫌疑人或可疑情況，且有理由相信受害者可能自殺的話，警方較傾向避免不必要的調查**，甚至許多看似意外死亡的案件也是如此。

多年來，從許多割喉或割腕自殺的死亡案例可以看出，**真正的自殺幾乎都會留下幾道不足以致死的較淺傷口，稱為猶豫刀痕**。如果遇到單一深切傷口的自殺案例，很有可能就是故意布置成自殺的謀殺案件。

在日本也是如此，當地的「切腹」儀式在傳統上，是一種自殺的手段。科林．威爾遜（Colin Wilson）在他的《以血寫就》（*Written in Blood*）中，

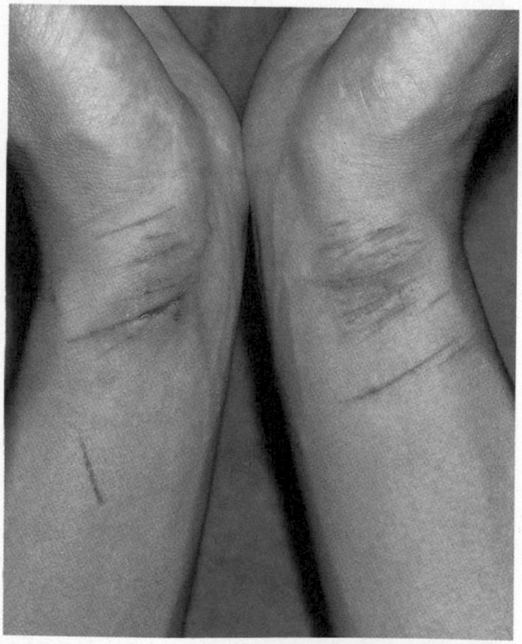

▲在自殺行為產生真正的致命傷之前，幾乎都會有一條或數條的猶豫刀痕。

記述了福田（Fukuda Asaka）探長的觀察。在漫長的警察生涯中，他多次目睹自殺案件後來被證明是凶殺案。福田探長說，在幾乎所有真正的自殺案例中，自殺者都會先用刀或劍試刺一次以上，再把刀劍深深刺入腹部。只要沒有這種「試探傷」，福田探長便會進一步尋找謀殺的證據。

此外，還有一些謀殺案，看起來就像上吊自殺。凶手經常宣稱自己發現死者吊在空中，為了救人才割斷繩索，如此便能破壞最有用的證據，也就是讓身體的姿態和外觀受到干擾。然而，只要驗屍和仔細搜索現場，幾乎都會發現犯罪的蛛絲馬跡。舉例來說，**凶手總是**

▲幾個世紀以來，日本人經常進行「切腹自殺」儀式[5]，而在過去，這會在死者必須保持光榮的情況下進行。由於切腹的死亡過程既緩慢又痛苦，所以受辱的武士被允許找「介錯人」協助，在他第一次切腹完畢時，把他的頭砍下來。

5 編按：日本最後一位切腹自殺者為作家三島由紀夫，死於一九七〇年十一月二十五日。

需要使用某種程度的暴力，因為不太可能說服受害者合作設置自殺場景，像是把絞繩套到自己脖子上，並乖乖站在椅子上，再讓凶手踢開椅子。所以，**現場比較可能會有打鬥的跡象，或是凶手將屍體拖過地板的痕跡**。

如果凶手是在死後才將繩索繞過屋梁或鉤子，再拉起屍體的話，繩索的纖維便可顯示出這種「拉動」的痕跡。或者，受害者可能是先在地上被勒死，凶手再把繩子切斷，並將切斷的繩子綁在屋梁上，以符合凶手的陳述：發現死者自殺，趕緊割斷繩子。在這種情況下，我們可以檢查木材，尋找是否有掛載重物才能留下的痕跡。而且鑑識人員可以在顯微鏡下檢查繩子的斷面，判斷繩子是否是在繃緊的狀態下被切斷，因為**在真正的自殺中，繩子會被身體的重量扯緊**。

另外，中毒而死也經常會被歸因為自殺或意外身亡，尤其是在死者經常服用藥物的情況下（無論是處方藥或提供某種刺激的毒品類藥物）。而當這種藥物是由其他人給死者服用，例如幫助絕症患者結束痛苦或執行謀殺，我們確實無法了解有多少醫生是在這種情況下，直接開立了死亡證明。

英國有個臭名昭著的案例，便是查爾斯．布拉沃（Charles Bravo）於一八七六年四月二十一日死亡的案件。在死亡的三天前，布拉沃與妻子弗洛倫斯（Florence）和她的朋友珍．考克斯（Jane Cox）夫人共進晚餐，席間喝了一、兩杯布根地酒。當天深夜，布拉沃的臥室裡傳來驚叫聲，考克斯夫人發現布拉沃正在嘔吐，隨後陷入昏迷。當醫生趕到時，考克斯夫人告訴他，布拉沃說自己服下了毒藥。而病人短暫恢復意識的時候，他承認自己可能吞下了一些鴉片酊（laudanum），因為他在牙齦上塗擦這些鴉片類止痛劑來緩解神經痛。

弗洛倫斯請來主治醫師威廉．古爾爵士（Sir William Gull），醫師告訴布拉沃，他肯定是中毒，而且就快死了，但布拉沃堅稱他只服用了鴉片酊。後來分析了布拉沃的嘔吐物，證明他死於銻中毒，很可能是一種成分為酒石酸銻鉀的強效催吐劑所造成。但他喝的布根地酒中，並未發現銻的成分，且其妻子和考克斯夫人也吃了同樣的晚餐。

古爾爵士確信「無論吃了什麼東西，都是他自己吃下去的」，驗屍官也同意他的看法。布拉沃事件很快就成為報紙的頭條新聞，有關他的妻子弗洛倫斯的舊醜聞也浮出水面。該案的第二次調查於一八七六年七月展開，布拉沃的屍體被挖了出來，展示在陪審團面前，然而案件已經變成了對弗洛倫斯和考克斯夫人的審判。儘管陪審團做出了蓄意謀殺的判決，卻沒有足夠的證據證明任何個人或多人有罪。

考克斯夫人或弗洛倫斯聯手毒害了布拉沃嗎？如果是，她們怎麼辦到的？

▲1876 年，對查爾斯・布拉沃死因不明所進行的調查。兩旁插圖為死者與其妻子弗洛倫斯的肖像。

犯罪檔案

亨利・馬歇爾（Henry Marshall）

他的死亡被判定為自殺，但這位美國農業部官員似乎沒有理由自殺。有鑑於他參與了一項高層金融調查，警方懷疑是謀殺，後來更挖掘出屍體來檢驗。

一九六一年六月三日，在美國德州布萊恩市附近的牧場中，亨利・馬歇爾的屍體被發現躺在他的皮卡車旁。身體正面有五個子彈射入口，背面有四個射出口，但他的體內並沒有子彈。他所擁有的點二二來福槍放在他身邊，旁邊還有四個用完的空彈匣。而他身體正面的槍擊火藥燒灼傷痕，可以證明步槍是近距離射擊。於是，當地治安官認定這場死亡為自殺，馬歇爾的屍體也立即下葬。

由於馬歇爾曾經擔任美國農業部（USDA）的官員，參與過一項嚴重的財務不法行為調查。因此在事件後隔年，華盛

▲ 亨利・馬歇爾的屍體被挖掘出來後，經法醫進一步檢查，確定是遭受謀殺。

頓某位發言人暗示馬歇爾是被謀殺的，並且下令挖出他的屍體。州法醫約瑟夫．賈奇姆奇克（Joseph Jachimczyk）負責驗屍，他在馬歇爾肺部發現一氧化碳殘留，濃度快要足以致死，很可能是來自皮卡車的排氣管廢氣。由於無法解釋缺少第五個子彈射出孔的原因，賈奇姆奇克認為可能有兩顆子彈從同一個孔射出來。他甚至發現了馬歇爾頭部曾受到重擊的證據。

馬歇爾似乎**不可能在吸入大量卡車廢氣後，再用來福槍射擊自己五次**，因為每次射擊都要抬起很重的槍，而他的右臂受過傷，無法完全伸直。有鑑於此，參議院的一個小組委員會和德州騎警一致認為，這絕對不是自殺，而是謀殺。可惜的是，他們一直沒有找到凶手。

▲ 馬歇爾是美國農業部的官員，負責調查一起資金挪用案件。1961 年 6 月 3 日，他在德州富蘭克林附近被發現遭到槍殺。雖然初步調查報告裡認定他是自殺，但揮之不去的謎團，使得他的屍體在 1962 年 5 月 22 日被挖掘出來。

犯罪檔案

諾曼．索恩（Norman Thorne）

這名來自薩塞克斯郡的家禽養殖戶，聲稱其情人在一九二四年十二月打算來他家時，卻突然上吊自殺了，但法醫證據證明事實並非如此。除了屋梁上沒有繩索痕跡，艾兒喜．卡麥倫（Elsie Cameron）的脖子似乎也完好無損。

一九二四年十二月五日，英國倫敦的打字員艾兒喜．卡麥倫，在前往情人——二十四歲的諾曼．索恩——位在薩塞克斯郡的家禽農場途中失蹤了。五天之後，由於沒有收到她的任何消息，她父親便報了警。當警察來到農場時，索恩告訴他們，他自己也很擔心，因為她並未抵達他家。

過了一個月以後，警察得知有人目擊卡麥倫走在前往農場的路上，便再次拜訪索恩，並在現場挖到了卡麥倫的手提箱。此時，索恩一改先前的說法，表示卡麥倫確實到了他家，並說她會留在這裡不走，直到他同意娶她為止。後來索恩出了門，深夜才回來，就發現她在一個家禽棚屋的橫梁上吊自殺。他因為驚慌失措，便肢解了她的屍體，並把殘肢埋在養雞場。

調查的警探指出，**橫梁上並沒有深壓的繩痕**，例如懸吊屍體會產生的猛拉痕跡，而且

橫梁表面的厚實灰塵完全沒有被摩擦過。伯納德．斯皮爾斯伯里爵士也檢查了挖掘出的遺骸，發現在頭部、臉部、手肘、腿和腳都有大量瘀傷。至於**頸部，在解剖後並未發現與上吊相符的出血跡象**。

索恩的審判過程，成了兩位法醫專家之間的戲劇性對抗。辯方傳喚了羅伯特．布朗特博士，他在斯皮爾斯伯里爵士的首次驗屍之後，於卡麥倫的屍體被埋葬近一個月之際，進行了第二次驗屍。布朗特宣稱在卡麥倫的脖子上，發現了「凹痕」，並有明顯瘀傷；斯皮爾斯伯里爵士則不同意這種看法。

在審判的最後一天，斯皮爾斯伯里爵士提出了嫌犯說詞不實之另一觀點——索恩說，他發現卡麥倫上吊死亡時，「她的眼睛是睜開的，而且是用力張開的狀態」；對此，斯皮爾斯伯里爵士表示：「**在上吊者尚未死亡、大腦缺血昏迷的情況下，眼睛並不會完全閉合或完全睜開**，而是呈半開闔狀態，眼皮帶有彈性。」於是索恩獲判有罪，並在一九二五年四月二十二日被處以絞刑。

▲ 諾曼．索恩和情人艾兒喜．卡麥倫的合照，女方在 1924 年 12 月 5 日遭男方謀殺。

現在的凶手無論多聰明，都很難跟實驗室裡的鑑識科學家們相提並論。若有任何理由相信某個死亡案件既非自殺也非意外的話，經過仔細的鑑識調查，總會找到那些能夠證實真相的細微證據——因為「謀殺，雖然不會說話，但它會透過最神奇的器官為自己發聲」。

第三章

辨識「傷口」，瘀傷就能知道死前還死後受傷

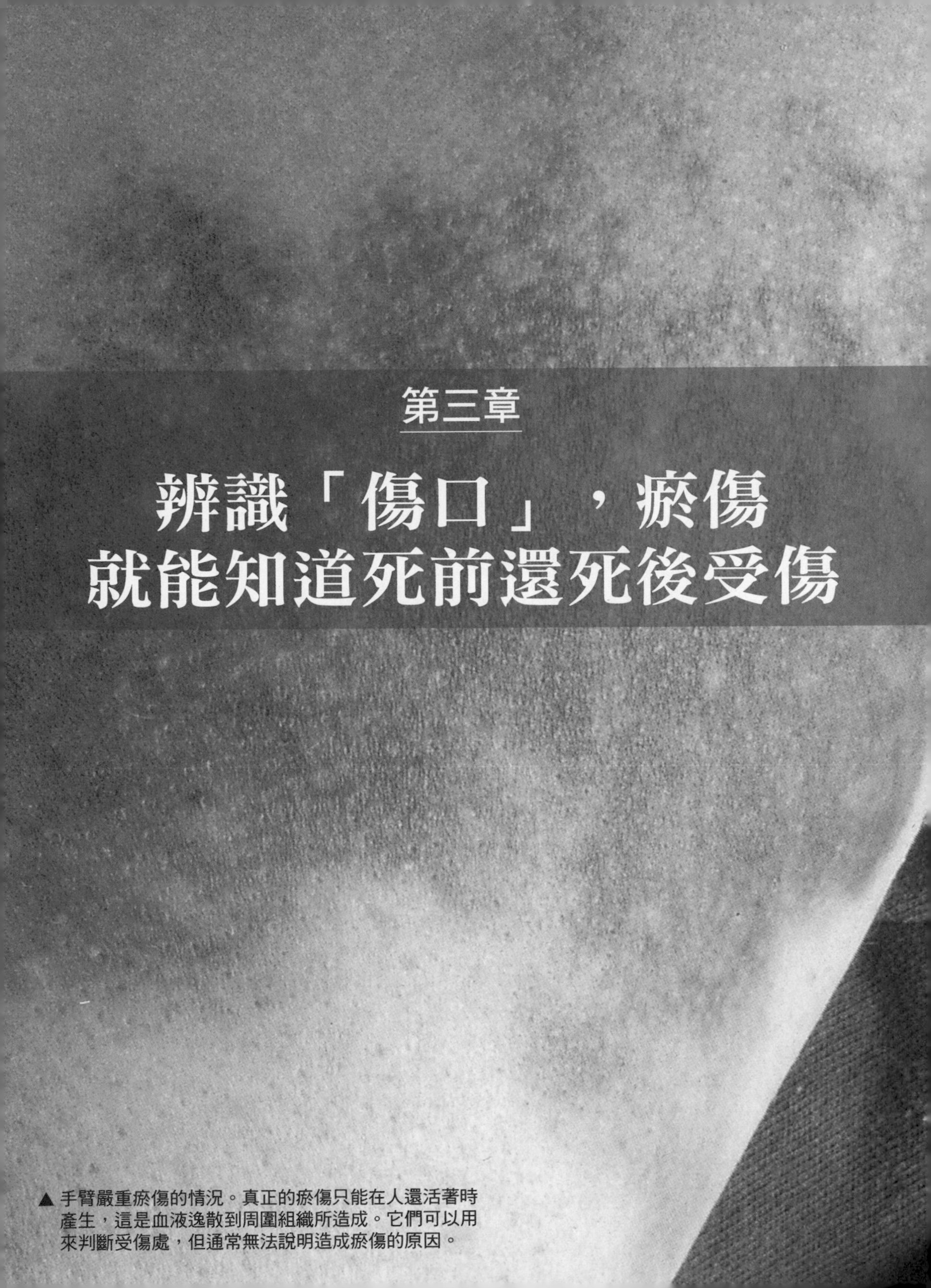

▲ 手臂嚴重瘀傷的情況。真正的瘀傷只能在人還活著時產生，這是血液逸散到周圍組織所造成。它們可以用來判斷受傷處，但通常無法說明造成瘀傷的原因。

無論是一時衝動或有計畫的傷害，對身體的攻擊經常導致傷亡。如果用刀攻擊，「刺傷」多半會造成內部傷口，形成內出血的情況；如果是「切割傷」，當切斷大的血管時，便可能因大量失血而致命。而法律用語中的「鈍器」可以泛指任何物品，包括錘子或斧頭、球棒、木棍、石頭，甚至是吸塵器或巨大的骨灰罈等。鈍器可能會打斷骨頭、損傷內臟、擊碎頭骨傷及大腦，最輕微也會在身體留下傷痕。

瘀傷，只能在活人身上產生

對於法醫病理學家來說，似乎很少有任何身體傷害會比瘀傷更為重要，無論是偵探小說的作者，或是法庭上的檢察官，經常如此諄諄教誨。因為瘀傷可以準確揭示受傷的部位、施加的力量，甚至是造成傷害的物體形狀。不過事實上，瘀傷很少會如此簡單。

「瘀傷」（bruise）在醫學上稱為「挫傷」（contusion），這是由於一些較小的血管（通常是微靜脈或微血管）破裂，導致血液逸散到組織中。因此，**關於瘀傷首先要記住的，就是它只能在「活人」身上產生，一旦人死了，血液便不會從微血管流出**。當然如果對屍體進行暴力攻擊，也可能會造成類似瘀傷的傷害，但所顯現出來的傷害程度甚微，與所施加的攻擊力道不匹配。驗屍過程應檢驗出死後產生的屍體損傷，以與真正的瘀傷區分開來。

第二個重點是瘀傷雖然比死亡先發生，但瘀傷本身並非死亡的主因。而瘀傷之所以重要，是因為有助於判斷死亡或重傷的狀況。而且在某些情況下，瘀傷的性質可以用來推測造成傷害的物體。

此外，在性侵或其他攻擊案件中，瘀傷的位置和形式，通常可以提供一些最具說服力的證據。

血管破裂是由於皮膚受到了強烈的局部壓力，該局部壓力乃源於造成傷害的凶器，與其下的骨骼相互壓擠所形成，因此我們必須仔細區分瘀傷、擦傷或撕裂傷。血液滲漏通常發生在皮膚下相當淺的區域，但由於皮膚下方的骨骼等於是以相等的反作用力抵抗打擊，因此任何**位於骨骼中間的組織或器官，都可能發生深層瘀傷**。

這些因壓力而滲漏的血液，通常會透過人體組織，沿著肌膜平面（在皮膚下方或肌肉之間的組織層）擴散，因此無法明確呈現出導致瘀傷的物體形狀。例外的情況是「皮內瘀傷」，亦即只發生在皮膚下方的最上層組織中，就有可能會呈現導致瘀傷的物體樣式。當受害者被帶有圖案的物體（例如編織的鞭子或有裝飾的腰帶）擊中，皮膚被擠壓到這些圖案的凹槽中，情況就像汽車輪胎的胎面壓過塵土一樣，我們便會看到這些紋路。

在英國北部的約克郡，發生過一起很特別的圖案瘀傷病例。有一名礦工在煤礦事故中喪生，他的身體上布滿了平行的鋸齒狀瘀傷。起初人們認為，這是運煤機的皮帶把他壓在地上所造成，但皮帶的紋路卻跟瘀傷完全不同。後來是由里茲市太平間的一位技術人員解答這個問題——這些瘀傷與死者身上針織毛衣內部的紋路完全相符。

用一根光滑的細棒敲打人體，通常會產生所謂的「電車軌道」（tramline）瘀傷，也就是由細棒「兩側」造成的兩條平行線狀瘀傷，而非由棒身直接打擊的中央部分來形成。這是因為撞擊點下方的血管被重擊擠壓而排空血液，兩側的血管則破裂形成瘀傷。

犯罪檔案

納維爾・希思（Neville Heath）

他長相帥氣，說話很有說服力，且自稱是高階軍官。他用來殘忍毆打受害者的馬鞭上，有著獨特的圖案，而這最後成了揪出這個謀殺虐待狂的證據。

一九四六年六月二十日下午，在英國倫敦西部彭布里奇庭院旅館（Pembridge Court Hotel）的床上，發現了瑪格麗・加德納（Margery Gardner）的屍體。法醫病理學家基思・辛普森很快確定其死因為窒息，然而令他好奇和震驚的，是她在死前所受的傷：兩個乳房都被狠狠咬傷，且陰道有一個七吋（約十七・五公分）長的撕裂傷，還有十七個清楚的鞭打瘀傷，應該是由一根皮革製馬鞭所造成，鞭上有獨特的菱形圖案編織。辛普森告訴警方：「如果你能找到那根鞭子，你就找到了凶手。」

這間房間在六月十六日被一名男子租用，其登記名稱為Lt-Col，他就是納維爾・希思，但他早已離開。幾天之後，他以假名魯珀特・布魯克

▲納維爾・希思因謀殺瑪格麗・加德納，被警方拘留。

上尉（Group Captain Rupert Brooke）預訂了伯恩茅斯鎮的一家旅館，並於七月三日在此地與另一位女性共進晚餐；這位女性名叫多琳．馬歇爾（Doreen Marshall），在兩天後失蹤。奇怪的是，「布魯克上尉」在當天稍晚，竟然來到當地警察局，讓警方確認兩人曾共進晚餐。不過此時他的照片早已流傳開來，因此警方很快就認出他並加以拘留。

希思要求從旅館拿回他的夾克，隨後警方在夾克口袋裡，找到了希思在伯恩茅斯車站行李室寄放手提箱的收據。接著他們**在手提箱裡找到一條沾滿血的圍巾，希思正是用這條圍巾讓加德納窒息。此外，手提箱裡還有一條菱形紋路編織的皮鞭。**

幾個小時後，警方在一處杜鵑花叢中發現馬歇爾的屍體。只見她全身赤裸、喉嚨被割斷，身體還被野蠻的肢解。後來在希思謀殺案的審判中，陪審團只用了一個小時就認定他有罪，於是他被判處絞刑。至於定罪的主要證據之一，就是辛普森口中那根可以找到凶手的獨特皮鞭。

▲這裡就是英國伯恩茅斯發現多琳．馬歇爾屍體的地點，警方正在檢查現場。

不過**大部分的瘀傷都是圓形或橢圓形，這是因為從受傷點開始，血液會朝各個方向均勻滲漏**，其範圍可能從幾分之一吋到幾吋寬。這些血液會因積聚而微凸於皮膚表面，因此可以當成第一個特徵，用以區分傷痕是生前或死後遭受擊打所形成。

如果受害者還活著，即使受毆打後只經過很短的時間，**血液也會持續滲入組織中，因此瘀傷呈現的面積大小，很可能會比造成傷害的物體接觸表面還要大**。如果受傷碰撞時釋放出足夠血液的話，那麼這些血液仍將在受害者死亡後，繼續透過組織擴散。根據身體的位置不同，這些血液都可能在生者和死者體表，擴散相當長一段距離。它可以擴散到皮膚表面（亦即出現一般瘀傷的樣子），或者透過受傷部位較下方的組織擴散，例如大腿上的瘀傷可能隨後會出現在膝蓋上，頭皮上的傷害也可能造成黑眼圈。

隨著時間過去，由於血液中的血紅素逐漸分解，因此瘀傷會改變顏色，從紅色迅速轉變成藍

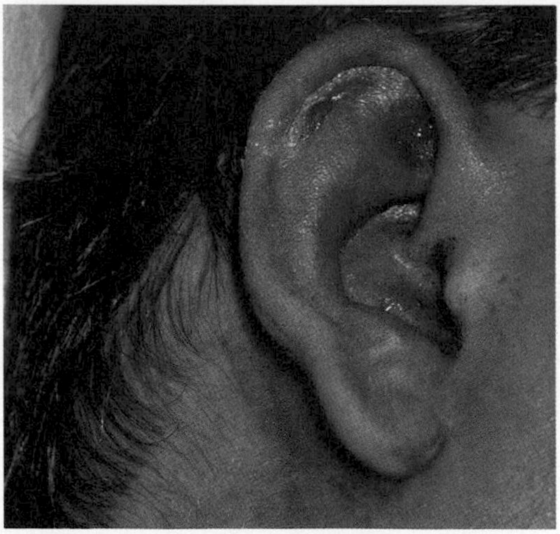

▲ 對頭部的重擊，常會導致血液移到頭部其他部分，所以耳朵裡面也會有出血的狀況。

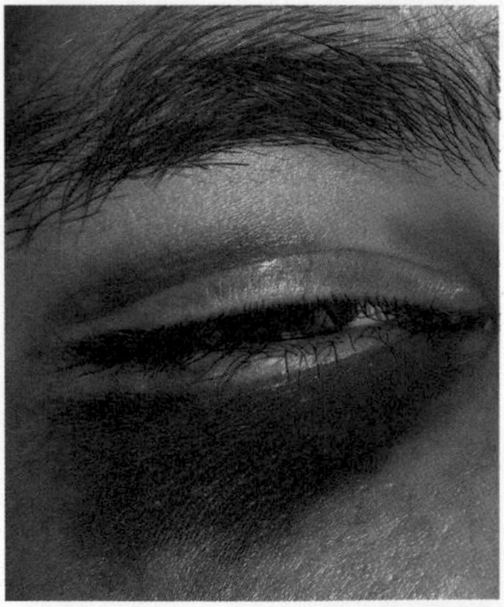

▲ 頭皮上的傷害造成眼部皮膚瘀傷，相當明顯。

黑色，然後變成棕色、綠色、黃色，最後消失。然而我們無法靠顏色來準確判斷瘀傷的日期，因為即使是同一個人身上的兩處瘀傷，也可能以不同的速度變色。一般來說，瘀傷需要一到兩週，才能歷經整個顏色變化的過程，健康的人身上如果有瘀傷，甚至可能在三到四天內便完全消退。重要的是，在遇到涉嫌虐待兒童的案件，要更加注意在同一個身體上，不同時期、顏色的瘀傷。負責照顧孩子的人，往往會說所有瘀傷都是同一次意外造成的，但**如果某些瘀傷是棕色到黃色的，絕不可能是在過去二十四小時內造成的**。

瘀傷出現在身體的凸出部位會最明顯，但法醫病理學家也必須特別注意身體的其他部分。例如在勒死的情況下，頸部被手指掐住所造成的表面瘀傷，看起來可能很輕微；從另一方面看，這些瘀傷也可能會比攻擊者的手指指幅大得多。因此面對這種情況時，還必須在頸部肌肉深處尋找瘀傷，因為它們可能不會出現在外部皮膚上。

若是在肩胛骨上出現瘀傷，代表身體曾經被壓在地面或其他表面上，例如襲擊者跪壓在被害者身上，同時勒殺被害者；至於手臂上的瘀傷，則可能是受害者曾被強行束縛住。性侵案受害者的大腿內側往往會有瘀傷，有時外陰處也會有，並因為掙扎而在臉部和手臂留下瘀傷。

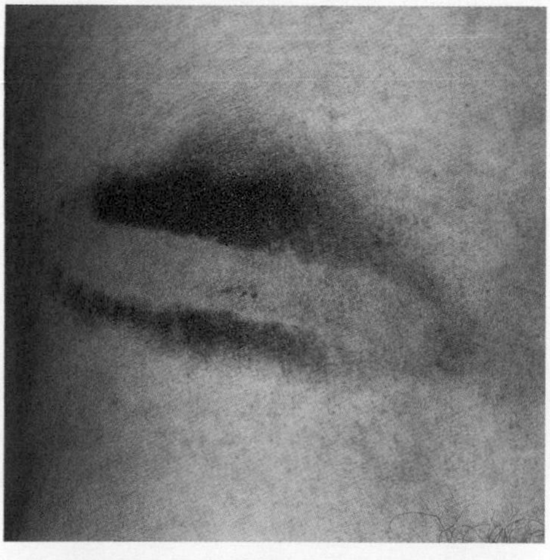

▲上半側身肋骨的瘀傷。因為肋骨緊貼在皮膚下面，所以可以看到兩邊骨頭凸出部分的傷痕。

法醫病理學家在檢查時，也很容易忽略頭皮的瘀傷，因為這些瘀傷會被頭髮遮蓋住。這種瘀傷雖然不容易看到，但有時可以用手指觸摸到。如果懷疑死者頭部有瘀傷，便須小心揭開頭皮，仔細檢查整個顱骨區域。

儘管從一般經驗法則判斷，重擊應該會比輕擊產生更大的瘀傷，**實務上卻很難從瘀傷的外觀來判斷打擊的暴力程度**。較輕的力量會導致眼瞼和外生殖器等組織表層的大面積瘀傷，而靠近骨骼的組織（例如頭皮上）只有在相當大力的打擊下，才會產生瘀傷。另外，年幼者、年長者、肥胖者或身體狀況不佳者，都比較容易產生瘀傷。但如果輕輕擠壓較豐滿、健康之女性的手臂，也會產生看似被強制束縛所產生的瘀傷。

另一方面，就算是相當用力的暴力打擊，也可能不會留下瘀傷的痕跡。著名的英國病理學家伯納德．斯皮爾斯伯里爵士曾經說過，有高達五〇％的嚴重腹部內傷，都沒有在表層產生瘀痕。這種情況經常是**重擊導致重要器官破裂，但撞擊點的血管並未破裂**。此外，如果**受到的壓力一直持續到受害者死亡後**——例如攻擊者持續勒住受害者的脖子很長一段時間，或是車禍死者的身體持續被車輪壓住——便可能不會出現明顯的瘀傷。

最後，還有一種特殊類型的瘀傷。有時血管破裂不是由壓力引起，而是由吸力（suction）引起的；這就是所謂「種草莓」（love bite）的情況，在性侵案件裡，這類瘀傷可能會出現在脖子、乳房或身體其他部位。

在驗屍解剖時，必須在有瘀傷疑慮的區域尋找瘀傷。這些區域的切口會**顯示出獨特的變色和組織損傷特徵**。經驗豐富的法醫病理學家，可以將這種特徵區隔開來，看出屍體是死後受創（參見第一章）、被撞擊，又或是高處掉落所造成的傷害。

這些區域還可能**存在較高濃度的白血球**，因此務必記得提取組織切片，放到顯微鏡下檢查。有些專家聲稱，另一種人體防衛細胞——吞噬細胞，會在二十四小時後開始形成一種血紅素的分解產物，稱為血鐵質（hemosiderin），因此瘀傷也可以靠這種成分檢測出來。不過同樣的，先前受的傷也可能檢測出這種成分。

雖然我們不能把瘀傷當作證據，指引出死亡原因，甚至認為瘀傷一定是施加暴力所造成的結果。但是，只要有機會確定瘀傷的成因，就可以為案件提供極具價值的間接證據。

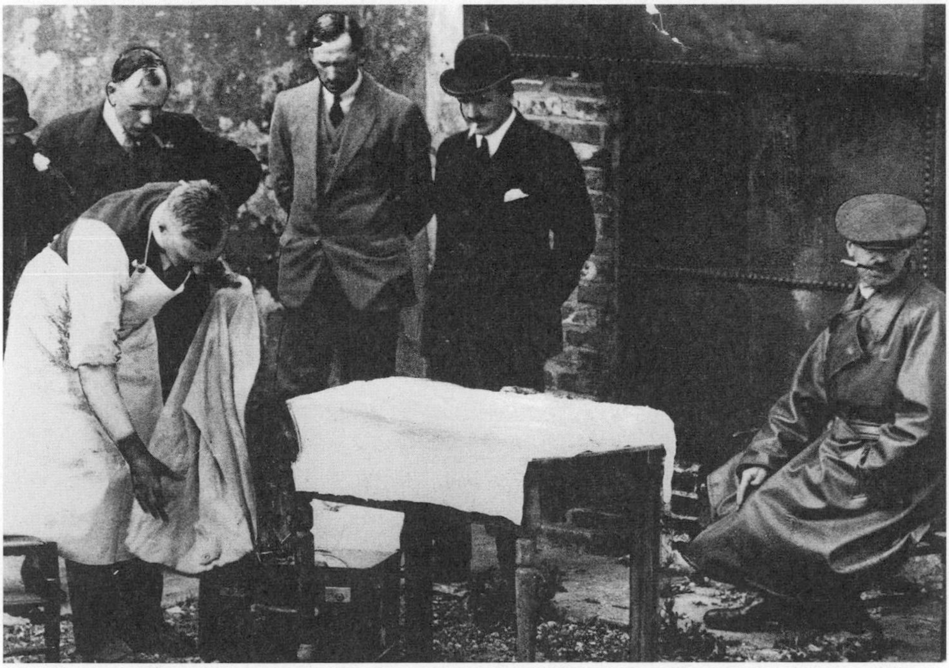

▲伯納德．斯皮爾斯伯里爵士經手的另一起案件：1924 年 4 月的艾米麗．凱伊（Emily Kaye）案。凱伊在薩塞克斯郡義本鎮的一座平房裡，被派翠克．馬洪（Patrick Mahon）謀殺並肢解，經檢查，遺體肩膀周圍有大片瘀傷。

犯罪檔案

迪爾夫婦：凱倫和麥可・迪爾（Karen and Michael Diehl）

這對夫婦搭乘一輛改裝過的巴士，帶著十七個孩童穿越美國。由於一群小孩很難維持秩序，所以他們經常毆打小孩。然而有一次他們打過頭了，導致十三歲的安德魯（Andrew）因為頭部受重擊而死。

身為基督教原教旨主義者（主張「聖經絕對無誤」，反對現代派神學）的凱倫和麥可・迪爾，是一對很特別的父母。他們和一群所謂的「家人」，一起乘坐改裝巴士在美國各地旅行。這群家人包括四個親生子女和十三個收養來的孩子，迪爾夫婦會刻意收養那些被認為無法收養的小孩。

一九八六年九月，巴士抵達維吉尼亞州的維吉尼亞海灘，靠近乞沙比克灣入海口的一處露營地。十月二十四日上午，警方和醫護人員接到他們打來的緊急電話；當警方抵達時，發現其中一名被收養的孩子——十三歲的安德魯，心臟已經停止跳動。麥可的說法是：男孩當時走在巴士的走道上，不小心摔倒並撞到頭，可能是撞在雙層床邊緣，或是撞到地板上的一個盒子。

急救後的安德魯恢復心跳，被緊急送往醫院。醫生發現他的臀部和左眼都有瘀傷，下臂也有割傷，腳踝、腳、手腕和手上都起水泡並腫脹，軀幹四肢也布滿多處舊傷疤。對安德魯的大腦進行掃描後顯示，他的頭部右上方有一塊很大的「硬腦膜下血腫」（Subdural hematoma），也就是顱骨和大腦之間有一大灘積血，大腦本身也大幅腫脹。在昏迷五天之後，安德魯去世了。

驗屍時，法醫檢查到「頭頂有一塊紅色和黃色的大瘀傷，左眉和後腦有較小的紅色瘀傷」；頭皮上沒有割傷，也沒有顱骨骨折。在打開顱骨後，他發現了掃描時檢測到的硬腦膜下血腫，還注意到大腦已經軟化並向左位移，在好幾個區域都有挫傷和已死的組織。而且這個男孩的血小板數量非常低，這就是出血無法凝結的原因。

法醫認為男孩的死因是「重擊造成的頭部傷害」。他表示：「頭部受傷的位置與典型的跌倒情況並不一致」，接著補充說，**男孩手腕上的擦傷「與捆綁的狀態相符」，臀部的傷痕「與現場找到的鞭子一致」，胸口的傷疤則是「符合用條狀物體毆打的情形」**。被捕之後，迪爾夫婦分別被指控忽略兒童、襲擊、綁架和謀殺等罪行。

調查顯示，迪爾夫婦經常因為孩子不守規矩，而用兩呎（約六十公分）長的薄木槳板毆打他們。安德魯是當中最不聽話的一個，會故意弄溼或弄髒自己的床和其他人的衣服。最後他被迫在巴士的橡膠墊上裸睡，手腕還被上銬。

凱倫表示十月二十二日那天晚上，她在安德魯坐在馬桶上的時候，用一把槳「敲」了他的頭。結果在十月二十四日早上，她幫安德魯洗澡時，發現他的腳腫了，走路困難，只好扶著他走在巴士走道上。當她轉身與丈夫說話，安德魯突然摔倒並割傷了嘴唇。她幫他擦乾淨之後，把他留在原地，因為「他躺著似乎比較舒服」。幾分鐘後，安德魯失去知覺，呼吸變得不規律。又過了大約四十五分鐘，他們才打電話向警方求助。

美國首屈一指的法醫專家賽瑞爾．魏契（Cyril Wecht），對於凱倫的說法持保留態度。因為他檢查巴士時，注意到馬桶上方的屋頂是彎曲的，也就是說，當安德魯坐在馬桶上，他的頭頂只有一呎（約三十公分）左右的空間。因此他說：「我試著想像是否有人可以在這種情況下揮槳，還能產生足夠撞擊力，導致安德魯頭部內出血，不過似乎不可能辦到。」

在庭審中，對於迪爾夫婦所實行的嚴格紀律處分，大家並未有太多意見。辯方的重點集中在用槳擊打，是否會導致看起來是主要死因的大腦內出血。醫院裡的神經外科醫生認為，出血是「頭部鈍傷」所造成，因為

▲ 1986 年 12 月 17 日，麥可．迪爾和妻子凱倫抵達位於維吉尼亞海灘的法院，他們被指控謀殺了養子安德魯。

並沒有看到顱骨骨折或頭皮撕裂傷。經過辯方盤問後，他同意安德魯左眼的傷口與跌倒的說法一致，並承認出血也有可能是因為跌倒在睡覺處，加上血小板數量過低所共同造成。

接著在檢察官的詢問下，本案的法醫在庭上解釋了為何他不認為出血是由跌倒引起。他說明**跌倒的傷害，通常會在頭圍部分，然而其中一處瘀傷位於頭頂**。而且，這處瘀傷還延伸到頭皮的曲面上，因此他覺得這比較符合「一次以上的撞擊，而且對於跌倒來說並非典型情況」。在解釋為何頭皮表面沒有損傷時，他說「頭髮在某些方面達到潤滑作用」，讓打擊處「基本上滑動開來，如此所產生的傷害情況，就會不同於其他部位遇到相同重擊的時候」。

隨後檢察官要求法醫拿起槳，展示可能用上的力量強度。法醫說：「我可能要敲打一些別的東西，我不想損壞這些家具。」他還補充道：「也許不只一擊，可能多達三擊。」

而魏契醫生被傳喚時，他也間接證實了本案法醫的觀點，亦即**硬腦膜下血腫可能需要兩次或多次跌倒，才能達到同樣的結果**。當辯護律師要求用槳重複擊打的醫學示範時，他回答：「用槳擊打並不會對這個孩子造成這樣的創傷（因為距離不夠）。」他一再重申自身觀點，亦即這些傷害「應該是摔倒兩次以上造成頭部受傷，與本法庭想展示的直接強力打擊頭部並不相符」。

儘管魏契醫生為被告提供了有利的證詞，但凱倫依舊被判處過失殺人罪，麥可則被判處一級謀殺罪。

撕裂傷，皮膚因重擊而裂開

當皮膚因重擊的力量而裂開時，這種傷口被稱為撕裂傷。傷口邊緣的組織會同時具有擦傷和瘀傷，裂口則呈不規則狀，神經組織和血管也會被擠壓而延展。用鈍器重擊致死通常是由於顱骨骨折，而帶有尖端的武器如錘子、斧頭或磚塊的邊角等，也會導致凹陷性骨折，將骨頭碎片向體內推擠。因此，即使頭骨沒有破裂，大腦也可能受到嚴重損傷，甚至可能出現致命的大出血。

如果是金屬棒狀物的一記重擊，可能會產生Y形撕裂傷。比較奇特的是，重擊一次可能會導致不只一處撕裂傷，例如朝頭部側面重擊，可能會導致下頷、耳朵和前額同時出現撕裂傷。從另一方面看，針對下半身的重擊，可能並不會撕裂皮膚，但會導致被打擊部位下方的軟組織，形成大面積的撕裂傷。

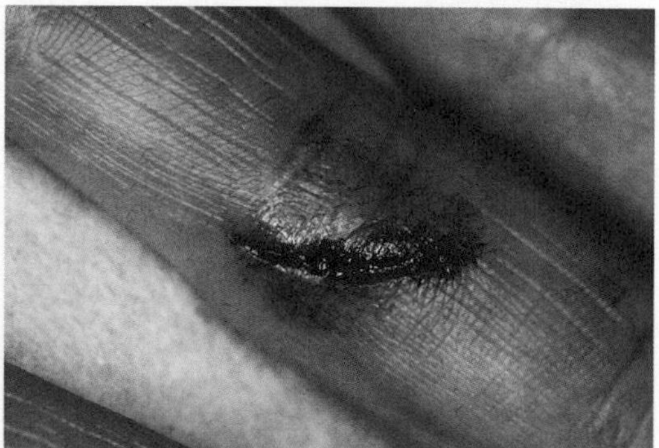

▲ 重擊所造成的撕裂傷。皮膚不規則的裂開，傷口邊緣有擦傷和瘀傷痕跡。

刀傷，刀尖朝上的握法最危險

當我們發現一具被刀子或其他鋒利工具殺死的屍體時，應該可以看到屍體上有鮮血、傷口等明顯證據，甚至作案的武器也經常留在犯罪現場。在某些情況下，死亡是先由其他方式（勒斃、窒息或使用鈍器）造成，凶手才在隨後砍傷或刺傷屍體，如此的特點便是傷口的失血相對較少。

這種由利器造成的傷口可分為兩種類型：割傷（砍傷）和刺傷。**割傷由剃刀、刀刃、鋸齒狀金屬或碎玻璃切割所產生；刺傷則由刀尖或其他長而窄的器械所造成。**

割傷的傷口通常是直的，但若在行凶中途改變武器方向，或是武器刀刃有特殊形狀，例如彎曲的柴刀，則可能出現彎曲或V形的傷口。如果是鋸齒狀金屬或碎玻璃造成的傷口，乍看之下可能不規則，但仔細檢查便可發現邊緣為整齊切割。

另外，**割開的傷口通常會裂開，因此傷口的寬度無法與造成傷口的刀刃寬度相符**。在很深的傷口中，肌肉、肌腱、神經和血管都可能被切斷，而且深及肌肉的割傷會導致傷口更大。受害者往往會試圖躲避利器的攻擊，或者嘗試抓住凶器，因此前臂和手掌上經常會有防禦造成的傷口。

跟割傷的情況一樣，我們也不能直覺的認為刺傷的外觀，必然與武器的形狀和尺寸相符。正如偉大的德國犯罪學家漢斯．格羅斯在其知名作品《刑事調查》中所說：

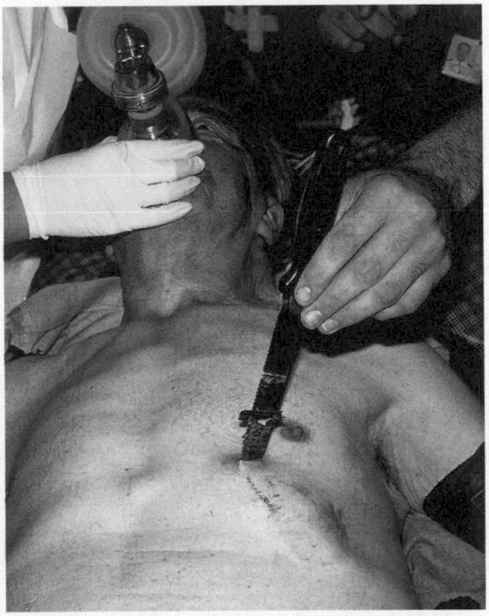

▲ 無論刻意為之或無心之過，一旦被刺傷時，除非在嚴格的醫療監督下，否則切勿將刀從傷口拔出，因為草率移除刀子，很可能造成大量出血，進一步導致死亡。

當刀尖刺入身體半吋或更淺處時，會在兩端割出一個銳角或尖角的傷口（因為上下皆尖）。隨著刀刺得更深，與刀刃切割面接觸的一側，當然一樣繼續往下鋒利切割；但與刀背接觸的另一側則會維持不變（因為上鈍下尖）。

如果刀子在刺後拔出時有扭轉的動作，傷口便可能呈現V字形或十字形的外觀。傷口尺寸也可能會小於凶器的尺寸，因為皮膚在刀穿透前，會先被尖端的壓力拉伸開來；從另一方面看，如果斜斜拔出武器，傷口就可能加大。

圓形的尖銳利器不一定會產生圓弧形的傷口，因為皮膚通常只會往同一個方向裂開；如果是銼刀、刺刀或方形截面的尖刺，可以造成三角形或十字形的外部傷口。而一把閉合起來的剪刀，可能會留下像閃電一樣的「階梯狀」傷口。

由於上述這些原因，法醫病理學家在分析攻擊武器的形狀和尺寸之前，必須先檢查傷口內部以及下層組織受到傷害的情況。就連傷口的「深度」也可能產生誤導，因為**人體組織在利器穿透過程中被往前擠壓，所以傷口深度很可能會超過武器長度**。

一般凶手會以兩種方式握持刺傷用的利器。一種是刀尖朝下，亦即拇指繞住刀柄上部，這種方式比較不會造成致命的傷口，尤其是凶手和受害者面對面的時候。這是因為攻擊者的力量向下時，在刀尖碰到心臟或肺臟等重要器官之前，很容易會先擊中骨頭。比較危險的握法是刀尖朝上，拇指比較靠近刀刃（例如彈簧刀的握法）。所以仔細觀察傷口的方向，對於確定攻擊者和受害者的相對位置來說，非常重要。

穿刺傷口可能只有少量的外部出血，不過如果是位在胸部或腹部的穿刺傷口，通常會出現嚴重的內出血。當法醫病理學家面對一具被割傷或刺傷的屍體時，必須先確定這是一起凶殺案，抑或是自殺。

自殺者最可能採取割喉或割腕，但還要注意某些特定跡象。例如**右撇子在用刀割自己的喉嚨時，傷口通常會從脖子的左邊高處開始，而且刺得較深，接著往右劃到刀子脫離脖子**。如果是他人要造成這種割喉傷口，通常只能站在受害者身後才能完成，而且左側的傷口可能更深，或是與右側傷口一樣深。另外，凶殺案的割喉傷口通常會偏頸部下方，傷口也可能更為水平。**自殺的傷口很可能較整齊**，因為自殺者往往會在割喉之前，將自己的頭往後仰，拉緊喉嚨的皮膚。被割喉謀殺的受害者，通常皮膚會比自殺者鬆弛，皮膚也會在刀片的壓力下折疊，使傷口邊緣呈不規則狀。

此外，自殺案通常還會在傷口上方附近，發現幾個獨立的較淺傷口，這是自殺者在最終割斷自己的喉嚨之前，自己造成的猶豫刀痕。**這些較淺的嘗試切口，在凶殺案件中並不會出現**，取而代之的，比較可能是在頭部或頸部還有其他深切傷口。這類死前的「試探傷」，也是割腕自殺者的特徵，而且傷口通常會彼此平行。還有，在凶殺案中，試圖抓住或抵擋武器而產生的「防禦性傷口」多半是隨機的，會出現在手掌或指關節上，也常出現在前半截手臂上。

不過，也有少數情況是自殺者從背後割傷自己的脖子。例如有一個案例，自殺的屠夫並非割喉，而是從自己的脖子後方，用他在屠宰動物時所熟悉的方法，直接砍斷自己的脖子。

犯罪檔案

奧古斯特．桑格雷特（August Sangret）

瓊．沃爾夫（Joan Wolfe）的頭骨被一根沉重的木樁砸成將近四十塊碎片，但她在死亡之前，已被凶手用刀殘忍攻擊。此案的重要步驟之一，便是找到凶刀，然後與傷口相互比對。

一九四二年十月七日，瓊．沃爾夫的屍體在英國薩里郡戈達爾明附近一處公有地上被發現，隨後警方找來法醫病理學家基思．辛普森協助驗屍。當他重建完已經碎裂成近四十塊的頭骨，便在死者頭部前方發現了三處刺傷。

因此首先面對的問題是：這些傷口是在死前還是死後造成的？

沃爾夫的右前臂肘部下方還有

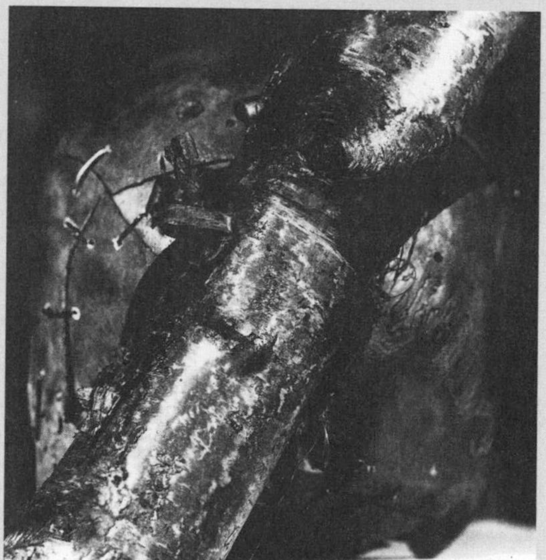

▲瓊．沃爾夫被木樁猛砸後腦而死，頭骨碎裂成近 40 塊，但頭部前面也有 3 處刀傷。

另一處刺傷，在她的手掌也有一處刺傷。檢查過傷口組織後，證明她在被刺傷時還活著。所以我們可以合理推斷頭部的傷口，應該也是生前造成的。這幾個頭部傷口離得很近，位置在頭骨左側較高處，應該是由右撇子往下刺擊所形成。

在死者右前臂的傷口中，有一塊肌肉被拉了出來，手掌上的肌腱也一樣被鉤出來。因此辛普森推論「這把武器的尖端形狀，一定類似『鸚鵡喙部』。而且死者頭骨上的三個傷口都有斜面邊緣……看來武器的喙狀尖端被刺入頭部，並在拔出時有轉動或者扭動」。

沃爾夫的男友當然是警方高度懷疑的嫌犯，他是名叫奧古斯特·桑格

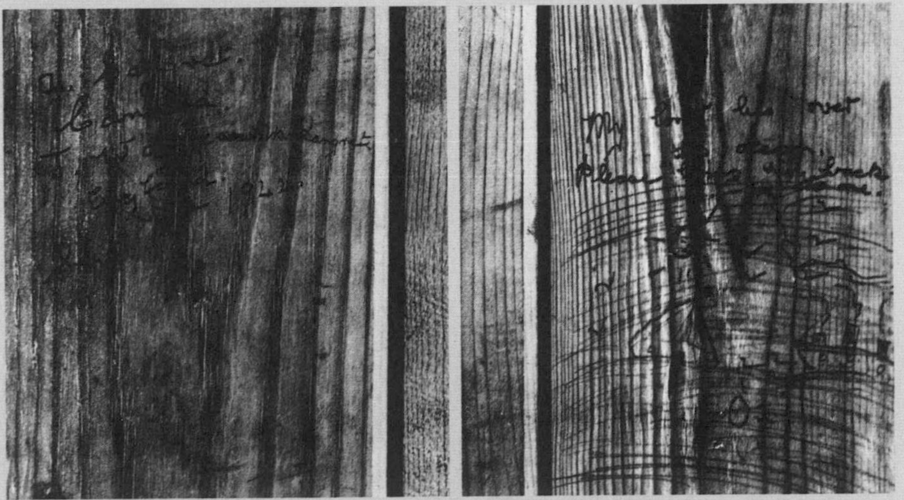

▲「對關係註定失敗的悲傷紀念。」沃爾夫在板球場附近的一間小屋牆上，寫下了這句話。這裡是她和男友奧古斯特·桑格雷特經常約會的地方，牆上還寫著：「A·桑格雷特，加拿大人。J·沃爾夫，英國人，現在是桑格雷特夫人。1942 年 9 月」（左圖）；「我的愛在大海上，請把他帶回來給我」（右圖）。

雷特的美洲原住民，住在加拿大軍營附近。不過，警方在他的隨身物品中，並沒有發現類似特徵的刀具，而加拿大人給他的骨柄折刀，也與辛普森所描述的鸚鵡喙狀的武器不符。

雖然有目擊者指稱，桑格雷特用過一把帶有鉤尖的英國軍用刀，但警方找不到這把刀；幸好經過一個月的搜索，終於在加拿大軍營的排水溝裡尋獲。在桑格雷特的審判庭裡，辛普森示範了這把刀如何與沃爾夫頭骨上的傷口完全吻合。

▲ 1942 年 10 月 7 日，當沃爾夫半埋著的屍體被發現時，她的軀體已經開始木乃伊化[6]，胸部和大腿上逐漸形成脂肪粒。

6 譯註：在極低溫或乾旱的自然環境，屍體的脂肪與水結合，在體表產生屍蠟，阻礙細菌生長，使屍體得以長久保存不腐化。

雖然刺傷較可能出現在他殺的情況，但也可能是自殘行為。我們必須仔細確定組織中傷口的軌跡，如果是向下或水平方向的話，比較像自行刺傷，而這類傷口的成因，也可能是因為意外撞到或摔倒在利器上；如果是向上的推力，通常就是凶手的攻擊。了解死者是左撇子或右撇子，對於判斷傷口方向同樣重要。

事實檔案

法庭上的醫學專家證人經常會被問到，產生特定刺傷所需的力量大小。關於這點，必須考慮以下因素：

- 最重要的便是凶器尖端的「鋒利度」。由於皮膚是人體最具有阻擋力的組織，一旦被穿透，刀子的其餘部分是否鋒利，就沒那麼重要了。
- 刺入動作的速度越快，越容易刺穿皮膚。
- 一旦武器的尖端穿透皮膚，幾乎不需要額外的力量來繼續穿透下方的人體組織。
- 由於肋骨處皮膚較為緊繃，因此只用極小的力量（例如小指的推力），就足以讓鋒利的武器穿透。心臟和其他器官幾乎無法承受遭武器穿透。
- 人很容易因跌倒或撞到他人手持的利器而刺傷自己；亦即對方不需移動刀子，甚至不必緊緊握住刀子，你就可能被刺傷。

當然，傷口的「位置」也相當重要，如果是在受害者無法碰觸的位置，就不可能是自己造成的。在自殺或凶殺案中，心臟通常是主要的刺擊目標，不過凶殺案出現的機會往往比自殺來得更高。最後，除去表層猶豫刀痕之外，自殺通常是一次深創就成功了，所以如果有多個較深的傷口，顯然就暗示著一起謀殺案。

第四章

一切物質
都可以是致命毒藥

▲ 致命的茄屬植物「顛茄」（*Atropa belladonna*）具有光澤的紫黑色漿果。這種植物可以用來提取有毒生物鹼如阿托品（Atropine）、莨菪鹼（Hyoscyamine）和東莨菪鹼（Hyoscine）。

世人並未廣泛理解的一個事實是：任何物質都可以作為毒藥，無論其本身性質如何。即使是水，只要攝入足夠的量，一樣可以致人於死。

早在十六世紀的時候，傑出的醫生兼鍊金術士德奧弗拉斯特．博姆巴斯茨．馮．霍恩海姆（Theophrastus Bombastus von Hohenheim），就已經知道了這個事實，他稱自己為帕拉塞爾蘇斯（Paracelsus），意思是「無與倫比之人」。他寫道：「**一切物質都可以是毒藥，沒有什麼不能當成毒藥。只要劑量正確，物質便能化作致命毒藥抑或是救命解藥。**」毒物致死可能緩慢且耗時，也可能迅速又突然。只要服用少量便會迅速致死的物質，或在一段時間內累積服用便足以致命的物質，通常都會被視為毒藥，也會被用作殺人工具。

當我們思及現代家庭藥櫃裡的各種有毒物質，也許就會對「毒殺」如此罕見而感到吃驚了。當醫生開出死亡證明，上面寫著原因是自然死亡時，很可能有許多是未被發現的毒物死亡案例。這在受害者患有慢性病或高危險疾病下，可能性會更高。舉例來說，就有很多案例是親屬自己承認，他們讓重病患者服下過量藥物，協助患者終結痛苦。

此外，即使負責檢查的醫生或法醫病理學家懷疑死者中毒，但除非有情況證據（間接證據）顯示，是由特定物質造成，不然就必須做一套完整的毒物分析，其可能是極費心力的工作。正如英國病理學家基思．辛普森教授所說：「毒殺相當罕見。梅布利克、塞登、奎本、梅里菲爾德（Maybrick、Seddon、Crippen、Merrifield，四位均為史上著名毒殺案主角，其中奎本的案件更被寫成書，書名為《無線電擒凶記》〔*Thunderstruck*〕）之所以出名，只是因為他們選用的凶器，真的很少見。」

受歡迎的毒物——砷（砒霜）

直到十九世紀，科學上對於「非自然死亡」的研究依然不多。如果死因很明顯，並且可以靠間接證據確定凶手，通常足以判定為謀殺。然而，中毒案卻完全是另一回事。

許多世紀以來，毒藥都是一種幾乎無法察覺的殺人手段。在十七世紀初，菲尼亞斯・富特（Phineas Foote）將毒藥描述為「懦夫的武器」。從被害者所遭受的痛苦以及英年早逝來看，許多死亡事件經常會讓人懷疑他們是被毒死的，而且往往有值得懷疑的明顯凶手，卻又找不太到確切的證據。在羅馬帝國的年代，中毒事件相當普遍，因為毒藥常被用來消除自己的絆腳石；許多位處上層階級者，因而必須僱用試吃員。據說在中世紀，義大利的博日亞家族（House of Borgia）便以毒藥消滅了許多敵人。

古代人已經了解許多不同種類的毒物，這些毒物主要來自植物，原先可能用於狩獵等實際目的。舉例來說，當蘇格拉底（Socrates）因意圖腐化雅典青年而被判有罪時，當局讓他有機會選擇自行喝下毒堇汁自盡。近幾個世紀以來，有一種更容易獲得的礦物「氧化砷」，通常簡稱為「砷」，迅速成為謀殺案的首選毒藥（三氧化二砷即砒霜）。因為**砷被加進食物時，微甜的味道很容易被其他調味掩蓋，它所造成的致命作用也經常被誤以為死於急性胃病**。而且一直到十九世紀初期，警方才有辦法在屍體中檢測出砷。

最早將毒物研究奠基在科學上（毒理學）的人，便是馬修・奧菲拉（Mathieu Orfila）。他在一七八七年出生於地中海的梅諾卡島，長大後獲得西班牙巴塞隆納大學（Universidad de Barcelona）獎學金，畢業後前往法國巴黎攻讀醫學學位。

當奧菲拉試圖在學校裡，重現各種公認的毒物測試方法時，他發現這些方法根本不可靠。正如他後來所寫：「讓我震驚的這種重要事實，從未被其他人察覺……毒理學根本尚未存在。」

奧菲拉在一八一三年出版了關於這項主題的第一卷論文《毒理學》（*Traité des poisons*）後，很快就因此成名，並且在一八一九年被任命為巴黎大學（Université de Paris）醫學法學教授，經常應邀替各種中毒案件提出證據。

在他的工作過程裡，他想知道墓地的土壤是否可能含砷，若有，那麼這些砷就可能會進入埋葬的屍體中，並在隨後的挖掘驗屍裡被驗出；以上這些，都讓毒理學家的證據遭人質疑。要不是英國化學家詹姆斯·馬許（James Marsh），在一八三六年開發出「馬氏試砷法」（Marsh test）這項精密測試，否則他就沒有機會驗證這個問題（參見下頁事實檔案）。雖然奧菲拉在土壤中發現砷，但他也證明砷無法進入密封的棺材裡。他的實驗還證明了用於砷化物試驗的各種化學物質，本身就可能被砷汙染，因此測試時必須小心考量到這一點。

▲ 毒理學創始人馬修·奧菲拉。

事實檔案

經過了六十年的努力，幾位化學家終於開發出檢測微量砷的可靠方法。當中第一位便是偉大的瑞典科學家卡爾・威廉・舍勒（Carl Wilhelm Scheele）。一七七五年時，他將氧化砷溶解在硝酸中，並加入鋅的顆粒。該溶液會釋放出一種有毒氣體，後來被命名為「胂」（arsine，砷化氫），聞起來會有大蒜味。

幾年後，德國人約翰・梅茨格（Johann Metzger）發現用木炭加熱氧化砷時，在其上方的**冷卻板上會形成鏡面狀的沉積物，事實上就是元素砷**。

接著到了一八〇六年，德國柏林的瓦倫丁・羅斯（Valentin Rose）醫生把一名疑似中毒受害者的胃液當成硝酸來處理。他在胃液中加入碳酸鉀和石灰，然後將之蒸發成白色粉末。而他在用木炭加熱粉末的時候，也看到了特有的砷鏡面。在一八一〇年，羅斯的方法被用來證明名叫安娜・茨萬齊格（Anna Zwanziger）的女僕，連續毒害了好幾位雇主。

最後一步發展，跨越了一個世代。一八三二年，英國老農民喬治・博德爾（George Bodle）被孫子約翰（John）毒死；知名科學家麥可・法拉第（Michael Faraday）的前任助理詹姆斯・馬許，受邀來證明該男子所喝的咖啡含有砷。他雖可以從咖啡樣本中檢驗出硫化砷的成分，卻因檢驗內容展示給陪審團時已經變質，因此後來陪審團判決約翰無罪。

於是馬許下定決心，要為以後可能遇到的毒殺案件，找出一種提供可見證據的方法。他認為梅茨格的處理技術不夠仔細，因此回頭重複舍勒發現「胂」的過程，最後得到了簡單且講究的解決方案：先在一個密閉的瓶子裡，用硫酸和鋅處理可疑物質，接著砷化氫通過一段短距離加熱的窄玻璃管後逐漸釋放。此時不僅砷鏡面會沿著管子慢慢形成，任何逸出的氣體，也會在末端開口處燃燒下，在瓷板上形成另一個砷鏡面。而且**只要含有至少〇・〇二毫克的砷成分，就能以這種方法檢測出來**。

由於這項發現，讓馬許在一八三六年獲得了皇家藝術學會（Royal Society of Arts，英國的一個多學科機構）頒發的金牌。

現在所有化學系學生依舊會學到馬氏試砷法，但在實際的鑑識作業中，該方法已被其他化學家所開發的精細測試所取代。

在十九世紀時，砷被當作老鼠藥而可免費取得，因此立刻成為最受歡迎的謀殺手段，尤其在較貧窮的人之中更是如此。在瑪麗・拉法基（Marie Lafarge）案（參見下頁犯罪檔案）之後，法國當局頒布一項法令，禁止藥劑師出售砷給不認識的人，並規定購買者必須在「毒藥登記冊」（poisons book）上簽名。英國緊跟在後，於一八五一年通過了《砷法案》（*Arsenic Act 1851*），該法案對銷售老鼠藥和其他砷產品設下限制：購買者必須年滿二十一歲，而且任何販賣砷產品的店家必須認識購買者，購買者也得在毒藥登記冊上簽名。更重要的是，這些砷必須混上灰色或藍色粉末，以免原來的白色粉末與糖或麵粉等食品混淆。其他國家後來也都頒布了類似的法令。

犯罪檔案

瑪麗．拉法基（Marie Lafarge）

每個人都確信她用砷（砒霜）毒死了破產的丈夫，而毒理學奠基人馬修．奧菲拉展現精湛技能，寫下法醫史上的新頁，建立了第一個科學化的毒物證據。

一八三九年八月，二十三歲的瑪麗．卡佩勒（Marie Capelle）在很不情願的情況下，嫁給了一位名叫查爾斯．拉法基（Charles Lafarge）的中年破產鐵匠。瑪麗原先的夢想是嫁給在社會上占有一席之地的有錢人，而非嫁給在法國利穆贊大區的勒格蘭迪爾地區，一家鑄鐵店的老闆，而且這家鑄鐵店不僅陰暗，又有老鼠出沒，因此她非常不開心。

▲ 瑪麗．拉法基於 1840 年謀殺丈夫，此為第一個經由科學證明砷中毒的案例。

十二月時，她買了一些砒霜回家毒老鼠。幾天之後，她親手送了一塊蛋糕給丈夫，讓他帶著去巴黎出差的路上吃。結果查爾斯在路上生病了，待他好不容易回到勒格蘭迪爾，卻立刻病倒。瑪麗很貼心的餵他吃飯，但僕人看到瑪麗**在他的食物裡拌進一種白色粉末**，因而引起眾人懷疑。查爾斯的家人請當地藥劑師對食物進行檢測，結果測出含有砷；後來查爾斯於一月十四日去世，他的妻子瑪麗也同時被逮捕。

當審判於隔年九月三日在隔壁城市——蒂勒的法院開庭時，檢方聘請的專家宣布，在「馬氏試砷法」裡，並未發現查爾斯胃中有砷的成分。因此他們要求挖掘屍體，以便分析受害者身體的其他器官，結果這些測試再次證明沒有砷的蹤跡。然而在查爾斯家的各種食品中，均被發現含有砷，包括一些蛋酒裡頭的砷含量，「足以毒死十個人」。

因此，毒物學家馬修．奧菲拉被邀請前來解決這場僵局。他仔細詢問了所有專家，並檢查他們在測試中使用的材料，接著他借用了蒂勒法院的一個房間，鎖上門之後，小心翼翼的執行自己的馬氏試砷法，想要證明應該是那些專家們搞錯了。

最後，經由奧菲拉檢驗所得到的證據，解決了這場僵局。「我要證明，」他說：「首先，查爾斯體內的確含有砷；其次，這些砷既不是來自我們使用的試劑，也不是來自棺材周圍的土壤；此外，我們所發現的砷，並不是人體中天然存在的組成物。」

最終，瑪麗因這些證據而被判有罪，並被處以死刑，但後來被減刑為勞役監禁。

儘管如此，砷仍經常被用於謀殺。海倫娜・約戈度（Hélène Jégado）於一八五一年在法國被判犯了三起與砷有關的謀殺案——其他還包括二十起可能的案件——一八五七年，瑪德琳・史密斯（Madeleine Smith）被控在蘇格蘭格拉斯哥市毒死她的情人艾米爾・蘭格利爾（Emile L'Angelier）；截至一八七三年的二十年間，瑪麗・安・科頓（Mary Ann Cotton）在英國毒殺了十四或十五人；一八九八年，考迪莉亞・波特金（Cordelia Botkin）在舊金山謀殺了情人的妻子和嫂嫂；赫伯特・羅斯・阿姆斯壯（Herbert Rowse Armstrong）於一九二一年在威爾斯的海伊鎮毒殺自己的妻子，並企圖謀殺鄰居；一九三五年，瑪莉・克雷頓（Mary Creighton）和情人艾弗列特・阿普爾蓋特（Everett Applegate），在紐約長島用砷殺死了男方的妻子。

▲ 在法庭上的瑪德琳・史密斯。她在 1857 年面臨用砷謀殺情人艾米爾・蘭格利爾的指控，但格拉斯哥法院判決證據不足。最後她於 1928 年 4 月在美國去世，並安葬在紐澤西州的望山公墓（Mount Hope cemetery）。

砷除了會存留於內臟之中，在頭髮、指甲、尿液和唾液，也都可以檢測到砷，尤其是在「慢性中毒」的時候。而且由於頭髮和指甲會以固定速度生長，檢測時還能用來確定施用毒藥的時間或時期。英國奧爾德馬斯頓村的內政部鑑識實驗室負責人艾倫・庫里（Alan Curry）博士，在親身測試的一項古典實驗中，發現使用了一劑的砷劑量後，需要經過一百零三日，才能從他的拇指指尖偵測出來。

美國探險家查爾斯・霍爾（Charles Hall）在前往北極探險途中，於一八七一年十一月七日，在搭乘的船——北極星號（Polaris）上死亡。將近一個世紀以來，人們一直懷疑他的死因，猜測探險隊的科學家埃米爾・貝塞爾斯（Emil Bessels）博士，是否下毒殺了他？

一九六八年八月，來自新罕布夏州達特茅斯學院（Dartmouth College）的教授昌西・盧米斯（Chauncey Loomis）和病理學家富蘭克林・帕多克（Franklin Paddock）博士，搭機飛往霍爾埋葬的地點，這座臨時墓地位於距離極地約五百英里（約八百公里）處，就在「感謝上帝港」（Thank God Harbor，現稱霍爾灣〔Hall Basin〕）冰凍的海岸上。

▲ 艾弗列特・阿普爾蓋特（左圖）和他的情人瑪莉・克雷頓（右圖中），因 1935 年在長島用砷謀殺阿普爾蓋特的妻子而被判有罪。

他們挖出因天寒地凍而保存完整的屍體，採集樣本，接著在多倫多鑑識醫學中心，對指甲樣本進行了「中子活化分析」（參見第十七章）。在指尖的砷含量為 24.6 ppm（ppm 定義為百萬分之一），在指甲底部則為 76.7 ppm。儘管屍體周圍的土壤含砷量為 22 ppm，但土壤中的砷，應該會均勻滲入指甲的所有部位才對，不該有指尖跟指甲底部的差異。他們在分析後宣稱「死因為砷中毒，這是很客觀公平的判定」。

犯罪檔案

馬里・希利（Marie Hilley）

在砷中毒的「黃金年代」過了很久之後，一名女性謀殺了她的丈夫和母親，並企圖用砷殺死自己的女兒。然後她棄保潛逃，並偽造自己的死亡。

一九七五年，在美國阿拉巴馬州的安尼斯敦市，馬里・希利的丈夫法蘭克・希利（Frank Hilley）因急病去世，死因判定為傳染性肝炎。馬里請領了丈夫的人壽保險，但很快就花光了。於是在一九七八年七月，她又為十八歲的女兒卡蘿（Carol）投保了兩萬五千美元的壽險。

不久，卡蘿因為患上怪病被送進醫院，而且瀕臨死亡。馬里經常來探望女兒，並為她帶來自製的食物；幾個月後，卡蘿告訴一位朋友，自己的母親會在醫生不知情或不同意的情況下，替她打針。

當馬里於一九七九年九月因使用偽造支票被捕時，她也被懷疑與女兒的疾病有關，結果經檢測，發現女兒的尿液樣本含有砷。因此馬里的丈夫法蘭克和母親的屍體，也都被警方挖掘出來，兩人的屍體果然都顯示出極高的砷含量。於是她被指控謀殺丈夫，但在一九七九年十一月保釋後潛逃，直到一九八三年一月才被逮捕。

被警方逮捕時，已經再婚的馬里，佯稱自己已經死亡，還自稱是馬里的雙胞胎妹妹泰麗．馬丁（Teri Martin），且願意捐出馬里的屍體以供醫學研究。最後她因謀殺丈夫被判終身監禁，又以謀殺女兒未遂的罪名，被處以二十年的刑期。

▲ 馬里．希利被判在 1975 年謀殺丈夫既遂，以及在 1978 年謀殺女兒未遂。

毒殺案的「黃金年代」

在十九世紀初期，化學從一個相當偶發性的實驗過程，發展成為一門有邏輯系統的科學。科學家們陸續發現並分離出越來越多的元素。此外，有許多化合物都能以純物質的狀態，從天然原料中被分離出來。許多化學家研究了各種天然物質的合成，並定下精確的分析方法。然而這種做法也產生了一種後果——藥劑師的貨架上，出現了越來越多經過純化的「毒藥」。

鴉片在整個十九世紀被廣泛使用，它的活性成分嗎啡，於一八〇三年被分離出來；而顛茄是一種致命的茄屬植物提取物，亦屬於一般常用藥物；阿托品則在一八三三年從顛茄中分離出來。

番木鱉鹼（Strychnine）於一八一八年從馬錢子樹中提煉而得，烏頭鹼（Aconitine）則於一八三三年從烏頭屬植物中提取；而尼古丁乃是興奮劑的生物鹼，在一八二八年從菸草中分離出來；鉛、汞和銻的化合物也以純化的形式製備，另有合成的氯仿和乙醚等化學品。所有這些化學藥物，甚至還有更多種類的常用藥物，都有機會來到下毒者手中。

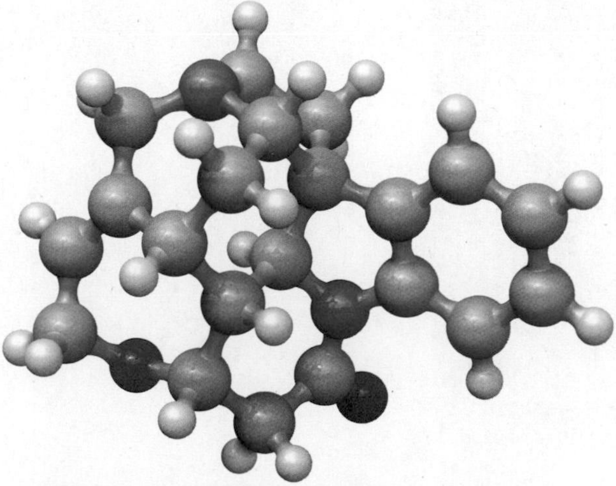

▲ 番木鱉鹼的分子結構模型。這種從馬錢子樹提煉的生物鹼毒物，目前並無解毒劑。

犯罪檔案

伊娃·拉布倫（Eva Rablen）

就像現實生活中的福爾摩斯一樣，愛德華·海因里希（Edward Heinrich）博士也推斷出唯一可能的證據，可以直接將伊娃·拉布倫與其退伍軍人丈夫中毒身亡一事，彼此串連起來。

卡羅爾·拉布倫（Carroll Rablen）是第一次世界大戰的老兵，雖然因為受傷而失聰，但他喜歡在加州塔特爾敦鎮上的校舍裡，看著妻子伊娃盡情跳舞。一九二九年四月二十九日，他坐在外面的車子裡，等待妻子拿咖啡和一份三明治給他。沒過幾分鐘，裡面的舞者們突然聽到一聲尖叫，他們發現卡羅爾正在痛苦

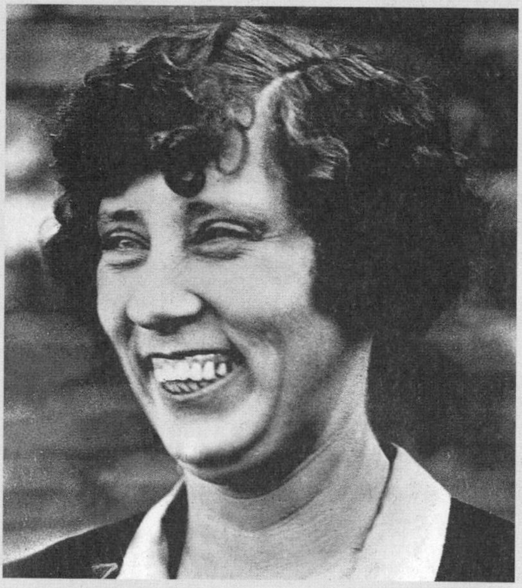

▲ 伊娃·拉布倫在 1929 年用番木鱉鹼毒死了自己的丈夫，這項罪行由鑑識科學家愛德華·海因里希博士所確定。

的扭動著，瀕臨死亡。

卡羅爾死後，伊娃暗示大家，她的丈夫曾試圖自殺；而包括法醫在內的許多人，都認為卡羅爾是自然死亡，因為從驗屍和對死者的器官分析，都沒發現任何出人意料的結果。

然而，卡羅爾的父親認為一定是伊娃為了三千美元的壽險理賠金，毒殺了自己的丈夫。所以在他的堅持下，警長同意搜查校舍。結果他們在一個黑暗的小角落，發現標有「番木鱉鹼」的一個小瓶子。售出這瓶番木鱉鹼的藥房距離此地不遠，就在塔特爾敦鎮上，其店員也認出購買者就是伊娃，她隨即遭到逮捕。

檢方請來愛德華・海因里希博士協助。身為獨立鑑識科學家的海因里希，有過許多非凡的破案功績，甚至被稱為「柏克萊巫師」（Wizard of Berkeley，他在加州大學柏克萊分校任教）。他分析了卡羅爾屍體中是否含有番木鱉鹼，結果是肯定的；他也在死者喝過的杯子和汽車內裝上，驗出番木鱉鹼的成分。

不過，目前還沒有辦法將伊娃和毒咖啡連結起來。幸好海因里希突然想到：當她端著托盤穿過擁擠的舞池時，有沒有可能撞到人，進而灑出一點咖啡？結果真的有一位年輕女孩想到當天發生過這件事，而且裙子上還殘留著咖啡漬。最後，海因里希當然也從這些汙漬驗出了番木鱉鹼。

由於海因里希太有名了，因此伊娃得知他參與此案時，寧願認罪以逃過死刑，最後被判處了終身監禁。

氯仿具有一種獨特的氣味，也有幾種簡單的化學測試可以測出氯仿，因此在毒物之中，它很容易被檢測出來。然而許多其他化合物，尤其那些**從天然來源分離出來的化合物，非常難以辨識。一些早期的毒理學家甚至必須依靠自己的味覺判斷，**這當然是非常危險的舉動。

一八五〇年，當伯卡梅伯爵（Comte de Bocarmé）和他的妻子被指控用「尼古丁」毒害她的兄弟時，比利時化學家尚・瑟維斯・斯塔斯（Jean Servais Stas）從死者的器官中抽取液體。當他親身嚐毒，他報告說自己的舌頭、嘴巴和喉嚨都有燒灼感。隨後他也透過使用尼古丁殺死兩隻狗的實驗，來證明他的發現。

在十九世紀後期的刑事審判作證時，時任英國著名毒理學家的羅伯特・克里斯蒂森（Robert Christison）教授，正在向法官解釋：「法官大人，只有一種致命的毒藥，我們無法在屍體中找到，那就是——」就在這個時候，法官制止了他的發言，阻止他說出毒藥的名稱，這種毒藥就是「烏頭鹼」。烏頭鹼提取自烏頭屬（Wolfsbane，又稱附子屬〔Monkshood〕）植物如歐洲烏頭（*Aconitum napellus*），在古代被廣泛使用，希臘人甚至稱之為

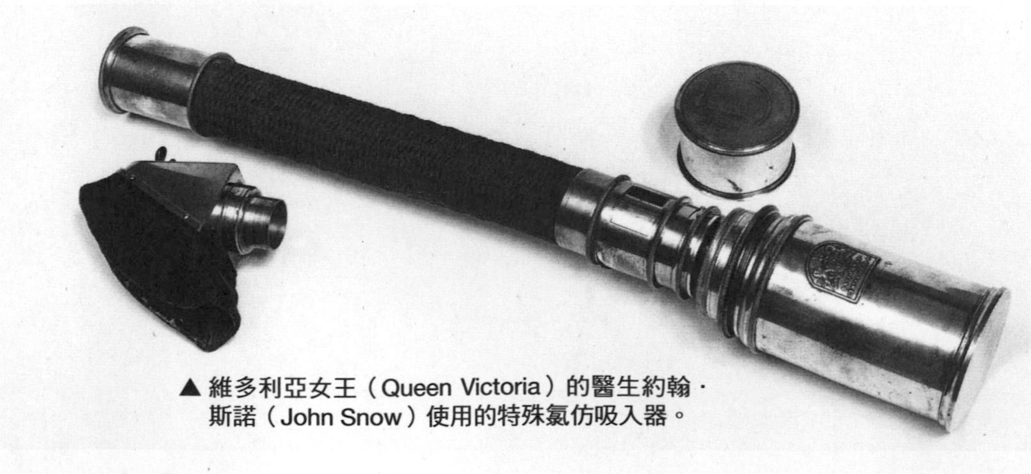

▲ 維多利亞女王（Queen Victoria）的醫生約翰・斯諾（John Snow）使用的特殊氯仿吸入器。

「繼母毒藥」。羅馬皇帝圖拉真（Trajan）也禁止人民在自己的花園裡種植烏頭屬植物。

烏頭鹼的第一個作用是在口腔中產生刺痛感。一八八一年，喬治．拉姆森（George Lamson）被指控用一塊摻有藥物的蛋糕，毒殺了妻子的弟弟。倫敦蓋伊醫院（Guy's Hospital）的醫生湯馬斯．史蒂文森（Thomas Stevenson）也提出了他從死去男孩的器官裡所獲得的證據：「我把其中一些抽取液體放在我的舌頭上，立刻產生了跟烏頭鹼一樣的效果。」

烏頭鹼跟尼古丁、嗎啡、東莨菪鹼、番木鱉鹼和類似的植物衍生藥物一樣，都屬於一種生物鹼。霍利．哈維．奎本（Hawley Harvey Crippen）醫生在一九一〇年時殺死他的妻子，用的則是東莨菪鹼。

這些生物鹼毒物中毒的症狀多半不明顯，然而番木鱉鹼的中毒跡象非常明顯，包括：肌肉痙攣，呼吸變得困難；背部以獨特的方式凹起，使得中毒者在躺下時，只有頭部和腳跟會著地；臉上充血變黑，嘴部肌肉痙攣，造成面露猙獰的笑容，稱為「痙笑」（risus sardonicus）。

▲烏頭屬植物，又稱附子屬植物，其提取物在古代是相當流行的毒藥。

犯罪檔案

阿黛萊德·巴特利特（Adelaide Bartlett）

她是否用氯仿毒死了丈夫？如果是，到底怎麼辦到的？眼看她絕口不提這個祕密，專家們無計可施，陪審團也別無選擇，只能宣布謀殺罪名不成立。

一八八六年元旦，四十歲的英國人艾德溫·巴特利特（Edwin Bartlett）被發現死在床上。隨後關於巴特利特夫婦的一些奇怪事實，逐漸浮出檯面。艾德溫的法國妻子阿黛萊德嫁給他時只有十九歲，不到一年，她就跟丈夫的兄弟發生婚外情。根據她的說法，丈夫幾乎無意與她行房，還鼓勵她跟年輕的衛斯理宗牧師喬治·戴森（George Dyson）建立情誼。

一八八五年十月，巴特利特一家搬到倫敦匹黎可區，戴森也定期前去探望。艾德溫曾經立下遺囑，將一切財產留給妻子，並由戴森牧師擔任遺囑執行人。結果遺囑立完不久他就病倒了。在他去世後，**驗屍顯示他的胃裡有大量氯仿，然而在他的嘴巴和喉嚨裡並無發現。**

▲阿黛萊德·巴特利特。

一八八六年四月十二日，阿黛萊德謀殺丈夫一案的審判展開了。法庭上的證據顯示，就在艾德溫去世前幾天，**戴森牧師在普特尼和溫布頓這兩區，向幾位化學家購買了大量氯仿**。然而，牧師的妻子解釋這是她用來灑在手帕上的，好讓丈夫晚上昏昏欲睡，以免對方突然在半夜對她感「性趣」。

在庭上，檢方得先解釋凶手如何使用這種毒藥。雖然氯仿可以一比兩百的比例溶解在水中，但若是口服液體狀的氯仿，應該會使口腔黏膜起水泡；而且考慮到受害者胃中發現的氯仿濃度，等於他的妻子必須說服他喝下幾品脫（一英制品脫約等於五百七十毫升）的氯仿液體混合物。又或者她是在丈夫順從的情況下，先設法使他失去知覺，然後把一根橡皮管插入他的胃灌入氯仿液體？

由於證據不足，陪審團只能宣判阿黛萊德無罪。據說外科醫生詹姆斯・柏哲德爵士（Sir James Paget）在審判後曾經評論：「既然她已經被無罪釋放了，為了科學上的利益，應該請她告訴我們到底如何辦到的。」不過阿黛萊德始終保持沉默。

▲ 喬治・戴森牧師（右上圖）遭指控用氯仿謀殺阿黛萊德的丈夫，並於審判時接受盤問。

然而，醫生有時很可能忽略番木鱉鹼中毒的症狀。在一八九一至一八九二年間，當惡名昭彰的湯馬斯・尼爾・克里姆醫生在倫敦用番木鱉鹼毒殺妓女時，至少有一名婦女被歸因於酗酒死亡。

一九三四年五月，當亞瑟・梅傑（Arthur Major）在英國林肯郡突然去世時，醫生將他的死因歸為「癲癇重積狀態」（status epilepticus）[7]。後來警方收到一封匿名信，說鄰居的狗吃了亞瑟的妻子放置的剩飯後死亡，因此警方奉命挖掘屍體，最後發現梅傑死於番木鱉鹼中毒。

十九世紀在犯罪史上，可

▲ 1910 年 7 月 31 日，霍利・哈維・奎本醫生由沃爾特・戴（Walter Dew）督察押解，搭乘蒙特羅斯號（SS Montrose）定期遠洋航輪登岸。這是歷史上第一次使用無線電逮捕凶手。原因是奎本的情人艾塞爾・勒・妮芙（Ethel Le Neve）打扮成男人的模樣，引起了船長的懷疑，遂向倫敦發送了一條無線電訊息。戴督察立刻登上一艘更快的船，在加拿大海岸攔截到這名逃犯。

說是以毒殺的「黃金年代」而聞名。然而這個時期，也是進行研究的化學家們，針對數量暴增的天然與合成有毒物質，開發出各種鑑定測試的時期。同樣在這個時期，許多限制藥物使用方式的早期法律也被制定出來。

因此到了二十世紀——尤其是自從引入管制毒物的法律以來——大多數的毒害謀殺，要不是由醫療相關人士所為，就是由工作內容可以接觸到毒物或其他有毒物質的人所為。

▲當時的報紙以插圖的方式，報導了奎本醫生在倫敦 HM 本頓維爾監獄（HM Prison Pentonville）被處決的消息。

7 編按：定義為一次癲癇發作超過五分鐘，或是五分鐘內癲癇發作超過一次，且每次發作之間沒有回復到正常狀態。

開發治病療藥，可用毒藥跟著增加

目前用以治療特定疾病的藥物開發，已經將可利用的毒藥數量增加到數以千計。直到最近，最廣泛使用的一種藥物便是巴比妥類藥物。阿道夫·馮·拜爾（Adolf von Baeyer）在一八六三年首次合成巴比妥酸（Barbituric acid），該化合物以他朋友芭芭拉（Barbara）的名字命名。

大約四十年後，由巴比妥酸所衍生出來的兩種衍生物，被發現是高效的鎮靜劑（安眠藥的成分），包括二乙基巴比妥酸（diethylbarbituric acid，即巴比妥，商品名為佛羅拿〔Veronal〕）和苯巴比妥（Phenobarbital，或稱魯米那〔Luminal〕）。然而一直到一九五〇年代，人們才了解這些物質有危險的成癮性，不過當時的醫生已開出了幾百萬片的安眠藥給病人。有許多意外和自殺死亡，都被歸因於巴比妥類藥物中毒，但誰知道其中有多少案件，實則涉及凶殺？只有很少的安眠藥致死案件被證明是謀殺。

從最近的毒殺歷史事件來看，還可看到各種讓人意想不到、可以用於謀殺的毒物種類，以及毒理學家在辨識這些毒物所面臨的困難。例如一九七八年，來自保加利亞的記者暨異議人士喬治·馬可夫（Georgi Markov）在倫敦等公車時被暗殺。一般認為可能是保加利亞政府委託蘇聯國安會（KGB）來除掉他，而暗殺他的毒物是一顆彈丸，從一把藏在雨傘裡的氣槍發射

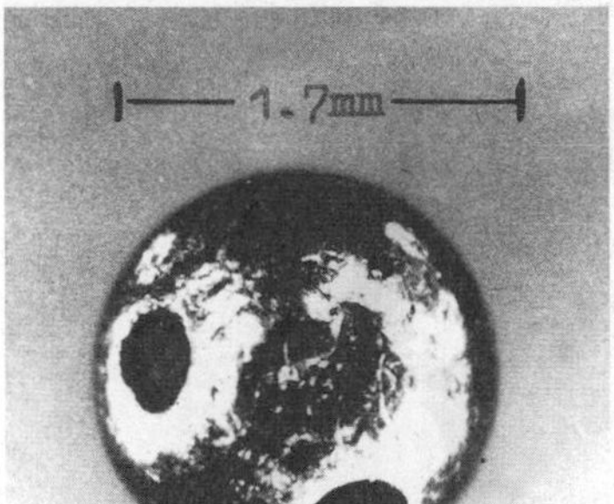

▲1978 年從傘槍射入喬治·馬可夫大腿的鉑／銥彈丸，這顆彈丸直徑小於 2 毫米，裡頭含有 0.2 毫克的致命毒物「蓖麻毒蛋白」。

而出。彈丸裡面含有蓖麻毒蛋白（ricin），這是一種蓖麻油的萃取物，只需體重的百萬分之二劑量即可致命，毒性甚至是眼鏡蛇毒的兩倍。

一九八一年六月，二十八歲的蘇珊．巴伯（Susan Barber）在丈夫麥可．巴伯（Michael Barber）的牛肉腰子派中，添加了巴拉刈除草劑來謀殺他。雖然麥可的屍體已經被火化，但在九個月後，警方再次調查起他的死因，而驗屍時保存下來的血清[8]和器官樣本都顯示含有除草劑成分。隨後蘇珊和她的舊情人理查．柯林斯（Richard Collins）被捕受審，兩人都在一九八二年十一月被判有罪，前者被判處終身監禁，後者則被判處兩年監禁。

近年來極為可怕的案例之一，便是在美國德州聖安東尼奧市努力工作的兒童護士吉恩．瓊斯（Genene Jones），要為她照顧的三十多名嬰兒和青少年的死亡負責。自從在救活與照顧心臟驟停的嬰兒上，獲得興奮和快感後，她開始對這些孩

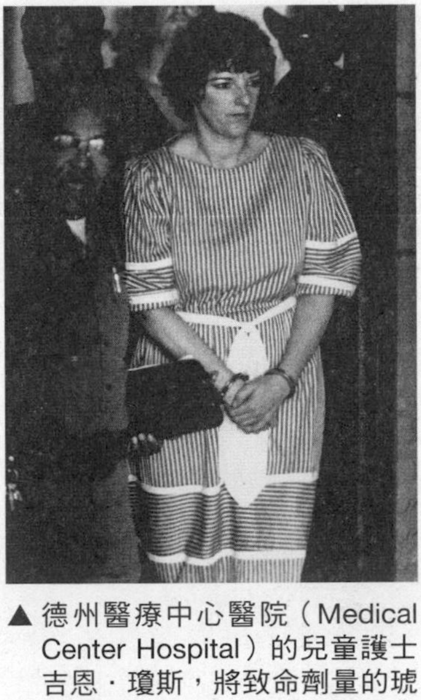

▲德州醫療中心醫院（Medical Center Hospital）的兒童護士吉恩．瓊斯，將致命劑量的琥珀膽鹼用在自己照顧的兒童身上，可能造成超過 30 位兒童死亡。

8 譯註：血清是指血液中既不含血細胞（紅血球和白血球），也不含凝血因子的成分，也就是去除掉纖維蛋白原的血漿，具有許多醫療用途。

童注射接近致命劑量的藥物，以便一再體驗救活他們的快感。

瓊斯所相中的藥物是「琥珀膽鹼」（Succinylcholine），此藥物又俗稱「合成箭毒」（synthetic curare）。最後，因為發現了她稀釋過的藥瓶而東窗事發。琥珀膽鹼與所有箭毒相關的合成物一樣，會因放鬆和麻痺肌肉纖維，導致無法呼吸。瓊斯在一九八四年二月十五日被判謀殺罪，並被判處至少監禁二十五年後，才能有第一次假釋的機會。

她這種心理狀態稱為「代理型孟喬森症候群」（Munchausen syndrome by proxy，照顧者故意誇大或捏造受照顧者的生理、心理、行為或精神問題，甚至促成上述問題），已經有許多類似案例被記錄下來。例如一九八九年，一名美國男護士理查・安傑羅（Richard Angelo），因為對四名患者注射肌肉鬆弛藥物而被判有罪。他在一段供詞的錄影中說：「我覺得自己不夠好……我覺得我必須證明自己。」而在一九九一年，英國的貝弗利・

▲ 理查・安傑羅（左）是一名男護士，在紐約西艾斯利普小村的好撒瑪利亞人醫院（Good Samaritan Hospital）裡頭工作。他因謀殺自己照顧的 4 名病人被判有罪。對此，他說：「我覺得我必須證明自己。」

阿利特（Beverley Allitt）護士被判處四項謀殺罪和三項謀殺未遂罪，原因是她對自己照顧的許多兒童，注射了大劑量的胰島素。

犯罪檔案

亞瑟．福特（Arthur Ford）

由於錯誤的迷信，他讓女同事吃下一種被稱為「西班牙蒼蠅」（Spanish fly）的春藥，本想藉此引誘對方。然而他的計畫大錯特錯，造成兩人死亡。

一九五四年，英國發生了一件相當特殊的案件，大大引起社會關注。這個案件的起因是四十四歲的化學藥品批發商總經理亞瑟．福特，迷戀二十七歲的公司祕書貝蒂．格蘭特（Betty Grant），然而他的熱情並沒有得到回應。於是在四月二十六日，福特從公司的儲藏室偷走了一些斑蝥素（Cantharidin），這是一種斑蝥（*Cantharis vesicatoria*，芫菁科昆蟲，俗稱西班牙蒼蠅）的提取物，長期以來一直傳說有「春藥」的催情作用。實際上，它是一種**具有強烈刺激性的毒藥，不到六十毫克的劑量即可致命**。

偷取藥物隔天，福特帶了一袋椰子糖到辦公室，分給格蘭特和另外兩個女同事。除了格蘭特之外，有人看到二十一歲的瓊・馬林斯（June Malins）也吃了一些椰子糖，第三位女同事則沒有吃。一個小時後，馬林斯抱怨胃痛，於是格蘭特帶她去休息。隨後不久，格蘭特自己也病倒了，福特本人則看上去臉色蒼白，病得很重。當醫生趕到，他將三人都送到附近的倫敦大學學院醫院。可是兩個女人的情況惡化，當天稍晚就過世了，福特卻未死亡。兩名女性的驗屍結果顯示，她們都服下了相當於六十至一百二十毫克劑量的斑蝥素。

福特接受了警察訊問，坦承將毒藥加入椰子糖中。在一九五四年的審判裡，他承認了過失殺人罪，並被判處五年徒刑。

事實檔案

現代的鑑識實驗室會用到各種精密設備，毒物分析的許多階段也都經由電腦完成，然而毒理學家必須對正在尋找的東西有點概念，才好辨識特定毒物。**如果受害者在死前看過醫生，其臨床症狀將有助於判斷毒藥種類；若是沒看過醫生，也可在法醫病理學家的驗屍報告中，看出可能的死因。**

要是完全沒有證據可供參考，毒理學家便須求助於長期以來建立的化學測試程序。幸好化學測試需要大量樣本的年代已經過去了，現在已有許多針對特定毒物的「斑點試驗」（spot test，或稱點滴試驗，會將少許礦物粉末製成溶液，再將溶液滴在濾紙或瓷板上，加入化學試劑，觀察反應後的產物，以確定某種元素是否存在），經試驗可能會產生顏色反應，抑或形成沉澱物或特別的結晶，可以放在顯微鏡下進一步檢查。還有一些基於免疫學的相關檢測技術，尤其是側流分析裝置（lateral flow device），可以用在「推定試驗」（或稱非確定試驗），以初步顯示樣本裡有哪些化合物。

毒物大致可分為四種類型：

- 在蒸汽、氣流或惰性氣體中，容易揮發的物質，這類物質大部分是液態。
- 水溶性物質：在蒸汽中不揮發，也不溶於有機溶劑。
- 有機物質：無論天然或合成，在有機溶劑都比在水中更容易溶解。
- 在蒸汽中不揮發的無機物質，大部分是金屬：一旦所有有機物都檢測過，便應尋找這類毒物。尋找時，通常會發現這類毒物在肝臟和脾臟的濃度最高，金屬元素尤其如此。

利用這種粗略的分類，毒理學家便可使用各種分析技術，包括各式光譜法、液相和氣相色譜、電泳、質譜分析法、中子活化分析、放射性追蹤標記和免疫測定等（參見第十七章）。這類分析功能大多可藉由電腦控制的自動化儀器來執行。儘管如此，仍可能用到實驗室老鼠，比較可疑毒物與已知物質的影響情形。

重金屬毒物，作用較慢

儘管大多數現代毒藥來自於某些種類的複雜有機藥物，但有許多無機（礦物質）物質也一樣帶有劇毒。它們的作用通常較慢，但同樣致命，有時甚至會令人更痛苦。

氧化砷（砷化物或簡稱砷）便是這組分類下的成員，也最常被用於殺人。但其實還有許多同樣有毒的化合物，例如鉛和汞的所有化合物。過去用來處理毛氈帽的汞鹽，便讓許多工人發瘋，從而產生了「像帽子工人一樣瘋狂」（形容人性格古怪）的說法。

在第二章，我們已經描述過在布拉沃案中使用的催吐劑（酒石酸銻鉀）。銻跟許多其他物質一樣，都是威廉・帕爾默（William Palmer）醫生所使用的毒藥之一，他在一八五六年之前的幾年內，可能在英國謀殺了十四個人。一八七四年在法國，有個較不尋常的案例：藥劑師皮耶—德西雷・莫羅（Pierre-Desiré Moreau）用硫酸銅毒死了他的第二任妻子。

金屬鉈的化合物除了用在殺蟲劑、滅鼠劑和脫毛劑之外，也可用來毒殺人。一九四九年在澳洲雪梨，中年女子卡洛琳・葛瑞爾斯（Caroline Grills）被指控犯下四起謀殺罪，外加兩起用鉈謀殺未遂罪。檢方只追究了其中一項謀殺未遂的指控，讓葛瑞爾斯在監獄裡度過餘生，而她在獄中被獄友稱作「鉈力阿姨」（Aunt Thally）。

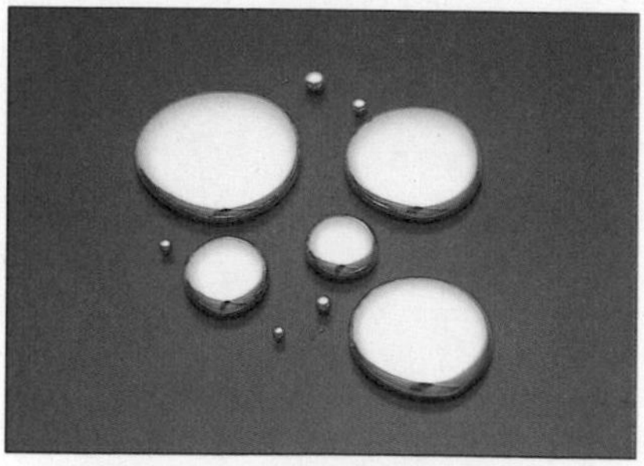

▲ 近年來發生了幾次食安恐慌，有過液態汞被注射到食物內的紀錄，然而這種金屬本身幾乎沒有毒性，因為它不溶於體液。不過，汞蒸氣帶有劇毒，而且大多數的汞化合物也都是如此。

犯罪檔案

葛拉姆・楊（Graham Young）

一個被定罪的少年毒殺犯，出獄後本應改過自新，他卻恢復了過往對毒殺他人的痴迷，最後造成兩名男子死亡，還有幾人的身體因鉈中毒而受害終生。

一九六二年，名叫葛拉姆・楊的英國十四歲男孩，承認用毒藥謀殺了他的繼母，還試圖毒害自己的父親、妹妹和一位同學。他被送入布羅德莫爾精神病院（Broadmoor Hospital）治療，於一九七一年宣布治癒而獲釋。

楊很快就在赫特福德郡的村莊博文登，找到了一份工作——在生產攝影鏡頭的公司擔任助理店員。當時，附近正巧爆發了稱作「博文登蟲患」（Bovingdon bug）的傳染性腸胃炎。因此在七月，也就是在他工作兩個月後，

▲英國黑色喜劇電影《少年落毒事件簿》（*The Young Poisoner's Handbook*）劇照。這部電影以獨特的黑色幽默方式，記錄了葛拉姆・楊的犯罪生涯，也準確捕捉了倫敦在「搖擺不定的 1960 年代」，窒塞沉悶的另一面。

公司主管鮑伯・伊格爾（Bob Egle）病倒時，人們都認為他染疫了；然而他的身體狀況很快就惡化，居然不久就死了，死因判定為「周邊神經炎」。接替伊格爾的佛瑞德・畢格斯（Fred Biggs）也在十月開始出現類似症狀，並於十一月十九日去世。在整個冬天裡，所有員工都病倒了，其中兩人還掉了很多頭髮。

該公司的常務董事擔心可能是公司某處洩漏了鉈的化合物，這在鏡頭製造過程中會使用到，便找來由伊恩・安德森（Iain Anderson）博士帶領的毒理學家團隊進行檢查。當安德森詢問現場工作人員時，**楊竟主動問他這些受害者的症狀，是否可能歸因於鉈中毒**。

在查閱了有關鉈中毒的相關文獻後，安德森很擔心的詢問蘇格蘭警方，是否有關於楊的犯罪紀錄，大家這才驚訝的發現楊的毒殺案底。隨後楊因涉嫌下毒而被捕，警方搜查其住處發現一本日記，裡面詳細記錄了下毒行動，他似乎一直在同事的茶杯中加入鉈。於畢格斯的段落裡，他寫了：「已給他服用了致命劑量的特殊化合物……分三次加入。」經檢驗，這些受害者體內都有鉈。儘管伊格爾的屍體已火化，但從他的骨灰分析顯示，仍存有九毫克的鉈金屬成分。此外，警方在楊的外套襯裡發現一包鉈化合物，楊告訴他們這是他的「離體劑量」（exit dose）[9]。他在一九七二年六月被宣判有罪，以無期徒刑定讞。

9 譯註：指人體從接受輻射方向之相反方向所測得的輻射劑量，此處被楊用來表示為「自殺」用途。

近期引人注目的中毒案之一，牽涉到一位俄羅斯的叛逃者——前俄羅斯聯邦安全局（FSB）中校亞歷山大・利特維年科（Alexander Litvinenko）。二〇〇六年十一月一日，這位俄羅斯人突然病倒，十一月三日住進了倫敦的巴內特醫院（Barnet Hospital），他告訴醫生，自己應該是中毒了。隨著病情惡化，他在兩週後被轉移到大學學院醫院的重症監護室。儘管進行各種測試，甚至使用蓋格計數器（一種用於探測游離輻射的粒子探測器）對他進行放射線檢查，但醫生仍無法確定他重病的原因。

最後，醫生們將他的血液和尿液樣本，送往位於奧爾德馬斯頓村的英國原子武器研究機構，用伽馬光譜學進行分析，測定是否為輻射線感染。結果顯示，似乎並無輻射感染的現象。雖然**在這些儀器的讀數中，幾乎只能看到伽馬射線的微幅峰值**，不過有一位雖與此案無關、但在幾十年前參與過英國早期原子彈計畫的科學家，無意中聽到同事討論這樣的檢測結果，立刻想起這樣的伽馬峰值是**來自釙-210（金屬釙的同位素之一）的放射性衰變**。

這項偶然的鑑定發現，成為解開神祕疾病之鑰，經過進一步的尿檢，並使用光譜學來檢測α粒子後，證實了這項假設。然而可悲的是，雖然成功鑑定出了毒藥的類型，卻依舊無法拯救利特維年科的性命，他在二〇〇六年十一月二十三日，也就是檢測結果出來當天去世。隨之而來的便是一場緊急的危機處理，各個相關機構爭先恐後的想辦法檢測有毒放射性物質的汙染。由於利特維年科是在首都地區遭遇放射性物質攻擊，而後在四十多個地點陸續發現了放射線汙染的痕跡。受汙染的地點與兩名涉嫌下毒者的行動有關，這兩人分別是安德烈・盧戈沃伊（Andrey Lugovoy）和德米特里・科夫通（Dmitry Kovtun），據說受到俄羅斯政府指使。當然俄羅斯各方高層均否認這些指控，也一直拒絕引渡這兩人接受審判。

磷雖然不是金屬，但在無機物質中毒的幾個案例中都曾出現。這種元素會以兩種形式出現：相對惰性的紅磷；以及劇毒的白磷，一般被當作老鼠藥使用。正是後者這種形式，謀殺了住在英國布萊克浦區海濱度假勝地平房裡，年邁的寡婦莎拉·瑞基茨（Sarah Ricketts）。

一九五三年三月十二日，露易莎·梅·梅里菲爾德（Louisa May Merrifield）和丈夫艾佛瑞德·梅里菲爾德（Alfred Merrifield），成為瑞基茨的管家。才工作沒過多久，露易莎就跟友人吹噓自己曾為一位去世的老婦人工作，且老婦人把一間海濱度假的房子留給她。當友人進一步詢問，她的回答是：「她還沒死，但她很快就會死。」四月九日，她請來瑞基茨的醫生，證明這位老婦人的身體狀況良好，可以合法的立下新遺囑。結果在四月十四日，瑞基茨竟然去世了。驗屍結果顯示，她的胃裡有一種深褐色的液體，分析之後發現是白蘭地和磷的混合物。雖然在這間房子裡沒有發現老鼠藥，但警方得知艾佛瑞德買過一罐老鼠藥。於是這對夫妻被捕，在該年七月的審判中，路易莎被判謀殺罪成立，並被處以絞刑，然而陪審團並無法對艾佛瑞德做出判決。

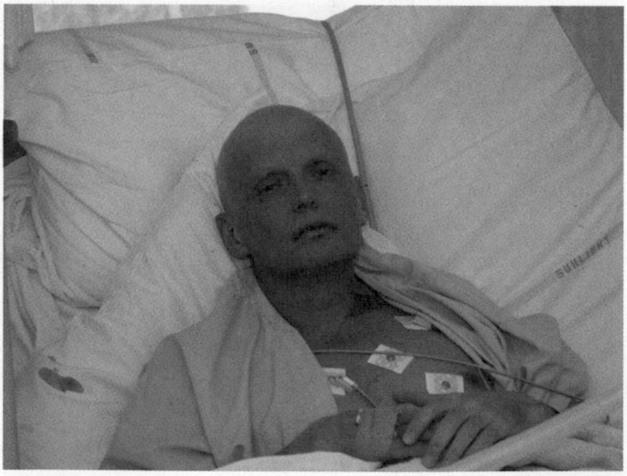

▲ 2006 年 11 月，俄羅斯叛逃者亞歷山大·利特維年科在倫敦中毒，成為第一位已知的致命釙 -210 急性輻射綜合症狀受害者。

有毒氣體，隨化學戰發展出神經毒劑

大多數毒物都是固體或液體，但也有許多有毒的氣體，其中最主要的便是一氧化碳和氰化氫。**一氧化碳帶有劇毒，因為它對血液中的血紅素有很強的「親和性」，約為氧氣的三百倍。**血紅素會在血液循環中，將人體必需的氧氣運送到身體所有組織；如果這些氧氣被一氧化碳取代，就會迅速導致缺氧而窒息。

由於過去有方便現成的一氧化碳來源，也就是煤氣，因此在一個多世紀以來，煤氣一直是主要的自殺方式之一，也是許多意外死亡的主因，甚至還被用在多場謀殺案中。使用煤氣殺人的凶手裡頭，當屬約翰·克里斯蒂（John Christie）最惡名昭彰，他在法庭上承認於一九四三年至一九四九年間，在倫敦謀殺了他的妻子和至少其他五位婦女，其中四位是妓女；他會先用煤氣使她們失去知覺，再性侵並勒死她們。

後來普遍改用天然氣代替煤氣，消除了一氧化碳中毒的危險。不過所有**碳氫化合物以及**

▲ 1953 年，連續殺人犯約翰·克里斯蒂在倫敦被捕。死在他手下的其中一名女性，是鄰居提摩西·艾文斯（Timothy Evans）的妻子，但在逮到克里斯蒂前，艾文斯被誤認為凶手，不僅殺人罪成立，還被處以絞刑。

煤、焦炭或木炭中的碳，如果燃燒不完全，也會產生一氧化碳。因此，天然氣、丁烷或丙烷的低效燃燒會產生一氧化碳，而未安裝觸媒轉換器的老式汽油車，車尾排氣管的一氧化碳排放量約為四%到八%，柴油發動機則會少一些。由於純一氧化碳無色無味，除非我們採取適當預防措施，讓所有會發生燃燒的封閉空間（例如廚房）保持通風，否則它仍可能成為潛在的死亡原因。此外，在許多火災死亡事件中，主要死因多半都是吸入過多一氧化碳。

即使是濃度很低的一氧化碳，也會從血紅素中置換掉氧氣，迅速降低血液輸送氧氣的能力。不同人受到影響的程度與一氧化碳替代氧氣的速度，雖然存在差異，但對健康成年人而言，大約只要五〇%至六〇%的氧氣被替代便可能致命；老年人和患有肺部疾病或心臟病的人，可能只要二五%便會死亡。

根據估計，一個久坐不動的健康人，在呼吸到一氧化碳濃度含量只有一%的空氣時，其血液將會在十五分鐘內，達到五〇%的氧氣置換率；反觀一個經常運動的人，則會在五分鐘內達到相同程度。目前已知甚至只要濃度〇．二%的一氧化碳，便可能在幾分鐘內致人於死。

由於血紅素與一氧化碳的結合，會持續在血液中累積，因此即使空氣中只有〇．一%的一氧化碳，也會在兩到三個小時內，於血液中累積達到致命的濃度。經過證明，在封閉車庫中發動汽車引擎，所累積的一氧化碳可以在短短五分鐘內致命。

一氧化碳中毒的症狀並不明顯，受害者在昏迷死亡之前，除了輕微頭痛之外，可能完全不會發現任何異狀。

在血液中的一氧化碳濃度高達三〇%的情況下，健康成年人可能只會感到頭痛和噁心，有時會

被誤認為是喝醉酒、注意力不集中；濃度達到三〇%至四〇%時，便可能造成昏厥、嘔吐、視力模糊和逐漸陷入昏迷；一旦濃度超過五〇%，幾乎難逃一死，健康的年輕人在死亡前，濃度甚至可能已經累積至七〇%。

判斷一氧化碳中毒的可靠跡象是皮膚、嘴唇和內臟呈現櫻桃紅色，而且這種顏色在死後仍會持續幾個月。在驗屍時可以看出，死後血液沉積的身體部位，這種顏色會特別明顯。要在血液中檢測一氧化碳，要透過「一氧化碳分析」血氧測定法，該檢驗方式是依據血液中總血紅素濃度的自動「分光光度法」（Spectrophotometric，透過測定物質在特定波長處或一定波長範圍內光的吸收度，以進行定性和定量分析）來測量。

雖然氰化物與一氧化碳一樣，是因為阻止氧氣到達身體組織導致中毒，但**氰化物的中毒情況不同，它會抑制負責讓血液吸收氧氣的酶**。

氰化氫是一種氣體，而氫氰酸（Hydrocyanic acid／Prussic acid）則是該氣體的水溶液，兩者皆無色，且具輕微杏仁香。這類酸的鹽類，通常會結合鈉或鉀而形成白色固體。氰化物在工業、攝影和電鍍中的應用相當廣泛，也會用來除去老鼠和黃蜂，以及對樹木、水果和船艙進行熏蒸消毒等。

實驗室的工作人員很容易獲得氰化物，也因此發生了許多自殺事件。在一項關於氰化物死亡的調查中發現，七〇%的人是因為自殺，其餘則是因為意外，不過氰化物也會被用在謀殺。由於導致死亡所需的劑量極低，而且必須立即給予解毒劑急救，因而致死率相當高。氰化物也是發放給間諜或相關人士所用的「自殺膠囊」中，最受歡迎的有效毒藥，否則他們一旦被捕，其後的審訊招供可能會帶來災難性的後果。

事實檔案

雖然氫氰酸帶有劇毒，但它會在一段時間內變質。

化學系的學生可能都聽過這個故事：有一群實驗室工作人員一直被一隻外表看起來並不健康、渾身疥瘡的流浪貓困擾著。他們只好準備一盤肉，並把擱在藥品架上的半瓶氫氰酸倒進這盤肉裡。不久後，野貓果然吃得津津有味，吃完轉身離去。過了兩、三天，這隻野貓竟然回到了實驗室外，而且身體健康、皮毛光滑。隨後他們分析這隻貓，發現**氫氰酸與大氣中的二氧化碳結合成為碳酸銨，也就成了一種無害的瀉藥。**

發生火災時，用於裝飾家具的結構泡沫塑膠在燃燒分解時，也可能產生氰化氫。只要空氣中的濃度至少有〇．〇二％，幾乎就能立即導致死亡，如果是在一段時間內吸入濃度更低的氰化氫氣體，也足以致命。

只要吞下五十毫克的氫氰酸就可能致死，如果是氰化鉀，致死劑量則通常為兩百五十毫克，不過也有從高達十倍的劑量中存活下來的案例。

氰化氫具有苦杏仁的特殊氣味，但據說高達二〇％的人無法察覺這種味道。天然氰化物也存在於杏仁果仁和月桂葉中。例如過去的蝴蝶收藏家，會在殺蟲罐中放入碾碎的月桂葉，而杏仁可能含有高達〇．一％的氰化物。過去曾報導一位婦人因食用青杏仁而死，也聽過有人因飲用一瓶舊的杏仁利口酒而死，因為氰化物已經集中在裡面形成的油層中。

氰化物最泯滅人性的用途，毫無疑問的便是在納粹集中營使用的齊克隆B（Zyklon B）；然後就是一九七八年在南美洲蓋亞那發生的「瓊斯鎮大屠殺」——在領導人吉姆．瓊斯（Jim Jones）命令下，九百位人民聖殿教的教徒，讓自己的孩子喝下含有氰化物的酷愛飲料（Kool-Aid）後，再排隊注射氰化物集體自殺。

氰化物中毒的死亡現象與一氧化碳中毒類似，因為他們的致命原因相同，都是組織缺氧。鮮紅色的血液在皮膚、嘴唇和內臟中非常明顯，也會出現在血液沉積處。這種死亡現象很可能被誤認為是由一氧化碳引起，不過氰化物中毒的顏色往往來得較深一些。在驗屍時，屍體器官中苦杏仁的特殊氣味通常會很明顯，只要經過化學分析，很容易便能確定氰化物的存在。

而現代化學戰的發展，導致一系列神經毒劑誕生。這些神經毒劑的作用，是阻斷大腦與身體其他部位的神經傳遞，並可迅速致死。著名的神經毒劑之一為沙林毒氣，據了解，薩達姆．海珊（Saddam Hussein）的部隊曾在一九八〇年代的兩伊戰爭中，使用沙林毒氣。一九九五年三月十九日，奧姆真理教派成員在東京地下鐵三條路線釋放的，同樣是沙林毒氣。當

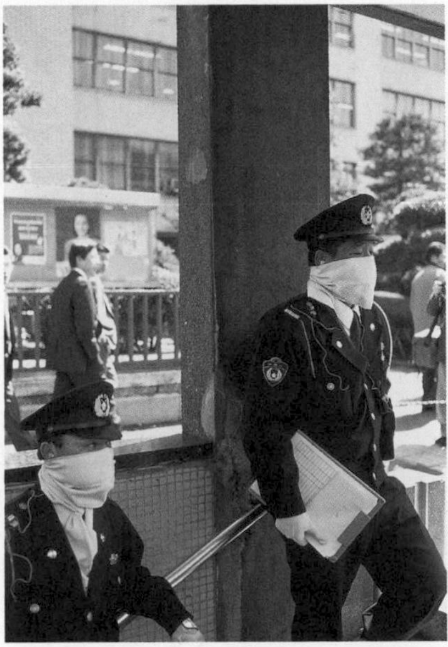

▲ 1995 年 3 月 19 日，奧姆真理教在東京地下鐵中釋放沙林毒氣，日本警方協助民眾撤離地鐵站。

時的襲擊造成十二人死亡[10]，根據警方報告指稱，另有超過五千人的健康狀況受影響。

最近幾起備受矚目的案件所使用的神經毒劑是「諾維喬克」（Novichok）。例如二〇一八年三月四日，前俄羅斯上校謝爾蓋・斯克里帕爾（Sergei Skripal）和女兒尤利婭・斯克里帕爾（Yulia Skripal），在英國索爾茲伯里市中毒；以及二〇二〇年八月二十日，在托木斯克飛往莫斯科的俄羅斯航班上，阿列克謝・納瓦尼（Alexei Navalny）出現中毒跡象。幸好在這兩個案件裡，受害者最後都康復了。

生物製劑，炭疽攻擊就屬這類

細菌培養是較為罕見的毒殺形式。

一九一〇年時，貝內特・克拉克・海德（Bennett Clark Hyde）醫師被指控用番木鱉鹼和氰化物的混合物，謀殺了堪薩斯城的百萬富翁湯馬斯・斯沃普（Thomas Swope）及其莊園管理員詹姆斯・亨頓（James Hunton）。兩人死後不久，斯沃普遺產的五位受益人都染上了傷寒，其中一人死亡。而在對海德的審判中，**一位細菌學家作證說自己曾提供傷寒桿菌的培養物給海德**，於是人們強烈懷疑海德替受害者注射了這些毒物，可惜無法證明。海德在初審時被判一級謀殺罪，但經過多次上訴後，一九一一年下令重新審判，並以無效審判告終；第三次審判則是因為陪審團懸而未決，草草結束。一九一七年，海德再次被送上法庭，但他的律師指出重複審判有悖於現行法律，所以最後海德遭到釋放。

幾年後，一直在海德身邊支持他的妻子離開了他。當她向海德抱怨胃痛，海德說要幫她治療時，她當然更願意諮詢其他醫生，以保住自己的性命。

與海德醫師同時代的人，還有野心勃勃的紐約牙醫亞瑟・韋特（Arthur Waite）。除了牙科的研究外，韋特還在康乃爾大學（Cornell University）的醫學院進行細菌研究。他承認自己於一九一六年，在岳母的食物中添加白喉和流感培養物，殺死了對方。他也對岳父用過類似的手法：「有一次我幫他噴了一種帶有結核菌的鼻腔噴霧劑。」由於對方並未因此死亡，最後韋特直接用番木鱉鹼毒殺了他。

在各種主要的生物戰劑中，最令人恐懼的便是炭疽病。波灣戰爭中的許多軍人都接種了炭疽疫苗，以免敵方以此對付他們。炭疽桿菌這種芽孢

▲ 1916 年，亞瑟・韋特（插手者）在紐約等待審判。他被指控利用細菌培養物謀殺了他的岳父母，並於 1917 年 5 月被送上紐約州立監獄新新懲教所（Sing Sing Correctional Facility）的電椅受刑。

10 編按：二〇二〇年三月十日，又有一個人死於沙林毒氣的後遺症。而在此之前，日本行政部門說死亡人數為十三人，但司法部門說死亡人數為十二人，這是因為一名老人在事件發生隔天在公共浴池暈倒，死於心肌梗塞，而被以「不能說他是死於沙林中毒」，指控為謀殺未遂。後因訴因變更，他也被排除在謀殺未遂的受害者之外。

桿菌，一般是會導致牛羊死亡，但由於**可以形成孢子，因此在乾燥條件下至少可以存活四十年。**基於這個原因，在皮革業和從事羊毛貿易的工人，也曾發生過致命的炭疽感染病例。

一九九八年二月十九日，兩名男子在美國內華達州拉斯維加斯附近的亨德森市被逮捕，根據線報指出，這兩人身上帶了一個裝滿炭疽桿菌的容器。當聯邦調查局得知其中一名男子曾在一九九五年，透過包裹接收三瓶鼠疫培養物而被判有罪，他們立即發出重大聯邦警報。報導稱，該名男子在一九九七年說過自己在紐約地鐵上，放置了一個含有炭疽桿菌的玻璃球，並造成美國「經濟崩潰」。幸好，消毒專家在檢查過後終於放心，宣布紐約地區以及這些人工作過的生化實驗室裡「一切正常」。

一年多後，美國面臨了第二次炭疽恐慌。一九九八年二月二十三日，紐約、堪薩斯城、匹茲堡和德拉瓦等地支持墮胎自由、捍衛選擇權（pro-choice）的組織，都收到了一封信，信中含有一種棕色粉末，信裡還說這種粉末是炭疽孢子。雖然最後這些信件被聲明為一場騙局，但某些人能夠輕鬆獲得這種細菌並進行培養的能力，加劇了人們的擔憂，擔心恐怖分子可能隨時發動這種無聲而致命的恐怖攻擊。

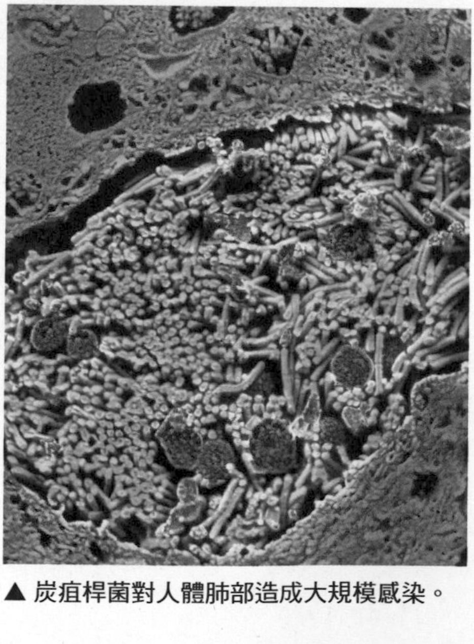

▲ 炭疽桿菌對人體肺部造成大規模感染。

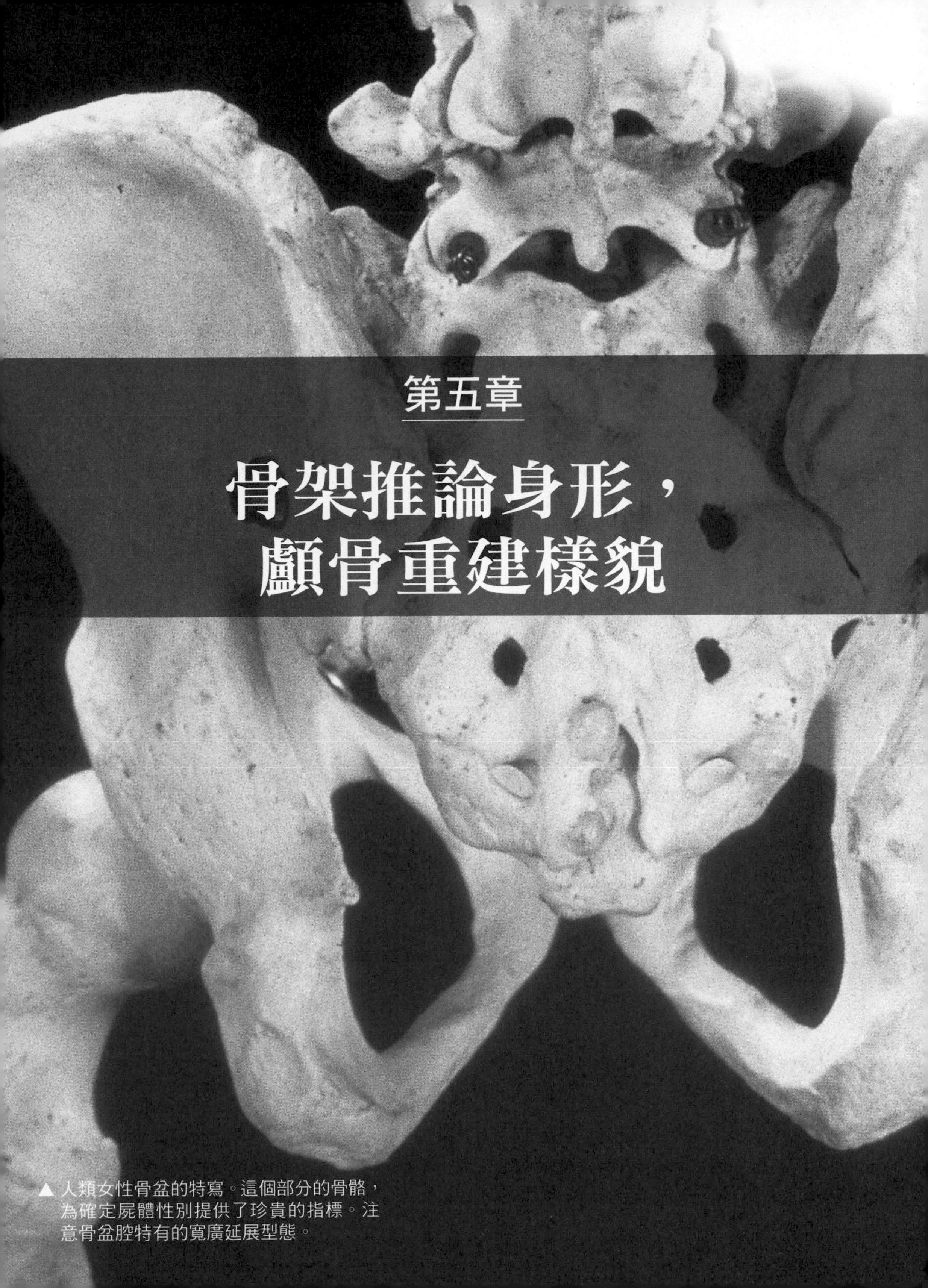

第五章

骨架推論身形，顱骨重建樣貌

▲ 人類女性骨盆的特寫。這個部分的骨骼，為確定屍體性別提供了珍貴的指標。注意骨盆腔特有的寬廣延展型態。

從死亡那一刻起，身體就會開始腐爛。幾天之後，臉部特徵便可能無法辨認；幾週之後，在正常情況下，人體組織會逐漸液化，最後只剩下幾片布、一具骨骸和一撮頭髮。這些逐漸演變的各個階段，會讓調查人員的辨識難度越來越高。如果屍體原封不動的躺在同個地方，即使是一具裸露的骨骼，也能為法醫病理學家提供許多線索。而如果屍體被肢解，無論是因為遇上瘋狂殺手，或遭逢爆炸、飛機失事等災難，都會提升任務的複雜度，更遑論涉及多具屍體的情況。

看骨骼判斷性別、年齡和身形

以骨骼判斷性別最有用的特徵，便是骨盆和頭骨。女性骨盆因要承載孩子的誕生，所以比男性的骨盆來得寬而淺。對於女性骨盆腔明顯較大的說法，一位病理學家如此比喻：**成年女性的骨盆腔直徑為拇指和食指的展開（矮寬）**，**而男性的骨盆腔直徑為食指和中指的展開（高窄）**。不僅如此，骨盆腔周邊其他骨頭的大小和形狀，也存在著明顯的男女差異。

男性的頭骨特徵約在十四歲之後才開始發育，因此對年紀較輕者的頭骨進行性別鑑定時，不僅困難而且並不可靠。然而，男性和女性「成人」的頭骨之間，就存在明顯差異。一般來說，**女性的眼眶（眼窩）是圓形的**，**男性的眼眶則更接近矩形**；男性的鼻孔更長、更窄，形狀比較像淚珠，而女性的鼻孔更接近梨形；女性的下巴較圓，男性的下巴較有稜角，通常也更大、更寬；此外，女性的前額不像男性那麼向後傾斜，而且在眼睛上方通常沒有明顯的眉脊（眉弓）。

還有其他報告也與男女性的骨骼差異有關，例如男性骨骼可能比較重。不過從法醫的角度來看，其他差異只適合搭配較明顯的性別特徵，輔助判斷。

為了確定骨骸的年齡，法醫病理學家可以檢查頭骨以及個別骨頭，就算只有少數骨頭可用，通常也可以進行測定。如果是新生兒，他們的長骨（長條狀骨頭）末端會以軟骨的形式，也就是一般說的「骨骺」（Epiphysis）連接到軀體主幹上。長大後，這種連結逐漸消失，兩塊骨頭直接融合在一起。這種骨骼的生長過程可以持續到三十歲左右，而且能夠藉由直接檢查或以X光檢測出來。**根據骨頭融合階段的差異，可以估算出誤差僅兩、三年的準確年齡。不過到了三十歲之後，骨骼中已經無法檢測到這種變化**，因此年齡估算的誤差可能會超過十年，如果有酗酒或吸毒史的話，會更難以骨頭判斷年齡，因為這些習慣會導致骨骼提早老化。

嬰兒的判斷方式跟成人類似。嬰兒的頭骨由許多骨塊組成，並以「骨縫」（Suture，在頭部者稱為顱縫）作區隔，這些顱縫會分階段閉合。額縫最先閉合，而且通常在生命早期階段即閉合。其他骨縫則通常在二十至三十歲之間開始閉合，但有些骨縫直到六十歲，都還保持不閉合或僅有部分閉合。最後一條骨縫直到七十歲或甚至更晚才會閉合。

很明顯，**如果只靠骨骼結構來估算年齡，在二十幾歲之前可能都相當準確**，但年齡更大之後會逐漸難以精確推估，所以必須考慮其他因素，例如牙齒。現在還可以用軟體配合電腦斷層掃描，3D重建骨骼。也有越來越多人會用3D列印，把這些圖像重建為有形體的結構，以便直接檢查。

計算屍骸身高時，可以將真實的骨頭或3D列印的骨頭，放在一個特殊的「骨量測量板」（osteometric board）上，這會比用膠帶和尺測量來得更準確。測量三次之後，要將數值輸入到電腦上的回推公式中，以產生帶有加減標準差的身高估計值。這種做法必須先選擇正確的性別和種族公

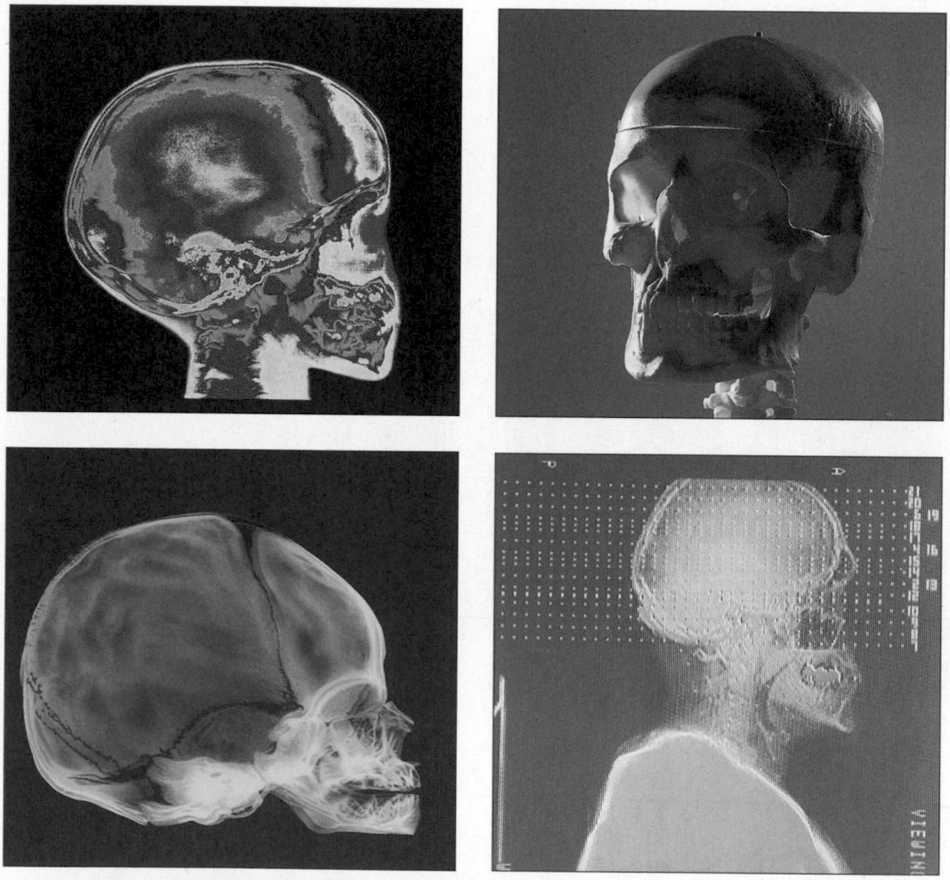

▲ 人類頭骨可以提供受害者年齡和性別的訊息。未成年人的頭骨（左上圖）可用下頜正要出現的恆齒判斷。成年女性的頭骨（右上圖）有更圓潤的眼窩形狀和梨形特徵的鼻孔。在嬰兒的頭骨（左下圖）中，顱骨融合處的線條清晰可見，也可看到還有一些骨頭尚待融合。而男性成人頭骨（右下圖）的電腦斷層掃描，把頭骨區域分成 17 個部分，可依序掃描後個別記錄來判斷。

式，還要正確選擇人口族群（包括特定生活區域或其他選項）。

只要屍骸有主幹骨骼可用，便能進行合理正確的身高推測，但也有一些規則，可以讓我們只憑長骨就能估算身高。這是法國法醫病理學家艾蒂安．羅萊特（Étienne Rollet）在一八八八年率先制定的做法。雖已被新近的研究取代，不過在原則上並沒有太大變化。其參考做法是：肱骨（上臂骨）長度為身高的二〇％；股骨（大腿骨）則為身高的二七％；脛骨（小腿骨）為身高的二二％；而脊柱是身高的三五％。然而這種估算也要考慮到性別、年齡和種族。雖然一般認為，我們可以從這些比率的變化中，確定屍骸的種族類型，不過頭骨和骨盆的特定形狀，顯然會是更好的判斷參考。

有些明顯的骨骼變形，也可以用來做出推斷。法醫病理學家悉尼．史密斯爵士曾應邀在開羅檢查井中發現的三塊骨頭，他確定這是女性骨盆的三個部分，包括兩塊髖骨（骨盆骨）和一塊骶骨。由於骨頭較小，因此可能屬於一個年輕女孩所有，但髖骨頂部幾乎融合了，證明她的年齡大約在二十二到二十五歲之間，而骨頭上的凹槽表示她至少懷孕過一次。此外，右側的髖骨比左側的更大、更重，連接處的凹陷也更大。他還發現右側臀部嵌入了一個鉛丸，有組織碎片附著在骨頭上。

藉由觀察骨頭，史密斯告訴警方：「這些骨頭屬於一位年輕女子所有，她應該又矮又瘦，死時年齡約在二十三到二十五歲之間，至少已經死亡三個月……她的左腿比右腿短，走路時明顯跛行，可能在小時候得過小兒麻痺症。她的死因是遭霰彈槍射殺……開槍位置約離她三公尺。」

經由這些描述，警方很快找到一名擁有相同描述的失蹤女子，特徵是身材矮小、偏瘦、二十四歲、跛腳；已婚，育有一子，離婚後和父親一起生活。她的父親也承認了，他是在清理槍枝時，不小心射中自己的女兒。他還說他細心照顧了她一個星期，直到她去世，然後才處理掉她的屍體。

犯罪檔案

喬治・肖頓（George Shotton）

一直到四十年後，重婚者妻子的遺體才被發現。經過精細的鑑識重建工作後，終於確定了他的罪行，然而為時已晚。

一九六一年，三名年輕的洞穴探險家在威爾斯斯萬西市附近的卡斯韋爾灣（Caswell Bay）探索一個洞穴，結果在裡頭發現了隱藏在一塊大岩石後面的骨骸。這些骨骸被帶到卡地夫（威爾斯首府）的內政部鑑識實驗室檢查，並在那裡組成了一副幾乎完整的骨架。**整副骨架從大腿下方以及兩條上臂、肩胛骨和脊椎的部分鋸開，鋸成長度大致相等的三段骨骸。**

從頭骨和骨盆可以看出，這些骨頭幾乎可以肯定屬於年輕女性。而從組起的骨骼外觀和長骨的測量結果來看，她的身高推估約五呎四吋（約

▲ 喬治・肖頓瞞著瑪米・斯圖亞特（Mamie Stuart）與她重婚。當女方消失時，他便成了主要嫌疑人。

一六三公分）。X光檢查也確定這是發育成熟的成年人骨骼，但才剛剛達到完全成熟而已。下頜的智齒代表這名女子已經超過二十歲。此外，頭骨底部的兩塊骨頭融合不久，表示她應該不超過二十八歲。

屍體上發現了一些已經解體的衣物碎片和麻袋，還有一些珠寶和塑膠髮夾，上面夾著幾縷棕色的頭髮。旁邊還發現了一枚結婚戒指，上面的樣式標誌可以追溯到一九一八年。最後，衣服上的一些鍍金流蘇，經專家判定可能來自一九二〇年代初期所流行的一種披肩款式。

所以情況很明顯，這名婦女在可疑狀態下死亡，屍體也被祕密處置了。整起案件預估發生在大約四十年前，讓警方面臨了相當棘手的問題，因為許多紀錄已在二戰期間遭轟炸燒毀。幸好經

▲ 1961 年回收斯圖亞特的遺體時，法醫鑑識專家所使用的「謀殺袋」（Murder Bag）[11]。雖然現在已經改用更現代化的設備，但蒐集證據的原則依舊沒變。

11 譯註：過去針對凶案現場所使用的標準採證工具箱，在臺灣稱之為現場勘察箱，箱內有橡膠手套、鑷子、證據袋、放大鏡、指南針、尺和棉棒等。

調查發現，還有幾個當地民眾記得一九一九至一九二〇年間，合唱團少女瑪米．斯圖亞特神祕失蹤的事，警方查閱當時的報紙檔案後，很快就得到了更多消息。

一九一八年，一個名叫喬治．肖頓的海軍工程師，儘管已經在威爾斯南部結婚生子，但他瞞著斯圖亞特，在英國東北部與她結婚。後來這對夫婦於一九一九年十一月，搬到斯萬西附近定居。斯圖亞特的父母最後一次收到女兒的消息，是一封祝福他們「佳節愉快」的聖誕電報。

一九二〇年三月，斯萬西市一家旅館的經理，將一個無人認領的手提箱交給警方。裡面有幾件女裝和一張寫有地址的紙條，經確認，該地址住著斯圖亞特的父母，他們也認出衣服確實為女兒所有。於是警方發布了一份描述，上面寫著：「二十六歲；外表迷人；身高五呎三或四吋（約一六〇至一六四公分）；身材勻稱；髮色為深棕色，留濃密短髮……。」但即使警察在這對夫婦的住家和周圍地點詳盡搜查，卻找不到任何關於失蹤女子的蛛絲馬跡。

▲犯罪小組的兩名偵探和一名鑑識專家，麻袋裡裝著斯圖亞特被肢解的屍骸。

後來，警方很快就找到了肖頓，他與真正的妻兒住在卡斯韋爾灣附近。一九二〇年五月，他先被指控犯了重婚罪，接著在審判過程中，控方律師指控他殺了斯圖亞特。**然而沒有屍體就無法證明任何事情，所以他只被判重婚罪，服刑十八個月**。

多年來，報紙經常重提「合唱團少女失蹤之謎」，但直到四十年後，這個謎團才得以解開——一九六一年十二月這天所舉行的審訊，相當不尋常，因為斯圖亞特的重建骨架就放在法庭旁的桌子上。

陪審團最終做出謀殺的判決，並指名肖頓為凶手。警察也很快的在布里斯托市的「墓園」裡找到他——他已經在一九五八年自然去世，享年七十八歲。

牙齒紀錄，有助於辨識身分

一般屍體經過五十年後，骨骼中的氮含量便會減少一半，並逐漸變輕、變得易碎，直到最後對鑑識學家來說，幾乎只剩下考古學的用處了。**反觀牙齒卻能存留更長的時間，甚至還能在火災等極端條件下倖存。牙齒還可以提供原主人身體年齡的衡量標準**，也是一種重要的辨識手段。

對比較年輕的人來說，以牙齒來評估年齡最為容易。儘管可能因人而異，但只要觀察乳齒或恆齒的發育階段，便能相當準確的預估出年齡。頷骨（構成嘴部的骨頭）的X光片也可以顯示其他仍在發育中的牙齒，而智齒通常要到二十多歲以後才會出現。

一旦人的所有牙齒都長出來，也可以像馬或其他動物一樣，藉由牙齒的外觀狀況、磨損程度、齒質層（Dentine Layer）厚度和其他外觀跡象，粗略估計出實際年齡。一九五〇年代，瑞典教授戈斯塔・古斯塔夫森（Gösta Gustafson）設計了一組六點系統，用來記錄這些特徵的變化。這套系統的優點是只要靠視覺觀察，從而避免破壞證據。

檢查者必須以一到四的等級，對每項牙齒的變化程度[12]進行評分。例如有一個案例的磨損評分為一・五，表示年齡是在十四到二十二歲之間，結果實際年齡為十八歲；在另一個案例中，總體變化得分為十二，古斯塔夫森系統估計年齡在六十六到七十六歲之間，結果實際年齡為六十八歲。

因此，藉由成人的牙齒來推斷年齡是一種非常「近似值」的方法，但透過牙齒來辨識個人，無論靠真牙或假牙，都已經多次證明可行。這種判斷通常是基於已知特徵，例如牙齒的彎曲、缺損、間隙，或由於牙齒所有者的職業或習慣所產生的特殊標記。舉例來說，古斯塔夫森宣稱可以透過樂器對牙齒的影響，來辨別銅管樂器吹奏者和木管樂器吹奏者的牙齒。儘管如此，當死者有牙齒紀錄可供比對，個人辨識就會變得非常容易。

現在多數人都會定期去看牙醫，因此對於蛀牙填充物、拔牙、牙橋和假牙都有詳細紀錄，甚至包括任何特殊或畸形的牙齒構造等。世界各地有著各式各樣製作牙齒紀錄的系統，但都提供了易於使用、而且幾乎百分之百可靠的判別方法。事實證明，對於確認一個人（無論活著或死去）或大規模災難受害者的身分而言，牙齒紀錄非常珍貴。例如在一九八一年，刺殺約翰・甘迺迪（John F. Kennedy）總統的李・哈維・奧斯華（Lee Harvey Oswald）的屍體被挖掘出來，以比較其牙齒與服役紀錄，進而根除「俄羅斯間諜冒充奧斯華」的謠言。

還有在一九四九年，多倫多港的客輪諾羅尼克號（SS Noronic）發生火災。當熊熊烈火終於熄滅，共有一百一十八名乘客（包括四十一名男性和七十七名女性）死亡。在這些死者當中，光憑牙齒紀錄便確定了二十具屍體的身分，另有二十具屍體之所以能辨識出身分，也是靠著牙齒紀錄這條主要線索，最終只有三具屍體無法辨識身分。

一九五九年，挪威沃斯市附近的一家旅館發生火災，造成二十四人罹難。其中六人單靠牙齒紀錄便確定了身分，另外九人則是靠牙齒紀錄和身上發現的物品確定身分。（受害者裡還包括了一些美國人，他們都有照過的X光片和牙齒紀錄，因此身分識別變得更加容易。）

12 編按：包括繼生齒質層、牙周組織退縮、磨損程度、牙骨質沉積、牙根外吸收、根尖半透明度，共計六項。

▲1949年9月7日晚上，諾羅尼克號在多倫多港失火了。許多乘客都被困在船上，最後共找到118具嚴重燒毀的屍體。經過5個月深入調查，除了其中3具屍體外，其餘屍體的身分都已經確定，而許多人都是靠牙齒紀錄來辨識身分。

犯罪檔案

約翰・懷特・韋伯斯特（John White Webster）

喬治・帕克曼（George Parkman）醫生於一八四九年失蹤，後來因為發現他的假牙，才確認了他的遺體並找到凶手。

可以證明牙齒證據相當重要的第一起案例，發生在一八四九年，當時要鑑定喬治・帕克曼的遺體。

帕克曼是麻州波士頓市一位富有且具影響力的社會成員。他曾資助哈佛醫學院（Harvard Medical School）的解剖學和生理學系主任——化學教授約翰・懷特・韋伯斯特的新實驗室。幾年來，韋伯斯特陸續向帕克曼借了許多錢，兩人約好在十一月二十二日討論還款事宜。

擔任醫學院警衛的以法蓮・利特菲爾德（Ephraim Littlefield）回憶說，在帕克曼

▲約翰・懷特・韋伯斯特。

失蹤之後，韋伯斯特的實驗室門一直緊鎖著，但靠近實驗室爐子上的牆，摸起來很燙。於是趁著感恩節假期，他拿著鐵錘和鑿子，開了一個小洞，然後透過洞口在黑暗中窺探，隱約看到一個骨盆和兩部分的腿。當警方趕到時，他們在一個茶櫃裡發現了一具人體的上半身，另在爐子裡發現了許多骨頭碎片和一列假牙。

韋伯斯特在被拘留期間，試圖用番木鱉鹼自殺，但因劑量不足，他並沒有死亡。而從他的實驗室裡，搜查到一百五十多個人體碎片，並由韋伯斯特的同事們負責鑑定。他們得出結論：這些遺骸屬於一名男性，身高約五呎十吋（約一七五公分），年齡介在五十歲至六十歲。帕克曼的身高是五呎十一吋（約一七八公分），年齡為六十歲。

在韋伯斯特的謀殺案審判中，最確切的證據來自波士頓牙醫內森・奇普（Nathan Keep）。大約三年前，**帕克曼來找他製作一副假牙，因為他的下巴非常凸出，所以奇普在做完假牙之後，將這份特殊的鑄模保留下來**。在法庭上，奇普向大家展示在熔爐中發現的這列牙齒，完全符合他所保留的假牙鑄模。此外，帕克曼生前曾向他抱怨這副假牙讓他的嘴巴痠痛，所以奇普銼修過這副假牙，**也能說出假牙上的銼修位置**。

於是韋伯斯特被判有罪，並在處決之前供認犯罪經過。當時兩人之間爆發了一場激烈的爭吵，帕克曼大喊：「我可以讓你當上教授，我也可以讓你下臺！」衝動的韋伯斯特隨即撿起一塊木頭，打死了帕克曼。後來他決定把屍體切開，在熔爐燒掉一些，較大的軀幹部分則先存放起來，打算以後再處理。

如此這般，將牙醫科學應用在法律調查上，尤其是用在辨識身分的技術，已經形成了一門專業的「法醫齒科學」（Forensic Odontology / Forensic Dentistry，審定註：臺灣慣稱刑事齒科學）。

一九七六年時，鑑識人員第一次利用電腦分析牙醫資料，進行身分識別，當時的情況是要從科羅拉多州的大湯普森峽谷（Big Thompson Canyon）洪水中，辨識出一百三十九名罹難者身分。在一九七九年五月二十五日，當美國航空公司（American Airlines）一九一航班在芝加哥歐海爾國際機場（O'Hare International Airport）墜毀時，當地牙醫愛德華．帕夫利克（Edward Pavlik）率領一個約二十位牙醫組成的團隊，協助辨識兩百七十三名燒焦和支離破碎的受害者屍體。

無論遇到自然災害、大規模暴動或重

▲ 1976 年，科羅拉多州大湯普森峽谷洪水氾濫，共有 139 人喪生。這是第一次用電腦分析牙齒數據，辨識死者身分。

大交通事故等，現在的法醫齒科學在面對這些重大傷亡時，都扮演了極為重要的角色。事實上，整理、比對身分不明受害者死前和死後的牙齒紀錄，仍是好用又常採用的辨識方法之一。

有時候，還會預先採取措施，在牙齒和假牙中加入識別專用的標記。例如在二戰期間，加拿大牙科隊會在士兵的壓克力假牙裡加進一片尼龍，用來辨識配發到這些假牙的士兵。一九八六年，美國牙科協會也曾經啟動一項程序，將一個只比針頭大一點、編碼過的微型碟片，黏合在患者的上排臼齒上，以便在電腦讀取時，正確識別身分。

咬痕除非夠特別，否則難作證據

直到最近，人們可能都還認為牙齒咬在人體上所留下的咬痕，可以為刑事案件提供重要的證據，但現實情況並非如此（審定註：例如臺灣發生在二〇〇〇年的內湖女裸屍案，死者左乳房上留有犯嫌的唾液以及咬痕，最後確認為誤判）。

在法庭上使用咬痕證據可以追溯到二十世紀初，當時有兩名英國竊賊被定罪，因為其中一個人咬了一口乳酪，而留下的咬痕與他的門牙相互匹配。在一九八四年，英國又發生了類似案件，亞瑟・哈欽森（Arthur

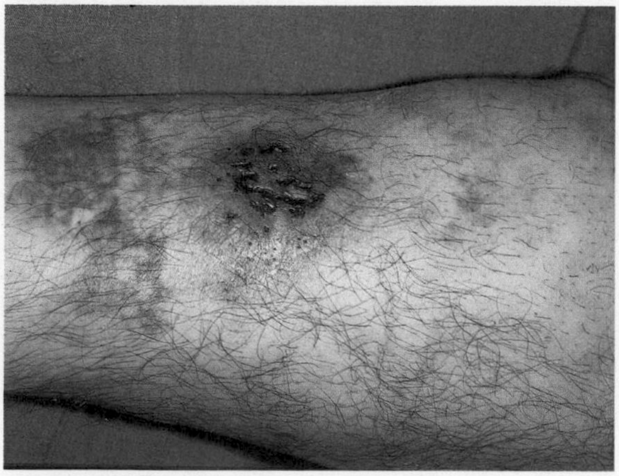

▲ 腿上的人類咬痕，傷口殘留的唾液可用於 DNA 分析測試。

Hutchinson）因三項謀殺、性侵和夜間侵入住宅加重竊盜罪而受審，且提出的證據中，也包括檢查了他在乳酪上留下的兩組咬痕。

然而咬痕如果是在人體上，就會帶來許多問題，因為「皮膚」對咬痕來說，並非良好的記錄媒介。在理想情況下，被咬的表面應該清楚顯示人類咬痕的「類特徵」和「個異特徵」。類特徵用來描述兩個牙弓（dental arch）[13]相互分離（其中可能包含單顆牙齒的痕跡），並具有半橢圓形輪廓的被咬面傷口；個異特徵則分別描述不同的牙齒和牙弓特徵，例如斷裂或擁擠的牙齒等。可惜的是，由於皮膚的特性，讓這些牙齒特徵的轉印並非顯而易見。更重要的是，每個人皮膚的彈性都不太一樣，甚至還會依據身體不同區域而有所差異。也就是說，**咬痕的特徵除了因對象而異，甚至在同一個人身上，也可能會有很大的不同**。

關於咬痕證據的第二種反對意見，主要在於牙齒缺乏獨特的證據；換句話說，到目前為止，科學界尚未證明不同的人在咬痕方面，是否具有明顯不同的牙齒特徵。此第二種反對意見可能是正確的，因為根據最近的研究來看，不同個體的牙齒解剖結構之間，存在明顯的「相似性」。在實際情況裡，當齒列越相似（大部分的情況），區分個體就會越困難。

針對咬痕證據的第三種反對意見，是牙科專家之間對於傷口分析的意見分歧。例如面對測試中的傷口圖像時，就連經驗豐富的專家，都無法完全確定某些傷口是否為人類咬痕。

由於這些反對意見加上其他因素，讓咬痕作為證據的有效性，一直在學術界和法院中存有爭議。二〇一六年，德州法醫科學委員會甚至呼籲停止使用咬痕證據，稱其「無法符合法醫鑑識標準」。但是在其他法院，咬痕證據仍不斷派上用場，因為**在許多案件裡，咬痕主要用來取得遺傳物**

質（審定註：因為咬痕有唾液跡證，可萃取出DNA進行人別鑑定）。除此之外，由於現在法庭上對於證據使用的種種限制，讓我們都應該謹慎處理咬痕跡證，而非當成刑事案件的決定性證據。

事實檔案

人類咬痕可能是在攻擊期間的本能武器，也可能代表面對攻擊（主要是性方面）時的防禦反應。

法醫齒科學醫生必須先確定傷口是否為人類咬痕，人類和動物咬痕的區別在於：

- 人類：咬痕呈U形（兩側彼此相面對）。咬痕通常會由門牙、犬齒和第一小臼齒（二峰齒）組成，也就是上下兩牙弓各有六到八顆牙齒出現。門牙留下的咬痕接近矩形，而犬齒和小臼齒留下的咬痕則接近點狀。
- 狗：咬痕為狹窄的方形拱狀，這是由犬齒凸出的尖形牙弓頂端所造成，而且常會見到撕裂狀的傷口。狗的上下側牙弓各有六顆門牙。
- 貓：咬痕會形成一個小圓拱，帶有犬齒的刺痕。
- 嚙齒動物：小咬傷，門牙會造成長凹洞傷痕。

13 譯註：「牙弓」指的是上下排牙齒的整體弧形形狀，例如偏向方形、卵形或錐形等。

犯罪檔案

泰德・邦迪（Ted Bundy）

他是一名惡名昭彰的連環殺手，從拘留過程中脫逃，繼續他的殺人生涯。結果在最後一名受害者屍體上，發現了他的牙印，這個證據終於讓他坐上電椅。

一九七八年一月十五日凌晨，一名男子闖入塔拉哈西市佛羅里達州立大學（Florida State University）的聯誼會會所，殘忍的攻擊了四名婦女，導致瑪格麗特・鮑曼（Margaret Bowman）和麗莎・列維（Lisa Levy）死亡，另外兩人身受重傷。在列維的左臀部上，發現了凶手的咬痕。

一個月之後，一名自稱克里斯・哈根（Chris Hagen）的男子，在彭薩科拉因輕微的駕車違法行為被捕，根據警方的紀錄顯示，這個人就是泰德・邦迪——一個重罪通緝犯以及可能的連續殺人犯。

邦迪的殺人行為始於一九七四年的西雅圖，然後他搬到了猶他州和科羅拉多州。一九七五年八月，他在鹽湖城研習法律時被捕，並被指控謀殺罪，因為在他的車裡發現了一名受害者的頭髮。於是他在進一步指控下，被引渡到科羅拉多州，關押在阿斯彭監獄等待審判。

後來邦迪竟然連續兩次成功逃離阿斯彭，讓當局非常尷尬。第一次逃獄時，邦迪在八天內就被追蹤到躲在附近山上的一間小屋內。但一九七七年十二月三十日晚上，邦迪第二次逃獄，他先前往芝加哥，然後到了密西根州的安娜堡市，接著逃到喬治亞州首府亞特蘭大，然後在一九七八年一月的第二週，抵達了塔拉哈西。

警方認為邦迪很可能是佛羅里達州立大學攻擊事件的凶手。當他被捕後拒絕提供齒模時，警探們獲得了法官的令狀，允許他們在必要時強迫他就範，邦迪便勉強同意。牙科醫生理查．蘇維龍（Richard Souviron）在製作完整模型之前，先從正面和口腔內部，拍攝了他歪斜牙齒的彩色照片。

邦迪的謀殺案審判於一九七九年六月二十五日在邁阿密開庭，邦迪為自己辯護。接著蘇維龍醫生**把邦迪牙齒的透明印製膠片疊在列維的臀部咬痕放大照片上**，以此作為證據，展示兩者如何精確匹配。紐約醫學檢查齒科學首席顧問羅威爾．萊文（Lowell Levine）也證實了這項發現，因此邦迪被判有罪。他在一九八九年一月坐上電椅之前，曾暗示警方自己殺害了超過四十人。

▲ 可能謀殺了四十多名受害者的連環殺手泰德．邦迪，在 1989 年 1 月被送上電椅。

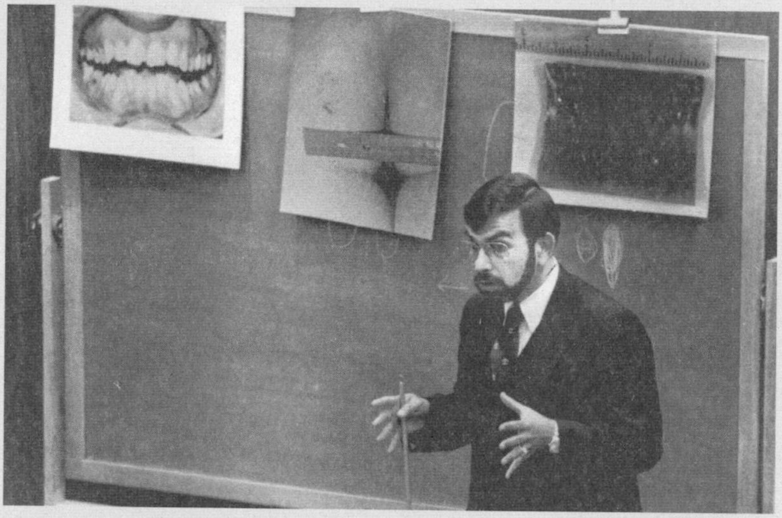

▲ 羅威爾・萊文醫師在法庭上作證，說明在麗莎・列維臀部發現的咬痕，與邦迪的牙齒特徵相互匹配。這個證據協助確定了對邦迪的判決。

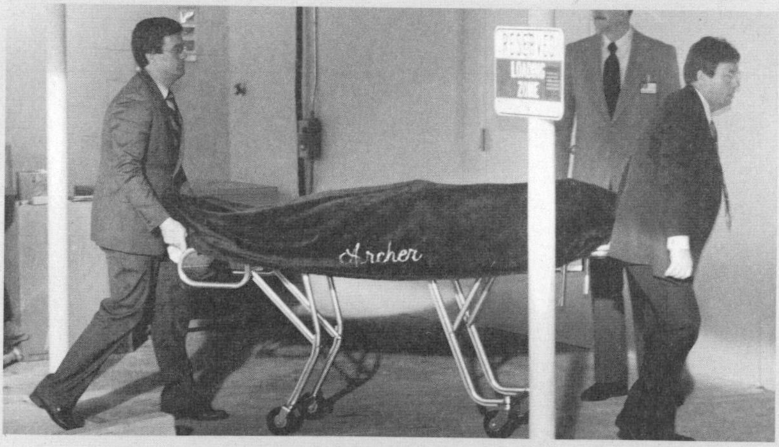

▲ 在 10 年間，邦迪一次又一次的提出上訴，並且藉由無數次受訪來維持自己的名氣，好遠離電椅。最後在 1989 年 1 月 24 日，他終於在佛羅里達州監獄被處決。他的遺言是：「請把我的愛獻給我的家人和朋友。」這張照片是他在上電椅接受死刑後，屍體被放在輪床，推往法醫辦公室途中。

臉部重建，還原生前樣貌

頭骨和牙齒的檢查，也可以為鑑定屍體、確定死因等方面提供重要證據，不過會有很多難以下定論的情況發生。例如，如果遇到不只一具屍體，而且肢體都是零散的話，便會需要專業解剖學家（法醫人類學家）的技能，這點在發生飛機失事等大災難時尤其重要。

從另一方面看，如果只有單獨一個顱骨，或尚未找到相關軀幹的頭骨，更需要用到法醫塑容家（forensic sculpture）的藝術天分與想像力。他們可以根據現有的殘骨，配合骨骼結構和臉部類型的知識，以黏土雕塑或在電腦上繪製 3D 立體圖像，產生類似還原人體的重建圖像。

關於到底是誰最早從頭骨成功進行臉部重建，有幾種說法：一八九五年，出生於瑞士的解剖學家威廉．希斯（Wilhelm His）獲得了一個頭骨，據說是音樂家約翰．塞巴斯蒂安．巴哈（Johann Sebastian Bach）的，並據此雕刻出一張極像巴哈的臉，備受讚譽。一九一六年，在紐約布魯克林區的一個地窖裡，發現一具不知名的骷髏；隨後警方一位解剖學家把頭骨架好，再用一卷報紙作為脖子撐住，接著他為頭顱裝上棕色的玻璃眼睛，並用肉色橡皮膠泥蓋在眼睛以外的部分，然後由雕塑家接手完成。結果幾位義大利居民立即認出那是多梅尼科．拉．羅薩（Domenico la Rosa），這個人已經失蹤了一段時間。

俄羅斯人米哈伊爾．格拉西莫夫（Mikhail Gerasimov）是這項重建技術最著名的開發者。一九二七年，年僅二十歲的他，就被任命為伊爾庫次克博物館考古部負責人。在上任之前，他曾經花了兩年的時間，測量和解剖屍體的頭部，以獲得參考數據，得知頭骨不同部位的肉有多厚，以及肌肉結構的影響。藉由這些發現，他開始對自己負責維護的頭骨進行實驗。

一九三五年，格拉西莫夫首次成功製作出人物的臉部肖像。他完全不知道這些肖像與本人長相的相似程度。一九三九年，在他的重建協助之下，殺害了一位小男孩的凶手遭到逮捕。最後在一九五〇年，大家終於了解這項工作的重要性，當時的蘇聯科學院也因此成立了「塑形重建實驗室」（Laboratory for Plastic Reconstruction）。多年來，俄羅斯人在臉部重建技術方面，一直居於領先地位。

臉部重建技術的另一位領先人物是英國的理查．尼夫（Richard Neave）。一九八九年，威爾斯首

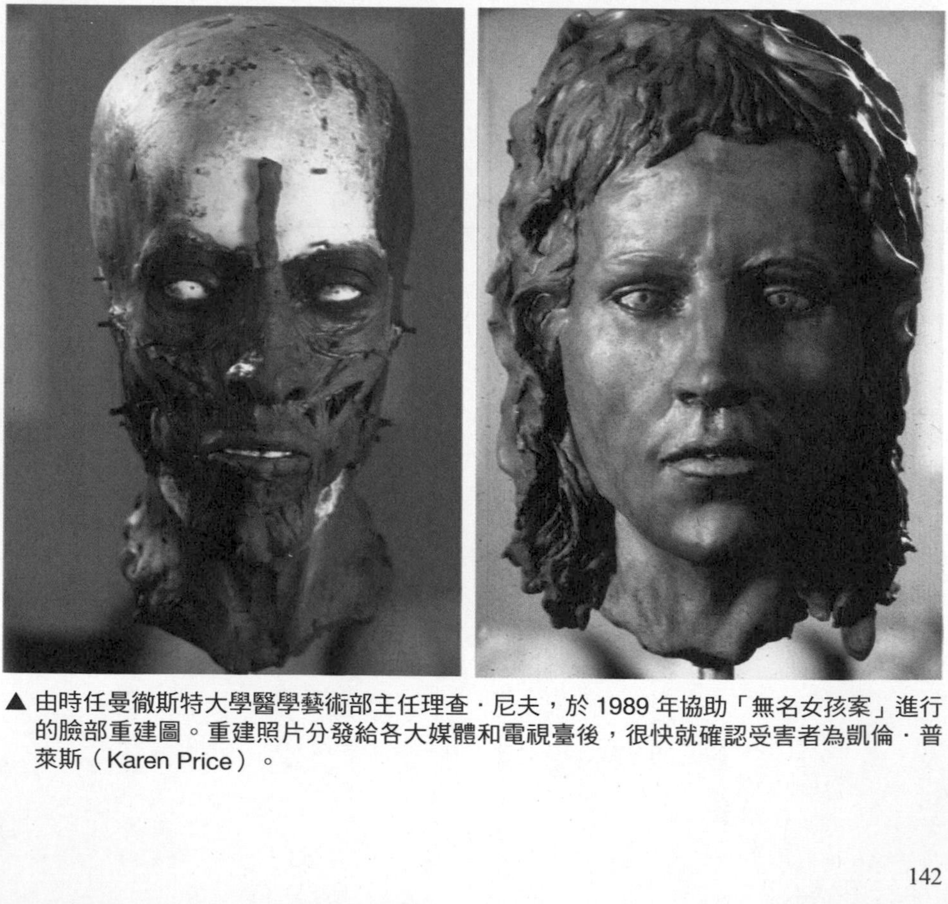

▲ 由時任曼徹斯特大學醫學藝術部主任理查．尼夫，於 1989 年協助「無名女孩案」進行的臉部重建圖。重建照片分發給各大媒體和電視臺後，很快就確認受害者為凱倫．普萊斯（Karen Price）。

府卡地夫的建築工人，在工地發現一具裹著地毯的骨架。經法醫病理學家、牙科醫生和法醫昆蟲學家確定，認為這是一名十五歲的年輕女孩，她在一九八一年至一九八四年的某個時間被埋屍此地。警方很想知道這具稱作「無名女孩」（Little Miss Nobody）的屍體，生前長什麼樣子。

尼夫只花了兩天，就完成臉部的重建工作。與此同時，倫敦醫院的彼得・瓦內齊斯（Peter Vanezis）也掃描了無名女孩的頭顱（參見下頁事實檔案），不過實際上並不需要。因為當尼夫把重建照片分發給媒體和電視公布後，只過了兩天，就有一位社工報告說照片的人很像凱倫・普萊斯。於是警方找到普萊斯的牙齒紀錄，確認了受害者的身分，再從受害者骨骼中提取DNA，與普萊斯父母血液中提取的DNA進行比對，最後鑑定無誤。

警方也很快得知了普萊斯的不幸遭遇。逃家之後，普萊斯開始賣淫，當她拒絕為色情照片擺姿勢時，她的皮條客和當地一家酒吧守衛便在盛怒之下殺了她，這兩人也在一九九一年二月被判有罪。

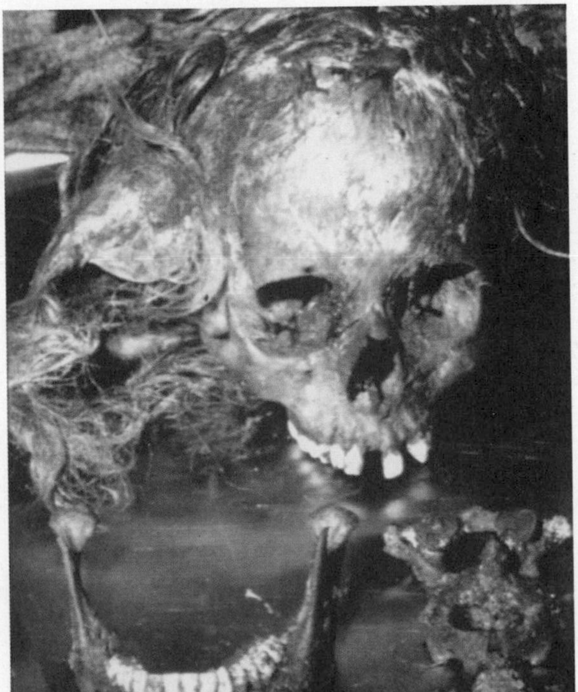

▲在普萊斯案中，尼夫用了該具遺骸的頭骨，進行臉部重建的工作。

事實檔案

過去的臉部重建技術相當簡陋。頭骨是用可塑但堅固的塑膠製成，在收到頭骨的時候，必須先保留特徵的部分，然後經過清潔才能再處理。

眼窩裡會先裝滿聚苯乙烯塑膠球，接著在重要的部位，於模型表面鑽出小孔，並根據肌肉預期厚度裝上小木釘。接下來就要用黏土塑造肌肉和其他臉部特徵，並黏附在木釘的高度上。

至於鼻子和耳朵的形狀較難判斷，因為頭骨所能提供的參考相當少，也就是說在這些部分，必須倚賴雕塑家的豐富經驗。

接著要填上臉頰和太陽穴的部分，頭皮則先以條狀黏土覆蓋再加以抹平。人造髮絲也會被用來添加於眉毛和頭髮（或假髮），如此便完成了整個臉部重建作業。

如今我們可以使用CT和MRI掃描等「3D成像技術」，以及最近的「錐狀射束電腦斷層掃描」（CBCT）與多種不同的技術合併使用，包括探針、卡尺、X光片測量或超音波檢查等，以提供各種數據，輸入電腦軟體中，便可在極短時間內，使用不同的數據（例如年齡或體重）產生多個臉部重建模型。

有個比較特別的案例是約翰・李斯特（John List），他於一九七一年在紐澤西州謀殺了自己的妻子、母親和三個孩子，然後就失蹤了。他的名字也一直高掛在聯邦調查局的通緝犯名單上。一九八九年，雕塑家弗蘭克．本德（Frank Bender）根據李斯特當年的照片，製作了一座半身像，但呈現的是李斯特老十七歲以後的模樣。當半身像在電視節目《全美通緝令》（*America's Most Wanted*）公開之後，電視臺收到了幾百通電話，其中許多人都提到同一個名字──住在維吉尼亞州首府里奇蒙的羅伯特．克拉克（Robert Clark）。他雖然可以改名，卻不能改掉指紋；於是他被逮捕，還被檢方指控了五項謀殺罪，罪名成立。

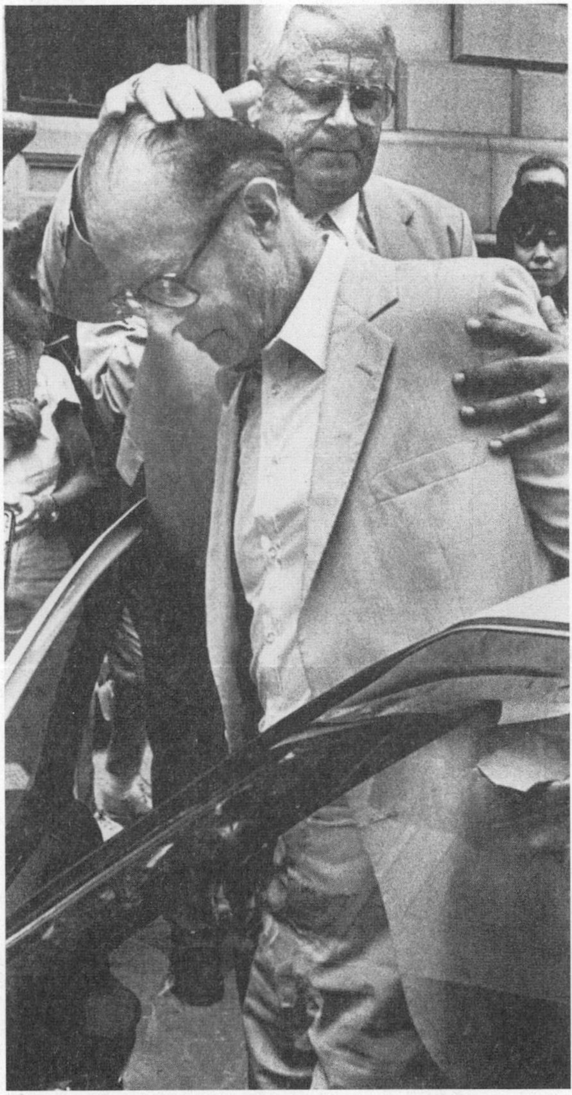

▲ 在犯案 17 年後才被逮捕的約翰．李斯特。

犯罪檔案

約翰・韋恩・蓋西（John Wayne Gacy）

表面上他是芝加哥郊區受人尊敬的公民，實際上卻是一名同性戀連環殺手。被他加害的年輕男性都成為雜亂成堆的遺體，讓法醫人類學家面對難以解決的問題，許多受害者的身分也從未辨識出來。

在美國庫克郡德斯普蘭斯市的當地人眼中，約翰・韋恩・蓋西是一個身材魁梧的建築商，他經常打扮成小丑參加慈善活動，而且也是青年商會的領袖人物。

一九七八年十二月十一日，十五歲的羅伯・皮斯特（Robert Piest）失蹤了。當地警方發現他曾經出現在蓋西家中；後來警方對蓋西做了背景調查，得知令人難堪的實情——蓋西的性犯罪紀錄可以追溯到十多年前。在一九六八年時，他曾經因雞姦罪，在愛荷華州立感化院被判處十年徒刑，但在十八個月後假釋出獄。而在一九七一年，他才獲釋幾週，又在芝加哥被指控犯有類似

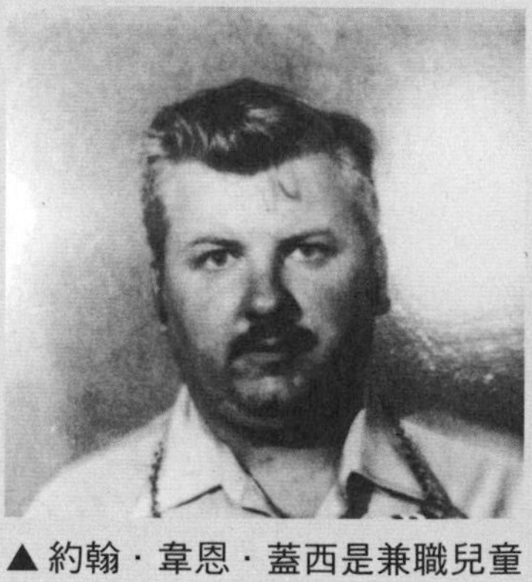

▲約翰・韋恩・蓋西是兼職兒童活動藝人，被暱稱為「胖子」，而他正是殺害33名年輕男子的同性戀連續殺人狂。

罪行，然而當時那位十五歲的男孩並未出庭指證，因此案件被駁回了。

警方帶著搜索票來到蓋西家。當警方打開地板的活動門後，他們驚訝的發現了一大堆人類遺骸，在臭氣熏天的黑色泥淖中腐爛。這些遺骸多半是年輕男性，而且大多是被勒死的。在警方偵訊時，蓋西坦承在過去五年中，一共殺死了三十二名年輕男子和男孩，其中二十七人被埋在屋內及房子周圍，還有五個人被扔進附近的河裡。不過他漏數了，警方最終找到三十三具屍體；而河中發現的四具屍體之一，就是失蹤的皮斯特。

庫克郡法醫羅伯特．史坦（Robert Stein）面臨了大量屍體的身分辨識問題，雖然警方擁有一長串失蹤男性名單，但由於牽涉到同性戀，許多父母並不願意協助認屍。

到了一九七九年一月底，法醫從牙齒紀錄、X光片和指紋比對中，幾個月來只認出了十個人，令人沮喪。後來，正忙於辨識歐海爾國際機場飛機失事屍體的克萊德．斯諾（Clyde Snow）博士，被警方聘來協助。他還帶來了庫克郡放射

▲1978 年 12 月，警方持續從蓋西家地板下移走屍體。

科醫生約翰・菲茲派翠克（John Fitzpatrick），一起去辨認屍體。

斯諾的第一個任務是**確保骨骼和組織都能相互匹配**。他準備了一個含有三十五個重點的參考圖表，詳細列出每個頭骨的特徵，結果很快就證實了每一個頭骨都來自男性，而且他對牙齒、顱骨骨縫和骨骺融合的檢查，也估計出了各具屍體年齡的近似值。

有一份報告上的失蹤人士，是十九歲的大衛・塔爾斯瑪（David Talsma），他的左臂在小時候骨折過。斯

▲直到 1979 年 1 月底，只能先確認出 10 位年輕人的屍體。下排右邊數來第二個人就是羅伯・皮斯特。

諾發現其中一具重建的骷髏受過這樣的傷，且一條顱骨骨縫提前閉合，看起來比正常情況要平坦一些；而從肯塔基州的醫院紀錄顯示，塔爾斯瑪曾因輕微顱骨骨折接受過治療，這具骷髏的身高也與失蹤少年的估算身高相符。最後，斯諾還發現骷髏的左臂比右臂略長，而且肩胛骨關節的形狀，可以看出是左撇子，就跟塔爾斯瑪一樣。

由於辨認工作進展緩慢，直到一九七九年底，也只多辨識出五具屍體，因此斯諾決定請來奧克拉荷馬州「民用航空醫務研究所」（Civil Aerospace Medical Institute）總部的主要臉部重建專家——貝蒂．安．加特利夫（Betty Ann Gatliff）。她為其中九個身分不明的頭骨，雕刻出近似的相貌。然而遺憾的是，並沒有人出面指認報紙上發表的任何頭顱重建照片。加特利夫回憶案件時談到：

兩個來自不同郊區的女孩，說出了同一個男孩的名字，並且說照片裡的人是她們的兄弟。但在請她們寫出父母姓名時，她們卻說：「哦，我不能告訴你們，因為我媽媽拒絕談論這件事。」好吧，我們只好問，他的牙醫是誰？她們又說：「我們不知道。」我說，妳能問妳媽媽嗎？她們回：「不行，這件事提都不能提。」

幾年後，一位當地報紙記者認出加特利夫重建的其中一張臉孔，其餘的屍骸都只能以「無名氏」之名埋葬。

犯罪檔案

巴克・魯克斯頓（Buck Ruxton）

凶手謀殺了自己的妻子和女傭並肢解，試圖讓她們的屍體無法辨認。經過小心仔細的人類學重建以及攝影方面的創新做法，終於成功確定了受害者的身分。

一九三五年九月二十九日，一名婦女在蘇格蘭莫弗特鎮附近的卡萊爾—愛丁堡公路上，穿越一座橋時，看到橋下的溪流岸邊有許多包著報紙和衣服的包裹，而其中一個包裹裡露出了人類手臂。警方搜查了該地區後，一共發現約七十個被肢解的人體部位；之後於十月二十八日，在莫弗特以南九英里（約十四・五公里）處，發現一隻被報紙包裹著的左腳，又於十一月四日，在離橋不遠的路邊，發現一隻右前臂和一隻手掌。

為此，警方聘請了兩位法醫鑑識專家檢查遺體，分別是格拉斯哥大學（University of Glasgow）法醫學系教授約翰・格萊斯特（John Glaister），以及愛丁堡大學解剖學系教授詹姆士・布拉什（James Brash）。

這些被捆著的包裹裡面，包括兩顆頭顱、一具軀幹的部分肢體；還有兩套四肢，一共被肢解成十五塊，但有一隻右腳不見了。只見**屍體被利器整齊的肢解，凶手還故意切除了大部分可以用來辨識的身體部位**，例如第一顆頭顱的眼睛不見了；第二顆頭顱的牙齒被拔掉好幾顆，眼睛、鼻子、耳朵、舌尖和嘴脣也都不見了。此外，兩具屍體的指尖多半都被切掉了，手臂也殘缺不全，但其中一具屍體的右手，殘留了一些看得見的印記，腿上的肉則被切除了。而在殘骸中發現的軟組織中，包含了三個乳房和一個子宮。

布拉什教授必須運用所有的解剖學知識，重新組裝這些人體碎片，最後實驗室人員成功確定了這是兩具女性的屍體，被肢解後混在一起丟棄。

一號屍體的顱骨顱縫沒有閉合，表示年齡在三十歲以下，而且骨骺也尚未完全融合，所以年齡範圍被鑑定在十八歲到二十五歲之間；由於尚未長出智齒，表示年齡範圍可以縮小至十八歲到二十一歲之間。雖然整個軀幹都沒有了，但身高估算在四呎十吋（約一四七公分）到四呎十一吋（約一五〇公分）之間。

二號屍體的顱縫閉合表示年齡在三十五歲到五十五歲之間，骨骺融合則表示其至少有二十五歲。不過脊柱和右髖骨關節炎的病況，顯示身體年齡一定遠大於此最小年齡，所以其年齡被設定在三十五歲到四十五歲之間。由於整副骨架都在，可知身高約落在五呎三吋（約一六〇公分）。

雖然屍體已經處於腐爛過程後期，但幸好這個案件在估計死亡時間上還算容易。因為跟屍體一起發現的包裹報紙是九月十五日的《週日圖像報》（*Sunday Graphic*，已在一九六〇年停止出版），而在橋下游發現的一些屍體碎片，可以藉由當地水流紀錄，判斷是在九月十九日被河水帶到該位置。

因此，警方將調查重點放在這兩個日期之間，所有報案的失蹤人口上。他們也得知這份報紙是一份地區特別版，只在蘭開夏郡的蘭開斯特和莫克姆地區發行。在一次偶然的機會裡，鄧弗里斯郡的警察局長讀到了蘭開斯特一名年輕女子失蹤的消息。這名女子的名字叫做瑪麗・簡・羅傑森（Mary Jane Rogerson），二十歲，是一名女傭，在印度裔的英國醫師巴克・魯克斯頓家裡工作。巴克向蘭開斯特警方報案，聲稱女傭和他三十四歲的妻子伊莎貝拉・魯克斯頓（Isabella Ruxton）都失蹤了，但他隨後對於兩人為什麼失蹤，給出了相互矛盾的解釋。於是在十月十二日，他先被正式指控謀殺了女傭羅傑森。

警方還掌握大量間接證據，包括魯克斯頓家裡的一條地毯上血跡斑斑，其他地毯則已被燒毀；**屋裡的排水管也有殘留人體組織和脂肪；羅傑森的母親與另一位婦女更指認了包裹在屍體碎片上的衣物。最後，一號屍體的指紋和掌紋，也確定為羅傑森所有。**

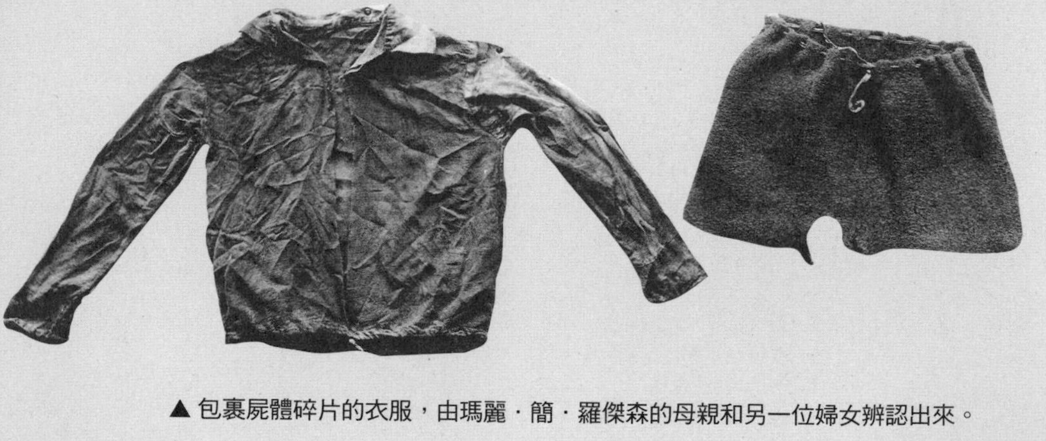

▲包裹屍體碎片的衣服，由瑪麗・簡・羅傑森的母親和另一位婦女辨認出來。

但另一具屍體是伊莎貝拉嗎？布拉什教授在法醫學領域上提出了一種創新的做法——這項做法也已經應用到許多情況中——**他先取得一張伊莎貝拉的清晰照片，再從同一個角度拍攝二號屍體的頭骨，接著將兩張照片重疊比對，發現完全匹配**。為了進一步證明，布拉什也用可塑性極佳的明膠甘油混合物，製作出兩位女性的左腳模型，從而得知一號屍體的左腳符合羅傑森的左鞋，二號屍體的左腳則符合伊莎貝拉的左鞋。

最後巴克因兩起謀殺案而受審，並被判處死刑，絞刑於一九三六年五月十二日執行。

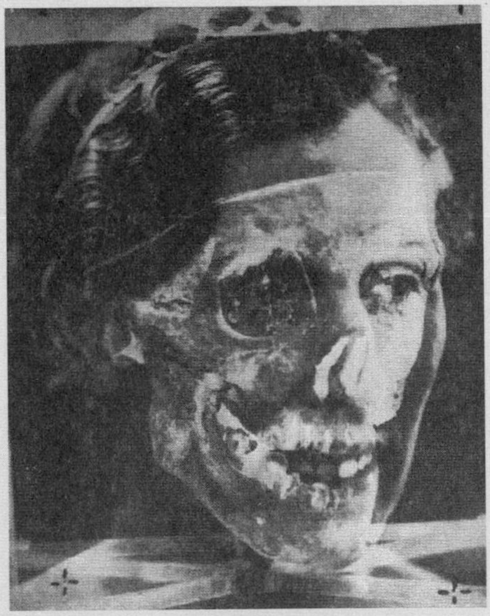

▲辨識卡萊爾－愛丁堡公路沿線散落的遺骸，可說是解剖學家技術上的一大勝利。詹姆士．布拉什教授引進了一種非常有用的新技術：在伊莎貝拉．魯克斯頓的工作室照片（左圖）上，用一張屍體殘肢殘裡的頭骨照片（右圖）重疊比對。如此精確匹配，確定這具屍體的頭骨，就是伊莎貝拉的頭骨。

散落的屍塊，靠法醫人類學專家

法醫調查人員面臨的困難問題之一，就是在面對不只一位受害者遺體的情況下，必須進行分類和鑑定。而且這些遺體可能散落在大片範圍上，身體的某些部分可能永遠找不到。在多數情況下，這並非犯罪行為的結果，而是飛機、火車失事和火災等災難所造成。當然有時也會遇到人為情況，例如遺體被凶手分開丟棄，接著又被動物咬散。

犯罪檔案

阿爾弗德・派克（Alferd Packer）

這名被稱為「科羅拉多州食人族」（Colorado Cannibal）的探礦者，坦承自己吃掉同伴的屍體，以度過整個嚴冬。然而他究竟是蓄意謀殺，還是凶手另有其人，而他為了自衛才殺死對方？

在一八七四年嚴寒的冬天裡，一個由六名探礦者組成的小隊，躲到了科羅拉多州的山區深處。當春天的積雪融化，整個小隊只剩阿爾弗德・派克活著回來，他看起來並沒有被餓昏。

派克被捕時，並未否認自己吃掉了五個同伴。他解釋這些人有的是自然死亡，有的被第五個人——山農・貝爾（Shannon Bell）殺死了，他自己則在自衛中殺死貝爾才得以活命。一八八三年，派克因謀殺罪被判處死刑，但隨後的重審，把他的刑期減為十五年。

多年來，派克成為當地的英雄。一九八九年，喬治華盛頓大學（The George Washington University）法學和法醫學教授詹姆斯・斯塔爾斯（James Starrs），聚集了一支由考古學家、人類學家和法醫病理學家組成的團隊，出發尋找遇難者遺體。最後他們確實找到了足足五人的遺骸，可惜的是，沒有一具屍骸是完整的，而且光憑當時的技術，並不足以確認這些死者的身分。儘管如此，斯塔爾斯教授仍然堅信「派克是有罪的，他的罪是凡人都會犯的罪」。

從這些骨頭上的痕跡可以清楚看出，至少有四名受害者是被斧頭砍死，然後用剝皮刀小心的剝掉皮肉。亞利桑那州立博物館（Arizona State Museum）的人類學家沃爾特・伯克比（Walter Birkby），花了將近一個月來研究這些骨頭。不過他所下的判斷比斯塔爾斯教授的說法謹慎一些。他說：「從所有物證來看，我們永遠不會知道是誰殺的，永遠不會知道。」

▲1874年冬天，「科羅拉多州食人族」阿爾弗德・派克，吃掉5名同伴的屍體而倖免於難。

解剖學家詳細了解人體的比例，也時常需要將四肢與相關軀幹，又或者是連接到頭骨的脊椎骨與脊柱的其餘部分相互配對，**組織分析和骨骼樣本也可以提供進一步的辨識證明**。但是當遇到墜機之類的事件，同時出現很多死者時，辨識身分便是一項極為艱鉅的任務。

一九七〇年代後期，美國發展出一門專業，稱為「法醫人類學」（Forensic Anthropology，審定註：臺灣慣稱刑事人類學）。從事這門專業的研究者當中，最重要的便是前面提過的克萊德．斯諾博士。他曾在美國聯邦航空總署（FAA）的民用航空醫學研究所工作多年，並在那裡研究了飛機失事中，屍體可能遭遇到的各種狀況。

斯諾在一九七九年從美國聯邦航空總署辭職，專心從事法醫鑑識事務。他參與過多項調查，包括檢查納粹醫生約瑟夫．門格勒（Josef Mengele，在納粹集中營進行人體實驗，有「死亡天使」之稱）的屍體；在阿根廷、玻利維亞和瓜地馬拉確認「失蹤者」的遺體；以及調查在前南斯拉夫挖掘出來的萬人塚等。

然而，辨識一九七九年歐海爾國際機場飛機失事中，兩百七十三名罹難者的遺體碎片，可能是他職業生涯最大的挑戰。因為當時的爆炸和大火把屍體炸成了好幾塊，還燒掉他們身上大部分的衣服和證件。現場一位消防隊員說：「我們沒有看到任何一具完整的屍體……只剩下軀幹、手掌、手臂、頭部和部分的腿。而且我們無法分辨這些屍塊是男是女、是大人或小孩，因為他們都被燒焦了。」儘管如此，參與調查的專家小組還是在整理這些屍塊後，確定了許多罹難者的身分。

法醫人類學家在現代的工作內容相當廣泛，範圍包括：辨識破碎、腐爛和燒傷的個體身分；判斷死亡時間；分析死亡前後發生的傷痕傷口；以及識別大規模死傷事件中的傷亡者身分等。尤其最後這項可能是因為自然災害，例如二〇〇五年的卡翠娜颶風；或是因為交通事故，例如一九九九年的派丁頓火車相撞事故；抑或因為恐怖攻擊，例如二〇〇一年的九一一事件或二〇〇五年的倫敦爆炸案；又或是因為衝突後調查（波士尼亞戰爭、伊拉克戰爭）、政治失蹤等。

他們也必須尋找造成多起死亡的事件「模式」，並提供生物學特徵和個體特徵，以便在進行DNA分析之前縮小調查範圍。這一行的檢測方法包括X光照片和CT掃描，以及用來從圖像重建出3D骨骼的「切面解剖學」（cross-sectional anatomy）和相關軟體等。

第六章

勒殺或溺水，都會造成窒息

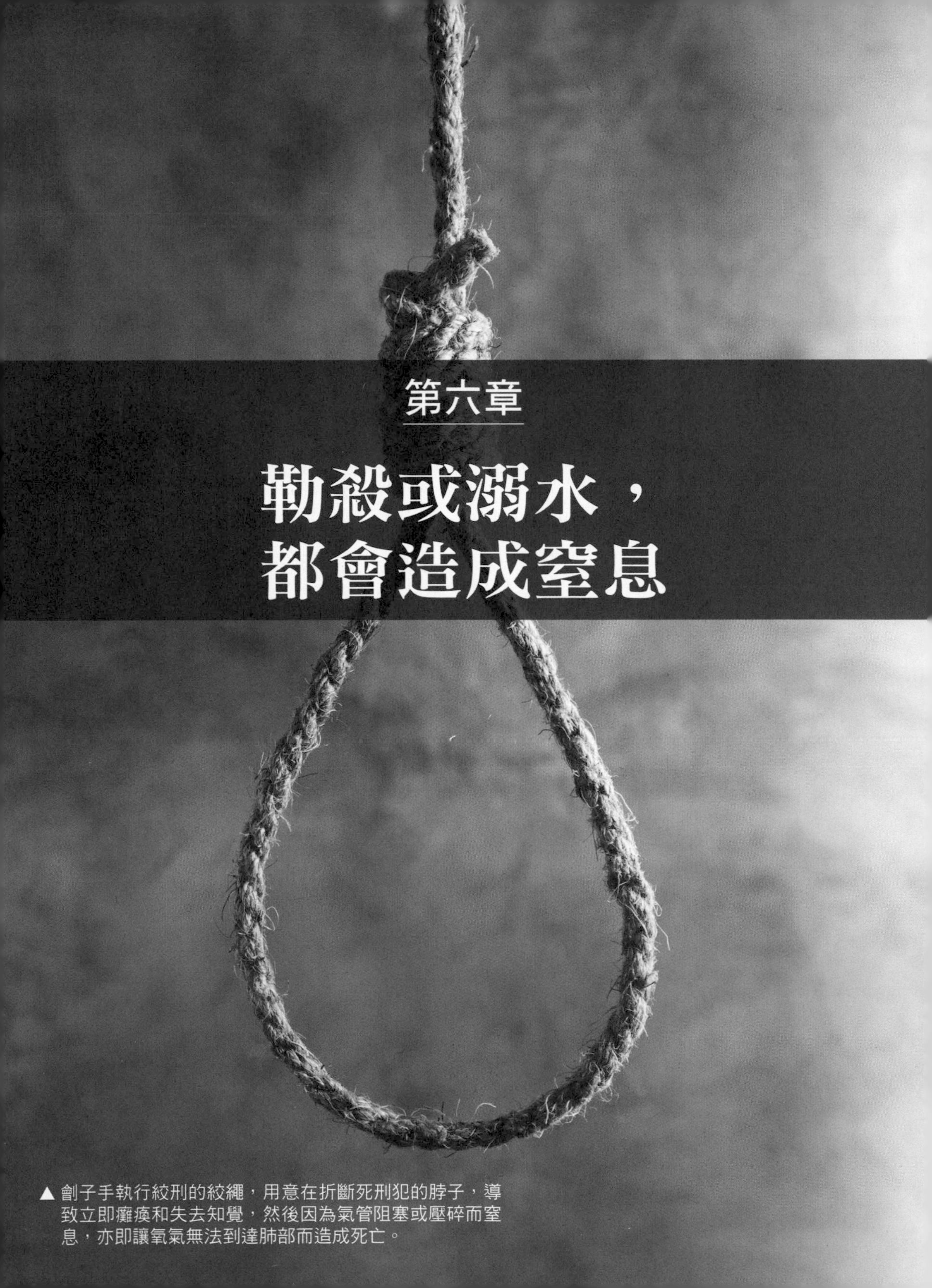

▲ 劊子手執行絞刑的絞繩，用意在折斷死刑犯的脖子，導致立即癱瘓和失去知覺，然後因為氣管阻塞或壓碎而窒息，亦即讓氧氣無法到達肺部而造成死亡。

缺氧而死在醫學上稱為「窒息」。在你我身體裡，肺部負責將氧氣輸送至血液，再經由血紅素將氧氣輸送到全身的器官和組織，其中最重要的便是輸送到大腦。沒有氧氣的話，身體很快就會死亡。因此如果人的肺部和心臟停止運作，死亡便迫在眉睫。正如英國生理學家約翰．伯頓．桑德森．霍爾丹（John Burdon Sanderson Haldane）在一九三〇年所指出的，缺氧「不僅讓機器停止運轉，還會破壞這部機器」。現代的急救復甦技術旨在讓人體機器再次運作；即使心臟停止跳動，大腦也可以在沒有氧氣的情況下存活長達十分鐘，只不過在缺氧期間，可能會逐漸讓神經功能缺損。

當肺部無法吸入空氣，便會發生窒息現象，造成這種情況的方式相當多元。例如胸部受到巨大壓力時，可能會阻斷肺部的運動，這是人群擠踏或挖掘現場坍塌事故中，受害者死亡的主要原因。此外，氣管堵塞或窒息也是很常見的意外，比如吞嚥太快或溺水等。當然也可以透過悶死或勒死等故意引起氣管阻塞的方式，比方說徒手，或使用繩子、繩索、領帶或圍巾等可以纏繞在喉嚨上的東西。

勒死也可能是因另外兩種原因致死。一種是氣管上受到壓力，直接切斷大腦的血液供應；另一種則是過度刺激迷走神經（腦神經之一），讓大腦檢測到頸動脈血壓的變化，進而讓心臟停止跳動，以減緩血管增加的壓力。

窒息經常會有明顯跡象，包括：臉部因靜脈壓力升

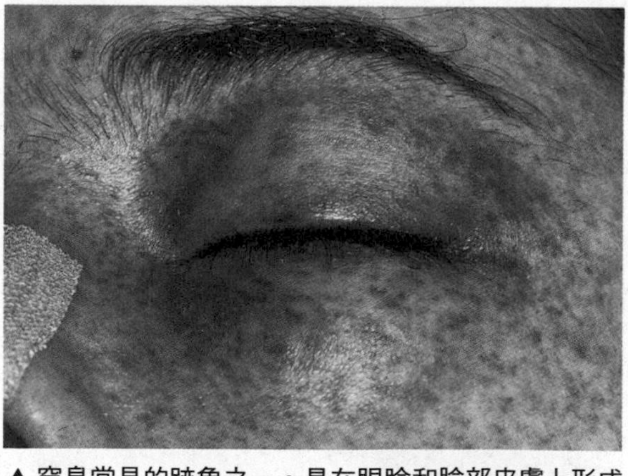

▲ 窒息常見的跡象之一，是在眼瞼和臉部皮膚上形成瘀點，這是因為微血管受壓力破裂而形成。

高而變得腫脹；在皮膚的部分，尤其是頭部和頸部會呈現明顯的藍色，這是一種被稱為「發紺」（cyanosis）的症狀，亦即**皮膚因無氧血紅素而呈現出青紫色**，就像你在手上可以看到的靜脈顏色一樣；微血管也會受壓力破裂而形成瘀點，尤其會出現在眼白、外眼瞼、臉部皮膚、嘴脣和耳後等處。最令人驚訝的是，窒息死亡者在一至兩小時內，其體溫會上升。

勒死，勒痕會透露凶器

用枕頭或其他柔軟材料，甚至是徒手，都能造成窒息，使得調查人員有時很難找到造成窒息的明顯線索；此外，若被套在塑膠袋中窒息，也很難找到線索，因為受害者通常是躺在床上的老人或年幼的嬰兒，很難出力抵抗。而除非受害者極力掙扎，否則不太會出現發紺和瘀點的症狀；更可能只出現輕微瘀傷，或是出現嘴脣壓在牙齒上的口腔內傷痕。但身體若是面朝下趴著，便可能出現瘀點。

凶手要勒死受害者，可以徒手或使用打結的線繩來完成，這兩種情況都會留下明顯痕跡。徒手勒死往往表示攻擊者比受害者強壯，有鑑於此，通常都是男人向女人行凶，且經常是在性侵期間或之後所為。

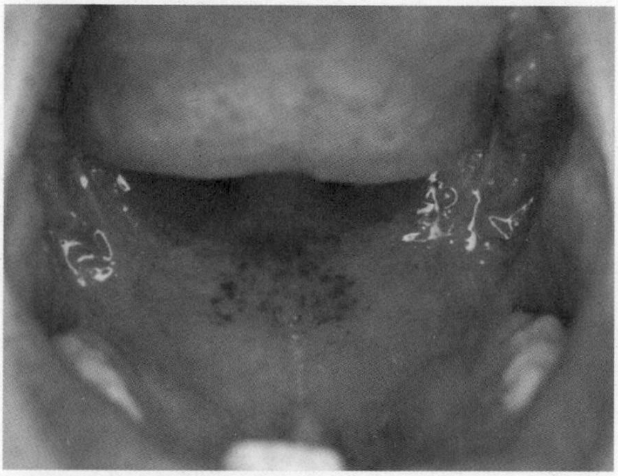

▲ 瘀點也可能出現在口腔內。

犯罪檔案

凱薩琳．弗里德（Catherine Fried）

原先她認為自己犯下的謀殺很「完美」，直到凶手之一招供證詞，以及隨後重新調查法醫紀錄，才發現了最重要的謀殺證據。

一九七六年七月二十三日，六十一歲的費城婦產科醫生保羅．弗里德（Paul Fried），被妻子凱薩琳發現陳屍在臥室地板上，臉部朝下趴著。雖然他們結婚才一年，但這對夫婦已經分居，不過他們還會定期見面。凱薩琳告訴警方，**保羅沉迷於酒精和巴比妥類藥物**，她因為電話無人接聽，便不放心的來到家裡，隨後發現保羅的屍體。只見保羅的鼻子流血，還有一個沾滿血跡的枕頭蓋在他的臉上。

警方在床頭櫃發現一張紙條，他們認為這是保羅自殺的證據。助理法醫做了簡短的檢查之後，隨即在死亡證明上簽字，寫下「服藥過量」。凱薩琳先請人替保羅的屍體進行防腐處理，接著安排火化。然而保羅與前妻所生的女兒對此提出異議，她不相信父親會自殺，所以要求停止火化，並請退休的紐約市前首席法醫米爾頓．赫爾伯恩（Milton Helpern）再次驗屍。

赫爾伯恩寫了一份十五頁的報告，並將人體比喻為一間展示衰老過程的「博物館」。

他說**在解剖保羅屍體所發現的病理變化，都不會立即威脅到生命。雖然注意到保羅眼中有瘀點，脖子上也有輕微瘀傷，不過他還是認為保羅的死因正常**，並無他殺嫌疑。

經過一段時間後，凱薩琳的同事傑拉爾德・斯克拉（Jerald Sklar）主動向聯邦調查局投案，並要求加入「美國聯邦證人保護項目」（Witness Security Program）。他告訴聯邦探員，自己和一個朋友謀殺過兩名男子，因此凱薩琳付錢給他，要他確實殺死自己的丈夫；當他拒絕之後，凱薩琳只好自己用枕頭悶死丈夫。

費城地區檢察官無法只憑這項自白證據就起訴一樁謀殺罪，遂向法醫赫爾伯恩的繼任者麥可・巴登（Michael Baden）徵詢意見。由於弗里德的屍體早已火化，巴登只能重新檢視先前的法醫紀錄和照片。他對赫爾伯恩忽視瘀點和輕微瘀傷感到非常震驚，而且在開立死亡證明後才從實驗室送回來的毒物檢驗報告，也被赫爾伯恩忽略了。這份遲來的**報告裡顯示巴比妥酸鹽的含量非常少**，也未檢測到酒精，完全可以排除自殺。

在後來的審判中，專家證人巴登認為她丈夫的死「符合窒息的情況」，因此凱薩琳被判處有罪。雖然她以罪證不足為由提出上訴，也經歷了二次審判，但依舊被判有罪。

▲凱薩琳・弗里德以為自己神不知鬼不覺的讓丈夫窒息而死，後來其他法醫檢查了檢驗紀錄，便發現瘀點及其他證據。

凶手可以用一隻手或兩隻手，從前面或後面勒死受害者。其外觀跡象是在頸部出現瘀傷和擦傷，而且傷痕通常沿著下巴呈線狀。凶手手指所造成的瘀傷，一般呈圓盤狀，會比指尖的指墊略小一點，拇指則會造成稍大的痕跡。然而在攻擊的過程中，凶手的握力方向甚至手勢都可能改變，因而形成更大的不規則瘀傷。

在凶手勒人維持一段時間的壓力後，受害者臉上就會出現窒息特有的充血和瘀點。從另一方面看，如果死亡發生在幾秒之內，例如受害者先因心臟驟停而死亡，這些窒息特徵便可能不會出現。

驗屍時在內部檢查中，可能會發現喉部受損，例如「甲狀軟骨」（thyroid cartilage，組成喉部骨骼的軟骨之一）的上角一側或兩側斷裂。不過這點**在年輕死者身上並不常見，因為他們的軟骨比較柔韌，不易因壓力而脆斷**。死者下巴下方的「舌骨小角」也可能斷裂，而且喉嚨若遭受重擊，還可能造成其他傷害。此外，頸部肌肉也會有出血的現象。

繩索、粗線、細繩、電線或電話線，都可以作為勒死人的繩狀物，有時一條布條、一件衣服、圍巾、領帶、長襪，甚至胸罩也能辦到。如果繩狀物有打結的話，這些繩結可能具有某些特殊性，有時

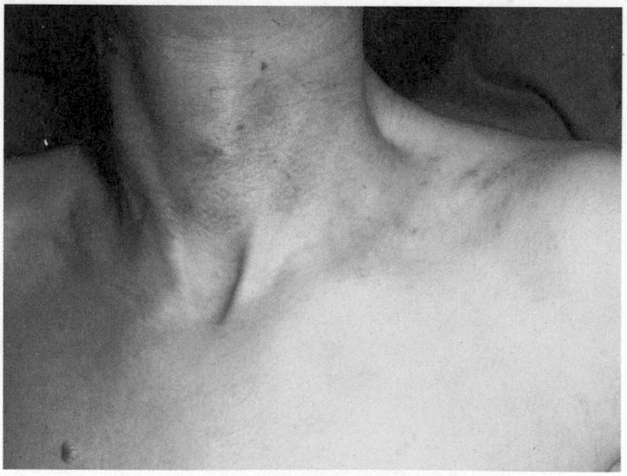

▲在徒手勒死的情況下，頸部會出現手指按出的瘀傷。但如果在攻擊過程中，握力方向和手勢稍有變動，瘀傷就會變大而且變得不規則。

可以提供找到凶手的線索。一九六二年，波士頓警方調查一名稱為「波士頓勒殺狂」（The Boston Strangler）的連環殺手（後確認為阿爾伯特．德薩爾沃〔Albert DeSalvo〕），他們發現凶手會在勒死受害者後，把繩子末端綁成一個鬆垮的蝴蝶結。

如果勒脖子的壓力維持超過十五秒，受害者就會出現充血、發紺和瘀點。由於勒殺的繩子必須夠緊才能收縮頸部，因此會在脖子上留下獨特的痕跡。當攻擊者未將繩子留在原處，**屍體上的勒痕證據就尤其重要，可用來判斷繩子的性質及寬度**。如果繩子還在脖子上的話，檢查人員在剪斷時必須小心保留打結的部分。

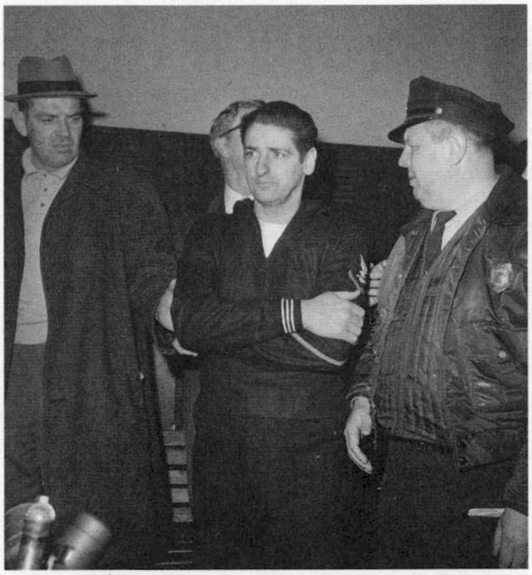

▲「波士頓勒殺狂」阿爾伯特．德薩爾沃（抱胸者）終於在 1964 年被捕。他在許多受害者身上留下了自己的「簽名」標記：在用來勒死受害者的繩子末端，打上一個鬆散的蝴蝶結。

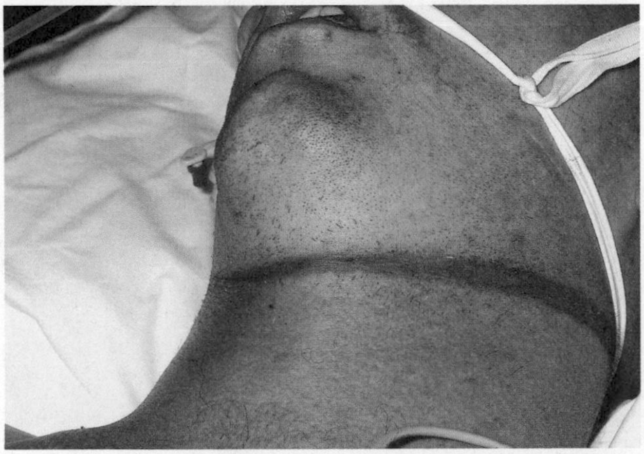

▲勒死人所使用的繩狀物，例如圖中的細繩、繩索、鐵絲，甚至只是一塊布，一定都會在屍體上留下明顯的勒痕。如果找不到致死的勒繩，法醫病理學家便會小心的利用一條膠帶，從勒痕中黏取附著的纖維。

打結的繩子所留下的痕跡，通常都是水平方向，位置在喉部上方，且會圍繞著脖子。如果使用電線或細繩，勒痕會顯得又清晰又深，勒痕邊緣凸起。如果凶手用的是一條柔軟的織品，很可能留下一個相對模糊、不明確的勒痕；而一塊寬大的布，例如圍巾或毛巾，可能留下一個或多個狹窄的痕跡，因為拉伸的織物會被拉成緊密的狹窄帶狀。如果凶手是從背後發起攻擊，也許是在兩隻手之間拿著一條繩子，勒殺的痕跡便只會出現在脖子前面。脖子上可能會有抓痕，因為受害者會拚命掙扎著要鬆開勒繩。

從屍體內部看，由繩類造成的挫傷類似於徒手勒死的損傷，但通常不太嚴重。

犯罪檔案

哈羅德・洛根斯（Harold Loughans）

他真的可能用殘缺的手掌，勒死一個手無寸鐵的女人嗎？一位法醫專家說可以，另一位則不同意。過了二十年後，真相才浮出水面。

一九四三年十一月二十九日早上，在英國樸茨茅斯市的約翰巴利康酒吧（John Barleycorn pub）裡，店主羅絲・羅賓森（Rose Robinson）被發現陳屍在臥室。從現場跡象可以看出她曾試圖開窗求救，且有四百五十英鎊遺失了。法醫病理學家基思・辛普森檢查屍體後說：「我想她可能是被勒死的。她躺在地板上，凶手或跪或坐在她身上。脖子上的清晰指印，述說一個奇特的故事：只見她的喉嚨右側有一道很深的瘀傷，可能是拇指造成的；另一側則是三個較淺的瘀傷，這是歹徒的右手，約四吋（約十公分）寬。」

一個月後，一個名叫哈羅德．洛根斯的小偷在倫敦被捕，他亦對謀殺坦承不諱。警方也靠著一些跡證，將他與犯罪現場連結在一起。然而針對他是否為該案件的凶手，卻出現**一個明顯的疑點——他右手掌前面兩段指關節，早就因傷截除了**。

洛根斯於一九四四年三月受審。他撤回了先前認罪的供詞，甚至有四名證人發誓他們當晚在倫敦見過他，因此陪審團未能達成一致判決。過了兩週之後再次開庭，這次辯方還請來了當時最受尊敬的法醫病理學家伯納德．史皮爾斯伯里爵士。他作證說自己曾到監獄裡探望過洛根斯，並要求他「用最大的力氣」握住他的手。史皮爾斯伯里爵士說：「我不相信他可以用那隻手勒死任何人。」於是洛根斯被判無罪。

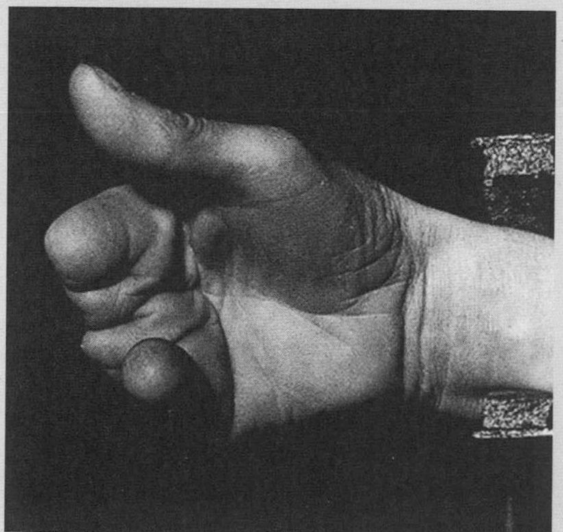

▲ 因哈羅德．洛根斯的右手殘廢，伯納德．史皮爾斯伯里爵士認為他無法勒死羅絲．羅賓森。

一九六三年，起訴律師約書亞・大衛・卡斯威爾（Joshua David Casswell）發表自傳，書中暗示洛根斯被無罪釋放純屬僥倖，這段文字正好被摘錄在《人民報》（*The People*）上。而剛因其他罪行被釋放出獄的洛根斯，便以誹謗罪對該報提起民事訴訟。

在整起案件中，控辯雙方都在爭論洛根斯的右手，到底有沒有足夠的力量勒死人？辛普森拿出他二十年前的筆記和圖畫，說明只要洛根斯把羅斯推倒在地板上，再將自己的體重加在手上，就足以勒死她。於是誹謗訴訟被駁回，實際上等於認定洛根斯是有罪的，即使他這項罪行已經被判無罪；不過依照法律，他並不能因相同罪名再次受審。兩個月後，他走進《人民報》辦公室，用右手寫下：「我可以告訴你們是我做的沒錯，我確實在樸茨茅斯的酒吧裡，殺死了那個女人。」

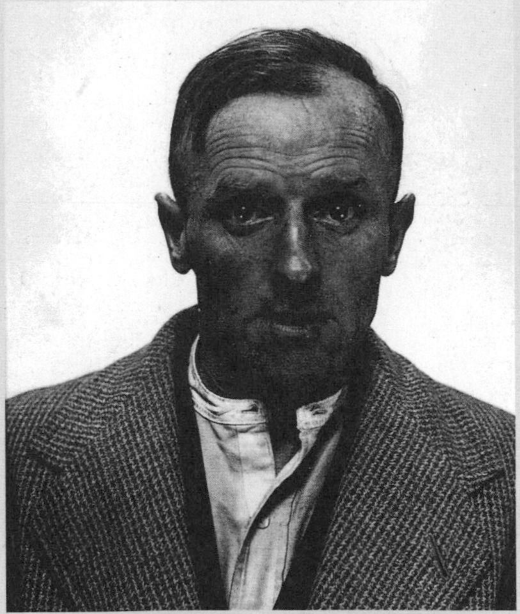

▲洛根斯在因謀殺酒吧店主羅賓森而被捕時，警方所拍的照片。

溺水，多達一五%案例死亡過程僅幾秒

溺水致死者約占死亡人數的八%，是全球意外死亡的第三大主因。一般溺水有可能是意外，也可能是自殺或他殺，其中意外最有可能，且八〇%的意外溺水者都是男性。溺斃凶殺的案件較為罕見，大多是悲慘的殺嬰事件。每當屍體「被發現淹死」時，幾乎都需要驗屍官介入調查，以確定確切的死因。這是因為凶手可能會嘗試將謀殺案件偽裝成意外溺水，而此類狀況已經發生過多次。

溺水可能發生在河流、湖泊、運河、大海、家中浴缸、公共浴室，甚至是小水坑裡。根據警方統計，有許多喝醉的人向前跌在只有一、兩吋（頂多五公分）深的雨水坑中淹死。除了水以外，人還可能淹死在其他液體中，例如一大桶啤酒、油漆或工廠裡的各種化學液體，甚至可能被自己的嘔吐物淹死。極其危險的溺水液體之一便是**沙子和海水的濃稠混合物**，當你在淺灘被大浪打倒或被沖浪板擊中腹部時，很可能會突然吸入這樣的液體。

溺水致死並不如人們普遍所想，會臨死掙扎好一段時間（例如出現「人生跑馬燈」的過程）。事實上，**在多達一五%的案例中，溺水死亡的過程僅有幾秒鐘**。法醫病理學家將這種情況描述為「乾性溺斃」（dry drowning），因為死者肺部可能只有很少的液體，或者完全沒有，不過這個術語現在已經不再使用了。這種現象牽涉到人體的兩種機制：一種是掉落水中的衝擊可能會導致心臟驟停；另一種則是在水進入鼻子後導致喉部痙攣，人體以此防止水進入肺部，結果阻隔了氧氣，可以讓人立刻失去知覺，快速死亡。酒精或藥物的影響可能是這類溺水的重要關鍵，例如喝醉酒的水手在返回船上的途中掉入港口溺死，就是常見的例子。

法醫病理學家通常將溺水定義為「窒息死亡」，身體在部分或完全浸沒在液體後，由於肺部與外界的氧氣交換受阻，而將液體深吸入肺部，導致身體缺氧。**如果溺水發生在淡水**，大量物質會被迅速吸收到血液中，讓血液中的物質體積可能在一分鐘內增加多達五〇％，對心臟造成相當大的壓力，很快導致心臟衰竭。**如果溺水發生在海水**，海水的鹽分濃度高於血液中的鹽分濃度，導致組織中的水會因濃度差異而進入肺部血管，進而產生肺水腫。由於這點並不會對心臟造成較大的壓力，因此在海上溺水的人，可能會比在淡水溺水的人存活得更久。此外，水溫也很重要，冷水會導致體溫過低而死亡；突然浸入水中的衝擊，也可能導致心臟立刻衰竭。

最後，法醫病理學家還會區分是「溺斃」（drowning）或「近乎溺斃」（near-drowning）；前者是死亡的速度太快，以至於無法進行復甦，後者是指經過心肺復甦後，在醫院內至少存活二十四小時以上（不過通常會出現一種或多種併發症）。

事實檔案

世界上最早的法醫學著作是中國古書《洗冤錄》。書中有許多現在看來相當不科學的建議，但也包括了如何區分勒殺（以喉嚨上的壓痕和頸部受損的軟骨為特徵）和溺水（肺部有水）之間的差異細節。值得注意的是，**西方的醫生一直到了一八九〇年，才終於確定是因為水進入肺部，導致溺水者死亡**。

溺水最典型的現象便是在肺部產生泡沫狀液體。這種液體會透過喉部排出，通常出現在嘴巴和鼻孔周圍。這種液體是一種水和黏液的混合物，經由溺水者劇烈的嘗試呼吸過程，被攪打成泡沫狀；出現時通常會帶有肺部小血管破裂的血液。然而這種泡沫狀液體消散得非常快，如果屍體已經泡在水中很長一段時間，往往就看不到了。

有時溺水者會在死亡的瞬間，出現屍體痙攣（肌肉未經過鬆弛階段就立即僵硬，而肢體仍有的小許動作），**因此我們可能會發現屍體仍抓著水草或雜草**。如果手上握著衣服碎片或另一個人的頭髮時，便有他殺的疑慮，特別是在陸地上發現了打鬥痕跡的情況。然而在一個案例中，一名男子的屍體被發現漂浮在運河中，而且喉嚨被割破了；現場可以看到一條血跡，從橋上延續到一座空蕩蕩的房屋裡，警方在屋內地板上發現一把打開的剃刀。整起事件看起來像是謀殺，但剃刀上僅有一枚溺水者本人的指紋。因此從實際情況看來，他應該是割開自己的喉嚨之後，搖搖晃晃的跑到橋上，再跳進運河裡自殺。

一具屍體在浸泡一段時間後被撈起時，很難找到外部跡象，來判斷這個人是生前溺水或死後落水。久浸的屍體皮膚會發白，手腳會起皺紋，就像一般所謂的「洗衣婦手」。入水大約兩週後，手腳上的皮膚會開始鬆弛；三到四週後，整個皮膚可能會像手套一樣，從手上直接脫落。在一九三三年十二月的「手套手」（Hand in Glove，原意為勾結）案件中，一塊像這樣從手上脫落的皮膚，在澳洲新南威爾斯州城市沃加沃加附近的一條小溪中被發現。法醫專家們從皮膚上獲取指紋，確定了受害者身分，不過警方找不到身體的其餘部分。死者名叫珀西．史密斯（Percy Smith），四處漂泊工作。知道他的身分之後，警方很快就抓到凶手愛德華．莫雷（Edward Morey）。

溺斃屍體往往是臉部朝下懸浮在水中，腿和手臂也是下垂的狀態。因此，血液沉積通常會發生在臉部、軀幹上部、手和下臂、小腿和足部等位置。然而，波浪翻滾會影響血液沉積實際產生的狀況，只是影響可能不會太明顯。

屍體在水中的分解速度，比在陸地上分解來得更慢，若水溫大約落在華氏四十度（約攝氏五度），便可將屍體的腐爛延緩幾週。在屍體持續分解下，內臟會產生大量氣體，如果屍體沒有被水中的岩石卡住或被雜草纏住，通常會在大約兩週內浮出水面。而要辨識溺水者的身分，有時非常困難，因為死後的分解過程，會導致屍體膨脹得面目全非，皮膚也可能被裂解的血液染成接近黑色。

屍體長時間浸泡，或被埋在潮溼環境中的一個顯著影響，便是可能形成屍蠟。這是由於身體脂肪經過化學作用，變成類似肥皂的物質。灰色蠟狀的屍蠟可以維持住身體的形狀，不過面容依舊難以辨認。屍蠟形成可能需要幾個月的時間，當然也有已知案例是在三、四週內就形成，而且屍蠟可以維持幾年甚至到幾百年之久。

面對水中屍體，**驗屍人員難以判斷的事情之一，就是屍體是在入水前就已經死亡，或是入水後溺斃**。如果是溺水死亡，肺部會有積水，摸起來就像海綿一樣；然而若是因嗆水或鼻子進水所引起的心臟驟停或窒息，肺部就不會積水了。

雖然有人提出許多不同的方法，對左右兩側心臟裡的血液進行化學檢驗，例如溺斃者的心臟血液受到淡水或鹽水影響時，左側心臟血液所受之影響會大於右側，不過這類方法並無法證明完全可靠。

矽藻測試偶爾可以用於特定的疑難案件，來判斷案件是否為生前溺水。矽藻是一種微生物，普遍存在於海水和未受汙染的淡水中；矽藻種類至少有兩萬五千種，許多矽藻都可以透過抗酸的二氧化矽細胞壁形態來區分。在溺水者體內，這些矽藻進入肺部後會被吸收到血液中，因此**當下如果心臟還在跳動，矽藻便會分布在體內各處**，留在腎臟、大腦甚至骨髓等器官中。

如果屍體入水前已經死亡，矽藻雖然依舊可能進入肺部，卻無法透過血液循環分散到體內各處。因此我們可以用硝酸小心提取身體長骨部分的切片，確保矽藻是源於骨頭，而非來自水中，接著比較骨髓的矽藻含量與水中含量即可判斷。在過去一起案例中，科學家透過識別矽藻的物種特徵，證明一具被沖到比利時海岸的屍體，是從英吉利海峽懷特島附近的一艘遊艇上落水淹死。

不過，我們並無法確定矽藻在日常生活裡，一定不會進入血液，我們也不知道它們到底會在骨髓中停留

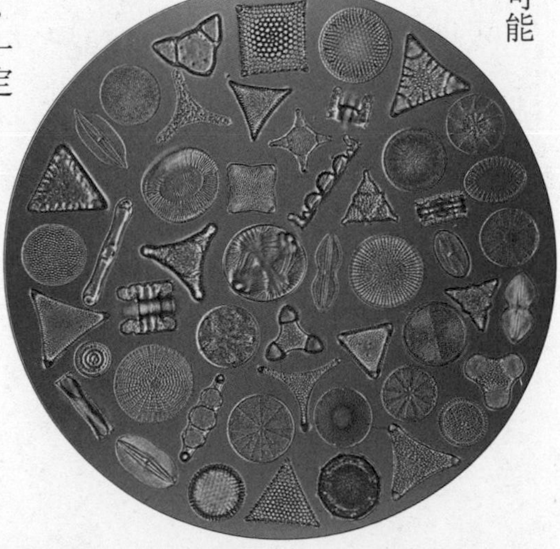

▲這張顯微鏡下的照片，顯示了各種獨特形態的矽藻。溺水者一旦吞水，矽藻便會進入血液。這點有時可以用來判斷死者在入水時是否還活著。例如在落水淹死的羅伯特．麥克斯韋（Robert Maxwell，英國媒體企業家）[14]屍體中發現的矽藻，可以證明他是自殺，並非被人殺害。

14　譯註：羅伯特．麥克斯韋從遊艇落水死亡，三位法醫解剖後判定死因為落水時心臟驟停，且經查，其生前長期飽受心臟病痛之苦，故應非他殺。

多久。實驗室用水和玻璃器皿中，也可能有矽藻存在的問題，這些當然都會造成嚴重影響。因此，矽藻的運用在法醫病理學家之間仍有爭議。

幸運的是，溺水凶殺較為罕見。這類事件往往在地面上會先有掙扎的跡象，或者身上有落水前受的傷，當然也可能發現溺水者服用藥物的證明。水在宗教信仰中，雖然可以洗去我們的罪孽，但無法掩飾他人犯下的罪行。

犯罪檔案

喬治・約瑟夫・史密斯（George Joseph Smith）

他被稱為「浴室新娘謀殺案」的凶手，而他究竟如何淹死三個妻子來得到壽險保單的理賠呢？這點在法庭審判中，被專家以一種戲劇性、且近乎致命的表演方式呈現出來。

喬治・約瑟夫・史密斯是一名相當大膽的英國人，他會說服孤獨的老女人嫁給他，然後花她們的錢過日子。他在一九一〇年與蓓西・蒙迪（Bessie Mundy）結婚時，發現她的錢竟然是信託財產，便說服蒙迪立下對他有利的遺囑。一九一二年七月十三日，蒙迪被發現仰躺在浴缸裡，頭泡在水下，右手抓著一塊肥皂。驗屍官跟陪審團都相信她是在洗澡時癲癇發作，溺水身亡。

一九一三年十一月四日，史密斯與愛麗絲・伯納姆（Alice Burnham）結婚，並為她買了五百英鎊的保險；結果在十二月十二日，她也死在浴室裡。史密斯的下一任妻子愛麗絲・雷維爾（Alice Reavil）比較幸運，兩人在一九一四年九月十七日結婚，而他在幾天後讓她損失九十英鎊就離婚了。最後在一九一四年十二月十七日，他與瑪格麗特・洛夫蒂（Margaret Lofty）結婚，並為她買了七百英鎊的保險；保完險的隔天晚上，她便陳屍在浴缸之中。

一九一五年一月一日，《世界新聞報》（*News of the World*）一篇報導講述了「一位新娘婚後的不幸遭遇」。結果第二位死者伯納姆的父親讀到這篇文章，她陳屍的海濱別墅的房東也讀到了，看著報上案件跟伯納姆死亡的相似之處，兩人都很驚訝，也都向警方舉發他們懷疑的事。因此史密斯在二月一日被警方拘留，接受偵訊。就在同一天，伯納德・史皮爾斯伯里爵士受命挖出洛夫蒂的遺體驗屍；不久，他也檢查了另外兩位妻子的屍體。

▲喬治・約瑟夫・史密斯和妻子蓓西・蒙迪，後者在 1912 年 7 月 13 日溺水身亡。

這些屍體身上並沒有任何暴力跡象，毫無疑問都是淹死。到底怎麼辦到的？真的是一起連環謀殺案嗎？這些女性被發現時是**仰躺著**，**頭在浴缸傾斜端的水面下方**，**她們的腿則從浴缸的垂直端直直伸出水面**。史皮爾斯伯里指出，如果這些死去的婦女是因癲癇發作而死，她們的頭會因肌肉痙攣而向上傾斜，露出水面。另一方面，由於沒有掙扎的跡象，因此看起來也不像是被史密斯強壓進水裡淹死。

最後，在史密斯的審判庭上，史皮爾斯伯里用戲劇性的表演，提出了他的解釋。只見一位身穿泳裝的護士走進搬來的浴缸中躺下示範，接著偵緝警司亞瑟・尼爾（Arthur Neill）**抓住她的腳**，**快速將她拉到水底**，其結果令大家驚恐不已——快速湧入鼻子和嘴巴的水，讓這位護士立刻失去知覺，最後不得不透過人工呼吸將她救醒。於此，史密斯的罪行成立了，他在一九一五年被絞死。

第七章

依蛆蟲生長狀態，估算死亡時間

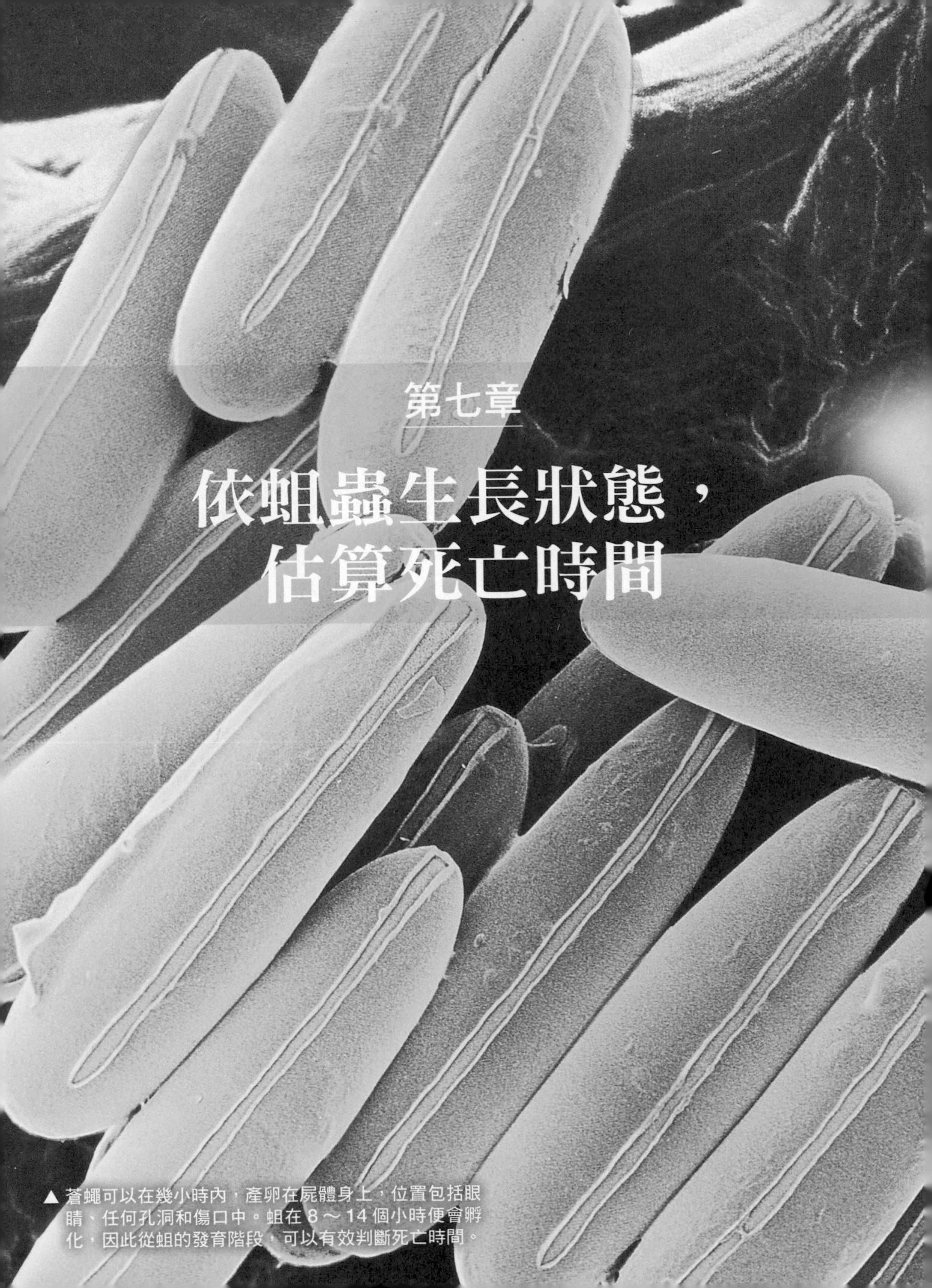

▲ 蒼蠅可以在幾小時內，產卵在屍體身上，位置包括眼睛、任何孔洞和傷口中。蛆在 8 ～ 14 個小時便會孵化，因此從蛆的發育階段，可以有效判斷死亡時間。

當露天的屍體開始腐爛，蒼蠅會立刻被氣味吸引來此產卵。不久之後（具體週期取決於蒼蠅的種類），蛆便會孵化，並開始以屍體殘骸為食。待到適當時機，幼蟲會化成蛹，然後在一段特定時間後，再次以新生蒼蠅的形式出現。如果屍體還沒被人發現，這種昆蟲的循環週期將不斷重演。

因此，了解每種昆蟲的行為和生命週期的專家，可以相當準確的估算出屍體死後過了多久。這種判斷雖然可能精確到最接近的一天或一週，然而無法精確到小時。事實上，已經在不只一個案例中證明了，這種昆蟲證據對於判斷正確謀殺日期相當重要，有時甚至還可看出屍體曾被人從一個地點，搬移到其他地點。

處在露天的情況下，一具屍體可能被多達八批連續出現的昆蟲入侵。第一批是反吐麗蠅（*Calliphora vomitoria*，麗蠅屬，又稱青蠅、藍瓶蠅），最後一批則是甲蟲。反吐麗蠅可能在屍體死亡後幾小時內，將卵產在傷口、眼睛和嘴唇上，以及口腔、鼻子或陰道等孔洞中。這個過程應發生在白天，而且在中午的溫暖陽光下最常出現。如果是在冬季的幾個月裡，這種情況就比較不常見。

而根據氣溫不同，在經過大約八到十四小時後，第一批小蛆蟲就會出現，這是發育的第一個階段：一齡蛆。接著再經過八到十四小時，蛆蟲會蛻皮成長（二齡蛆），如此維持兩到三天後，蛆蟲會變成乳白色（三齡蛆），並且在大約六天的時間裡，狼吞虎嚥的覓食。然後牠會從屍體上遷移開一段距離，鑽入地下，接著化蛹，過程約需要十二天，待脫蛹而出即成

▲ 從卵孵化之後，僅過2小時的綠蠅蛆（一齡蛆）。

為蒼蠅。**由於反吐麗蠅比較喜歡新鮮的肉，所以這些反吐麗蠅不太可能返回同一具屍體。**

例如，在巴克．魯克斯頓醫師案中（參見第五章），遺骸中的蛆被確定為反吐麗蠅蛆。這些卵會在幾天內孵化，最大的幼蟲壽命不太可能超過十二天。由於遺體是在九月二十九日被發現，而且現場並未看到其他侵擾屍體的跡象，因此這些屍塊顯然是從九月十七日以後才被露天棄置在現場。

其他可能會在屍體上產下蟲卵的蒼蠅是絲光銅綠蠅（*Lucilia sericata*，綠蠅屬，又稱綠豆蠅）和羊蛆蠅（同為綠蠅屬），以及家蠅（家蠅屬）。綠蠅屬的生命週期與反吐麗蠅相似，反觀家蠅雖以腐肉為食，但很少在屍體內產卵。

事實檔案

有時當家蠅以暴露的屍體為食時，可能會因其活動而造成誤導。在美國德州的炎熱天氣下，一名男子的屍體被發現掛在家中，應該已經掛在這裡三、四天，不僅組織迅速腐爛，牆壁和天花板上也濺滿了細小的血滴。現場看起來就像男人被狠狠揍了一頓。

一位聯邦調查局的專家檢查了現場照片，很快就意識到**牆上那些紅褐色的斑點並不是血，而是蒼蠅的排泄物**。這些家蠅以屍體為食，然後腳上沾滿鮮血，停在牆壁和天花板上，並把消化過的血液排出體外。「照片裡可以看出一件很明顯的事實，」專家說：「有一個亮著的燈泡上頭沒有血跡，是因為燈泡對蒼蠅來說太熱了，所以牠們無法靠近。」

犯罪檔案

威廉．布里托（William Brittle）

男人的屍體處於高度腐爛狀態。然而，法醫病理學家檢查時注意到蛆的發育階段，遂確信死亡時間不超過十二天。

一九六四年六月二十八日，兩個男孩在英國伯克郡的一片樹林中，四處尋找腐爛的死兔子或鴿子，希望可以在上面找到蛆蟲作為魚餌。當他們在離小徑幾公尺遠的鬆散草皮上，發現一大堆肥大的反吐麗蠅蛆時，他們將草皮翻開，卻驚恐的發現了一隻正在腐爛的人類手臂。

法醫病理學家基思．辛普森被召來現場，監督屍體的挖掘工作。從腐爛程度來看，警方推測屍體已在該地放置六到八週。但辛普森並不同意，他說：「雖然至少九到十天，但可能不會超過十二天。」因為**他根據蛆蟲的發育階段，計算出死亡時間發生在六月十六日或十七日**。他補充道：「我曾經看過一具屍體，在短短十天內就變成這種狀態。」

失蹤人口報告中，有一位名叫彼得．湯馬斯（Peter Thomas），他於六月十六日在威爾斯邊境的利德尼鎮失蹤。而藉由身體測量結果、左臂骨折的X光片、指紋和夾克上的製造商標籤等，調查人員發現死者正是湯馬斯，死因是喉嚨上的一記猛烈重擊。

警方懷疑凶手是住在漢普郡的威廉・布里托，因為他欠湯馬斯錢，隨後警方也發現他在軍中學過徒手格鬥。布里托聲稱，他在六月十六日開車去利德尼償還債務。有一位搭便車的人也出面證實，當天布里托在回漢普郡的路上載他一程。然而在布里托的謀殺案正式審判中，辯方提出了三名證人，他們都發誓在六月二十日至二十一日期間，在利德尼見過湯馬斯。

有鑑於辛普森在法庭上堅持調查結果，就連辯方帶來的專家也證實了他的說法，於是陪審團確信，那三位證人一定是搞錯了見到湯馬斯的日期，最後布里托被判處無期徒刑。

▲ 1964 年 6 月 16 日，在軍中學會徒手格鬥的威廉・布里托，謀殺了債主彼得・湯馬斯，被判處無期徒刑。而之所以能破案，要歸功於法醫病理學家基思・辛普森提出的證據。

大批蛆蟲侵擾會提高腐爛屍體的溫度，使屍體變得較為溫暖。這點也可能導致脂肪類化學物質（屍蠟）快速形成（參見第一章）。屍蠟通常是在屍體浸入水中或埋在潮溼的環境中形成，而且經常要花上幾個月。然而在已知案例中，**受蛆蟲侵擾的屍體，在短短三週之內就產生屍蠟**，讓屍體看起來似乎像是過了更久的時間才被發現。

只要屍體表面覆蓋了一層泥土，便能防止許多種類的蒼蠅接近屍體，但所謂的「棺材蒼蠅」（coffin fly，一種蚤蠅）可以鑽入泥土底下，甚至鑽入封閉的棺材內。一九八九年，在威爾斯首府卡地夫發現埋起來的「無名女孩」（參見第五章）骨骸時，警方籲請英國當時頂尖的法醫昆蟲學家——劍橋大學（University of Cambridge）的扎卡里亞．埃津喬羅（Zakaria Erzinçlio lu）博士出面協助，計算棺材蒼蠅消耗人體組織所需的時間；「Zak 博士」（同事們對他的尊稱）得出的結論是至少先埋葬了三年。而在棺材蒼蠅之後，有好幾代的鼠婦（woodlice，一種甲殼類節肢動物，又稱潮蟲）群落已經建立起來，Zak 博士估計這又得花上兩年，因此建議將埋葬屍體的時間，設定在一九八四年或是更早。

其他昆蟲包括甲蟲、飛蛾甚至黃蜂，也都可以為昆蟲學家提供很有價值的證據。這類證據在一八五〇年首次使用，當時發現一具新生嬰兒的木乃伊化屍體，被埋藏在一間房子的煙囪旁邊，而且已經成為家蛾的繁殖地。檢查過家蛾幼蟲和成蟲的結果顯示，這具屍體已經在該處放置了大約兩年。這點引起該房子的房客懷疑，並向警方指出了該處住過一名懷孕的女房客，隨後這名女子被警方找到，且被指控犯下殺嬰罪。雖然檢方可以證明是她埋的屍體，但嬰兒也可能死於自然原因，故殺嬰罪指控遭到駁回。

一九六〇年，在北威爾斯的萊爾地區也出現了類似案例。一位二十年前過世的婦女屍體，在一個上鎖的櫥櫃中被發現，屍體都木乃伊化了。多年以來，飛蛾已經吞噬了這位女士的頭髮，在整個頭皮上留下一層短短的髮渣，髮根末端被吃得乾乾淨淨。

一九六一年四月，在丹麥的一個衣櫃裡發現了一具男人的屍體，而同年春季，當地發生了嚴重瘟疫。經檢驗，這具屍體曾被火腿皮蠹（*Dermestes lardarius*，俗稱儲藏室甲蟲）侵擾而破壞，這種甲蟲會在屍體死後大約三到六個月開始入侵一具屍體，也就是在屍體的脂肪已經開始屍蠟化之後。如此可以證明該男子並非在瘟疫期間過世，而是在一九六〇年秋天死亡。從他身上發現的文件顯示，他在一九六〇年八月從監獄獲釋，據說他出獄後住到朋友的公寓裡，然後在那裡去世。這位朋友並未向警方報告他的死訊，而是將屍體直接放在衣櫃裡，經過驗屍顯示，該男子是自然死亡。

一九八五年，在田納西州則發現了一個人類頭骨，裡面有一個黃蜂窩。該蜂窩最遲在一九八四年夏天形成，而且黃蜂只會在乾燥的地方築巢，所以在黃蜂築巢前，包括大腦在

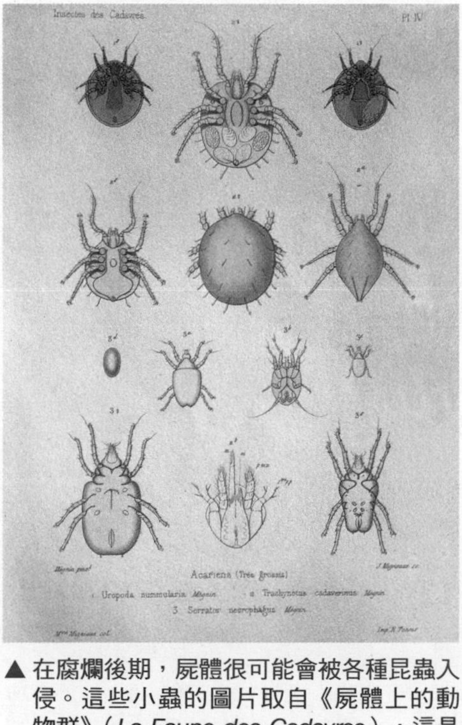

▲在腐爛後期，屍體很可能會被各種昆蟲入侵。這些小蟲的圖片取自《屍體上的動物群》（*La Faune des Cadavres*），這是19世紀法國昆蟲學家讓．皮埃爾．梅甘（Jean Pierre Mégnin）繪製的標準化作品（以固定規範製作）。

內的所有組織都必須完全腐化乾淨。隨後對骨骸其他部分的發現證實，這具屍體至少在被發現的地方已經躺了兩年，所以死亡時間一定在一九八三年或更早之前。

在許多案例中，已可見得法醫昆蟲學的重要性。而且包括天氣、溫度和一年裡的不同時間等情況，顯然都會影響昆蟲的出現，因此專家也必須將這些考慮在內。在審理前面提過的威廉．布里托一案時，辯護律師向專家證人麥肯尼．休斯（McKenny Hughes）教授問道：「假設一隻反吐麗蠅於午夜時分在屍體上產卵……。」然而這位昆蟲學家打斷了他的話：「噢不，不自重的反吐麗蠅才會在午夜產卵。也許可能在中午，但絕不會在午夜產卵。」他還補充說，在第一批蛆蟲開始孵化之前，需要八到十四小時。

「這些蛆蟲一定會立刻進攻屍體組織嗎？」針對此問題，當這位專家回答：「嗯，蛆蟲是相當好奇的小惡魔。假設這裡有一具屍體，當你放下一百隻蛆蟲，有九十九隻會朝屍體爬去，但這第一百隻小惡魔，很可能會轉向另一邊。」就連法官也難掩笑容。

▲在法國的鑑識科學部門——犯罪研究所（Institut de Recherche Criminelle）裡，各種不同蒼蠅標本已被分門別類，以便實驗室鑑定比對。

第八章

各式紋路，夠特別就能揪出犯人

▲電腦讓指紋分類變得更快。從確定的中心點開始計算，電腦可以識別出每個人的指紋特徵點，其具有人別之間的獨特性。

每個人的指紋以及整個手和腳的紋路，都獨一無二，因此可以用來有效辨別身分。事實上，指紋辨識經歷了很長一段時間才發展出來。在幾個世紀前，中國和日本的陶藝家，會為自己的作品留下一個代表「簽名」的指紋；看手相的人，也會透過手掌的線條來預測一個人的未來，不過他們可能只知道命運相關訊息，並未意識到「每個人的指掌紋不同」背後所代表的重要意義。大多數看手相的人，只會選擇其中幾條掌紋的長度和方向進行解說。

我們可以看出手掌內面和腳底皮膚表面，都與身體其他部位的皮膚明顯不同。從指尖到手腕上面，覆蓋著一層角質層，其特徵是底下的真皮淺層，有由真皮乳突（dermal papilla）構成的脊狀組織。儘管這些表面凸起的線條通常互相平行，但它們偶爾會改變方向，在手腳的各個部位形成清晰的型態。

這些真皮乳突脊狀線，以及由它們改變方向而產生的特徵型態，在**胎兒發育的第三到第四個月開始形成，出生後形狀就不會改變，唯一會改變的是大小**，而且這些脊紋線會隨著手和腳的生長變得更為明顯。就目前所知，這個世界上沒有兩個人的指紋（即使是同卵雙胞胎）型態完全相同。

在十九世紀下半葉，在兩個遙遠的國家的兩位英國官員，都在現代使用指紋和手印進行身分識別上，邁出了第一步。

英國著名天文學家之孫威廉．赫雪爾（William Herschel）在一八五三年，也就是他二十歲的時候前往印度。一八五三年，他率先想到可以用手印作為合約上的簽名。不久之後，他也開始實驗以指紋代替手印。他在印度的公務員職位中不斷晉升，並在一八七七年被任命為加爾各答附近胡格利地區的地方法官，其職責之一便是支付政府養老金。

為了確保去世者的養老金不會被別人冒名領取，他開始在收據上使用右手食指和中指的指印。沒過多久，他就在當地把這種識別身分的做法，直接作為所有法律文件的官方政策。後來他還寫信給孟加拉的監獄督察和戶籍長官，建議官方可以普遍採用這項制度。他很有自信的表示，這些指紋不會隨著年齡增長改變，而且對於保存犯罪紀錄方面，極具實用價值。

在此同時，蘇格蘭醫生亨利．福爾茲（Henry Faulds）正在東京的築地醫院工作。**他看到日本偏遠地區的文件，通常都是由不識字的人，直接用黑色或紅色的手印來「簽收」。他想知道這些手印型態是否會因種族而異，便開始蒐集這些手印樣本**。在一八七九年夏天，有個小偷翻牆爬進東京一間房屋內，在剛粉刷過的花園牆壁上，留下一個烏黑的手印。當福爾茲得知警方已經逮捕一名嫌犯之後，他請求警方讓他比對兩枚手印，隨後竟宣布這名嫌犯並非小偷。後來另一名男子被捕並供認不諱時，福爾茲也證明這名男子的手印與牆上的手印相同。

就在警方請求福爾茲對另一起案件運用他的專業知識時，他突然意識到自己對手印的觀察，可能在犯罪學上很重要。於是他寫了一封信給英國科學雜誌《自然》（*Nature*），概述了他所謂的「指紋學」（dactylography）理論。他在信中下了結論：「毫無疑問，除了罪犯的照片以外，擁有一份永遠不會改變的手指紋路捺印，對偵破重大犯罪也有極大助益。」

赫雪爾於一八七九年從公務員職位退休，接著帶著包含自己研究的筆記本返回英國。不過他很遺憾的發現，福爾茲已經搶先一步發表了這個想法，所以他也寫信給《自然》雜誌，並引起了一些爭論，遭人懷疑是否正式應用過指紋。然而經過很長一段時間，指紋的研究並無更進一步的發展。

法國的阿方斯．貝蒂榮（Alphonse Bertillon）開發了一種與眾不同的罪犯辨識方法——身體測量值識別系統（參見第十六章）。而英國醫生兼人類學家法蘭西斯．高爾頓爵士（Sir Francis Galton），對於貝蒂榮的測量法不以為然。他在一八八八年想起了赫雪爾的信，於是聯繫上對方，請他把論文寄給自己，因為他要開始研究指紋分類的方法。

高爾頓發現一位名叫揚．普爾基涅（Jan Evangelista Purkyn）的捷克病理學家，曾在一八三〇年代發表過一篇論文，描述了指尖（審定註：指紋定義為「手指最末一節之紋路」）皮膚上的各種紋路型態。不過他描述了幾十種不同的型態，這在辨識和比對指印上會非常耗時，高爾頓便想找到更簡單的方法。後來，他終於發現這些收藏的指印裡，幾乎每一個都**包含著由紋路所匯集形成的小三角形區域，於是他將這個區域稱為「三角」**（delta），並據此把指紋分成四種基本類型：沒有三角、左側有三角、右側有三角，以及具有多個三角。這意味著如果把手指的十個指紋全部歸類，大約可以分成六萬多種類別。於是高爾頓在一八九二年，出版了《指紋》（*Finger Prints*）一書，詳細介紹他的指紋研究。

▲英國人類學家法蘭西斯．高爾頓爵士是第一個開發指紋分類系統的人，該系統以被他命名為「三角」的小三角形區域為根據。

運用指紋系統的起點

阿根廷一位名叫胡安．武切蒂奇（Juan Vucetich）的警察，是史上第一位將高爾頓指紋系統付諸實踐的人。武切蒂奇在一八九二年六月，首次成功以指紋破案，本次案件是一名母親謀殺自己的兩個小孩。

到了一八九四年，阿根廷警方已經成為世界上第一個，將指紋作為辨識罪犯主要手段的警察單位。武切蒂奇在一九〇一年的第二屆南美洲科學大會上，描述了自己使用的方法。因此在幾年之內，南美洲的每個國家都採用了這種指紋系統。

然而在歐洲和美國等地，指紋辨識的發展方向略有不同。愛德華．亨利（Edward Henry）在一八九三年讀到高爾頓的書，當時他是外派至孟加拉警察局的總監察長。在兩名警官的合作下，**他採用了不同於高爾頓和武切蒂奇的分類系統，描繪了五種顯然不同類型的指紋圖案：**弧形紋（Arch，簡稱A）、帳形紋（Tented Arch，簡稱T）、反箕紋（Radial Loop，簡稱R，即向手臂外側橈骨方向傾斜的環型紋路）、正箕紋（Ulnar Loop，簡稱U，即向內尺骨傾斜的環型紋路），以及斗形紋（Whorl，簡稱W）等。

確定了指紋屬於主要類別中的哪一分類之後，亨利再透過高爾頓法的三角區域，進一步分出子分類。他說：「三角可以由單一分歧線所形成，或是由並排延伸的兩條脊紋線突然分叉所形成。」接著他也確定了三角的界線，即他所謂「內終點」到「外終點」的範圍，並計算了與連接這兩點的線相交的脊紋線數量。

① ⑤ ② ⑥ ③ ⑦ ④ ⑧

▲ 指紋分類的主要圖樣類型：① 弧形紋、② 帳形紋、③ 箕形紋、④ 囊形紋、⑤ 雙箕形紋、⑥ 雙箕形紋、⑦ 斗形紋、⑧ 雜形紋。

一八九六年，亨利寫信給孟加拉管轄區政府，報告指紋採集的簡易性：

這些材料包括一片錫器和一些油印墨水，價格非常便宜，到處都可以買到；指紋就像是一個人的簽名，不會讓你有觀察或抄寫上的錯誤；任何一個智力普通的成年人，經過幾分鐘的指導之後，只要稍微練習，就可以學會幫別人留下指紋……指紋的特徵終生不變，不論到了中年或老年時，只要擁有當年孩提時代的指紋，就可以辨識出同一個人……最後一點，透過仔細檢查兩個或三個指紋，就能佐證確定身分，其價值如此之大，以至於能衡量其重要性的人，都認為應直接將這種做法確定下來。

於是在一八九七年，孟加拉管轄區政府在加爾各答設立辦事處，成為世界上第一個採用亨利指紋系統的國家指紋室。

一八九八年，印度北部一家茶園的經理被發現喉嚨遭割斷；他的保險箱和信箱已被強行打開。信箱裡剩下的文件中有一頁日曆，上面有兩道棕色汙跡，可以確定是由右手手指所留下。自從亨利建立其系統以來，已經記錄下了所有被判入獄的犯人指紋，因此上面的指紋很快就被歸類出來，確定為茶園經理前僕人的右手拇指。雖然他已經逃離了幾百英里遠，但很快就被警方追到，並以他的右手拇指留下指紋，果然與先前留下的汙跡指紋相符。

亨利於一九〇一年受召回到英國，被任命為倫敦警察廳助理廳長，負責設立警察廳總部的指紋部門。他手下的第一批新助理裡頭有一位偵緝警司，名叫查爾斯．柯林斯（Charles Collins）。柯林斯非常認真的看待他的職務，還為此學習攝影，於是很快就迎來了指紋辨識的首起成功案例。

一九〇二年六月二十七日，一名小偷闖入倫敦南部達利奇區的一間房子裡，勘察人員注意到窗臺上有一些髒汙的指印。柯林斯拍攝了一枚拇指指紋，再與同事們比對以前被定罪的罪犯指紋。經過長時間的搜尋比對，他們終於有所斬獲——這枚指紋屬於哈里・傑克森（Harry Jackson）所有，他也在幾天後被警方逮捕。

不過當時，還是得說服法院接受指紋證據。雖然這是一件非常輕微的起訴案件，警方仍然決定聘請經驗豐富的律師理查德・繆爾（Richard Muir）。他花了幾個小時和柯林斯一起研究新系統，並在開庭時向陪審團解釋這項技術已經在印度實行得非常成功。柯林斯展示了如何辨識指紋，也展示了他所拍攝的指紋照片。陪審團對他的論證很感興趣，最後認定犯人有罪，就連辯方也沒對證據提出異議。此後，英國法院開始認可指紋作為證據。

一九〇三年，亨利升任警察廳長，決定在刑事鑑定中對指紋進行全面測試。當年五月的葉森德比賽馬會（Epsom Derby）上，警方以各種罪名，一共逮捕了六十名男子，其中二十七人被發現有前科，因此他們的犯罪紀錄在事件發生的隔天早上，便已呈供法庭使用：

「開庭第一名嫌犯自稱是格洛斯特的格林（Green），他向審訊的地方法官保證自己以前從沒惹過任何麻煩，是警方捉錯人了……但是總督察站了起來……請法官看一下他的文件和照片，證明這個自稱無辜的人，其實就是伯明翰的布朗（Brown），犯過十起被定罪的案件。」

一九〇五年三月，英國倫敦南部的多弗地區發生了一起謀殺案，首次以指紋作為犯罪證據。在本次案件中，油漆店老闆湯馬斯・法羅（Thomas Farrow）被殘忍的毆打致死，他的妻子則身受重傷，並於三天後不治。在她床底下的錢箱被整個翻了一遍，警方在上面發現一枚右手拇指的指紋。經過調查，一切矛頭指向一對無惡不作的罪犯兄弟——阿爾弗雷德・斯特拉頓（Alfred Stratton）和阿爾伯特・斯特拉頓（Albert Stratton），而且警方發現那枚指紋正是來自阿爾弗雷德的拇指。理查德・繆爾（Richard Muir）負責起訴兩兄弟，儘管法官仍然不肯採信指紋證據，但陪審團最終裁定兩兄弟有罪。

美國的指紋辨識發展

一九〇四年的世界博覽會（World's Fair）在密蘇里州的聖路易市舉行。倫敦指紋部門的約翰・費里爾（John Ferrier）是被派往英國皇家館坐鎮的警察之一。他在皇家館裡就亨利的指紋系統進行多次演講。在僅隔六年多後，也就是一九一一年時，隨著湯馬斯・詹寧斯（Thomas Jennings，見下頁犯罪檔案）在芝加哥被定罪，美國偵辦謀殺案過程也正式認可了指紋證據。

一九〇〇年代初，美國司法部決定撥款「不超過六十美元」的經費，在德州的萊文沃思監獄建立指紋系統。一九〇五年，紐約州立監獄新新懲教所和其他監獄，也都開始使用指紋辨識，隔年聖路易市警方也採用了這項技術。大約就在同一時間，陸軍、海軍和海軍陸戰隊，也都開始登錄其士兵和軍官的指紋。隨著指紋紀錄數量不斷增加，官方顯然需要某種方法，來管理各單位所做的指紋紀錄，於是司法部承接下這項任務。不幸的是，他們把編目工作交給萊文沃思監獄處理，因此在監獄裡很快就有（儘管這應該可以事先料到）某些受僱編目的罪犯，為了自己的利益而竄改指紋紀錄。

犯罪檔案

湯馬斯・詹寧斯（Thomas Jennings）

一九一〇年，指紋辨識仍然是犯罪科學發展中的新技術。在美國法律史上指紋辨識首次建功，是由於一名槍殺屋主的竊賊，在未乾的油漆上留下了指紋，且據此定罪。

克拉倫斯・希勒（Clarence Hiller）與妻子和四個孩子住在芝加哥西一〇四街。一九一〇年九月十九日凌晨，他在屋內樓梯遇到一名闖入者，伴隨兩聲左輪槍聲，他中彈而亡。很巧的是，即將下班的幾名警員在距離希勒家大約一英里（約一・六公里）遠的地方，注意到有名男子動作驚惶，而這引起了他們的懷疑。警察上前盤查該名男子，並在他的口袋裡發現一把上膛的轉輪手槍，於是將他逮捕。警方確認其身分為湯馬斯・詹寧斯，最近剛從喬立埃特懲教中心（Joliet Correctional Center）獲釋。

在此同時，其他警員檢查了凶殺案現場，發現凶手破壞了廚房後面的紗窗，進入屋內。而在剛粉刷過的門廊欄杆上，留有四指清晰的左手指印。這些指紋很快就被證明與詹寧斯的指紋相符，因此他被指控謀殺罪。

當四位專家證人為控方作證時，法院接受了他們提出的證據，讓美國法律史又向前邁進了一步。雖然詹寧斯提出上訴，但伊利諾伊州最高法院於一九一一年十二月二十一日，就指紋的適法性做出裁決：「我們傾向認為……指紋辨識系統具有科學依據，法院有充分理由認可這一類的證據。」

自一八九六年以來，美國和加拿大多數主要城市的警察部門負責人，一起組成「國際警察首長協會」（International Association of Chiefs of Police，簡稱 IACP），持續協助維持國家刑事鑑定局（National Bureau of Criminal Identification，簡稱 NBCI）的運作。該局最初設在芝加哥，後來遷至華盛頓特區。國際警察首長協會非常努力的推動指紋紀錄集中化，後來司法部內部獨立機構聯邦調查局在一九二四年，也就是約翰·埃德加·胡佛（John Edgar Hoover）被任命為局長時，終於開始對大約八十萬條指紋紀錄進行編目，因為這些紀錄已經在倉庫中堆積如山。

胡佛很快就意識到，把未涉及任何犯罪之人的指紋記錄存檔也相當重要，因為在追蹤失蹤人員、辨識災難中殘缺不全的遺體、讓失憶症受害者與家人團聚，以及洗刷無辜者之冤屈方面，指紋所能發揮的價值難以估量。雖然胡佛晚年的多疑性格，導致了指紋紀錄遭到濫用與誤用，但沒有人能質疑指紋的實用價值。

▲ 約翰·埃德加·胡佛在 1924 年被任命為美國聯邦調查局局長。

潛伏指紋，肉眼看不見

早期被成功辨識出來的指紋，通常都是可見的指紋，例如血跡或類似媒介上形成的指印，以及印在塑膠表面上的指紋等。不過研究人員很快就發現，我們幾乎可以在任何光滑表面上，檢測到肉眼看不見的潛伏指紋（Latent prints）。

潛伏指紋是由微量汗水油漬所形成，來源處可以是指尖本身，或是與臉部、身體其他部位無意識接觸而來。整個指紋區域重量從四微克到兩百五十微克不等，成分中大約九九％是水，剩下一％則是複雜物質的混合物，內容不僅因人而異，即使是同一個人，也會隨著時間不同而有所差異。這種潛伏指紋的持久性取決於多種因素，但它幾乎是永久性的，我們甚至可以在古代墓穴發現的陪葬物品上，顯現出潛伏指紋。

我們可以使用多種不同方法來發現這些潛伏指紋，包括一邊用白光透過不同角度照射，一邊以肉眼仔細檢查物體表面；透過螢光檢查，使用高能單色可見光之光源照亮指紋；紫外線照射和電磁輻射則需要專業的光學器材、感應器和過濾器等，不過由於輻射會破壞DNA，因此較不常使用。靜電檢測也是另一種需要特殊設備的尋找方法，其工作原理是測量指印接觸區域和未接觸表面，兩者在電荷特性之間的差異。而攜帶式「多波域光源組」（CrimeScope）的開發，也讓指紋辨識變得更加簡單；這是一種會產生紫外線、可見光和紅外線波長的鑑識用光源器材。

潛伏指紋可以透過很多方式來找尋與顯現，最基本的技術便是撒上細粉。早期使用的粉是水銀和粉筆的混合物，而且磨得很細，不過現在已經被其他材料取代了。

在玻璃、銀色或深色表面上的指紋，可以撒上淺灰色粉末；而遇到顏色較淺且非吸收性表面上的指紋，會使用黑色粉末。還有一種工具稱為磁性筆，使用的是磁粉，讓一些小顆粒黏附在指紋上，多餘顆粒可以靠磁性從周圍區域去除。當然這種做法只能用在非金屬物面。而有顏色的螢光粉末，也可用以顯現潛伏指紋。此外，現在還可以使用加入奈米微粒的粉末，其所提供的潛伏指紋清晰度，高出舊方法三〇%以上。以這種方式提取的指紋，還可以透過雷射儀器進行分析，以提供有關個人的人口統計訊息，例如吸毒與否、是否接觸過不明殘留物（包括爆炸物）、種族和民族等。

指紋可以使用透明膠帶或其他媒介（例如矽膠）來提取，再放到醋酸纖

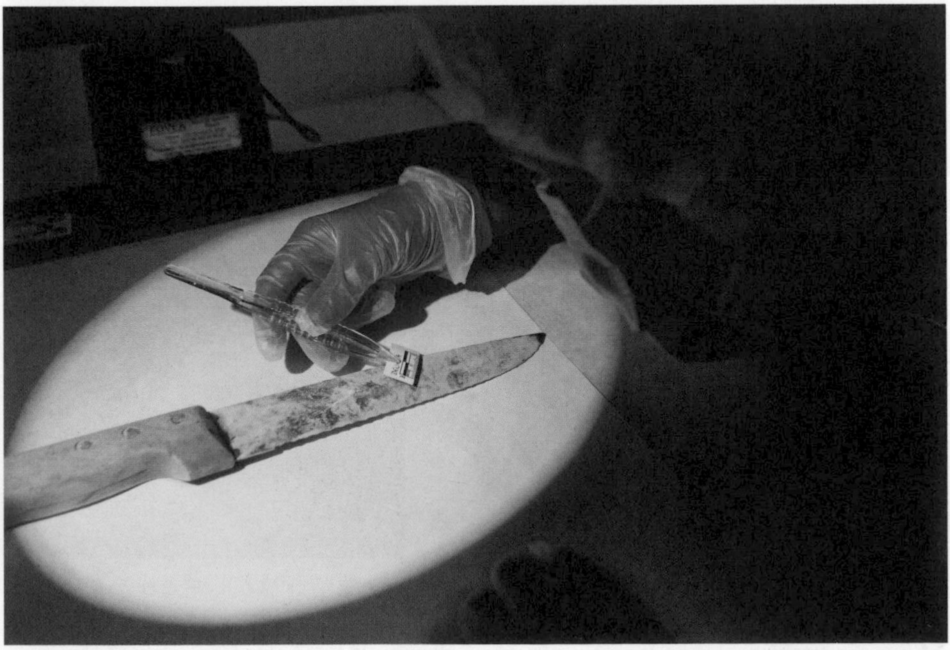

▲ 鑑識科學家使用粉末和一種稱為「多波域光源組」的特殊照明設備，這種設備可以產生不同波長的光，用來尋找刀具上的指紋。

維板或合適顏色（對比明顯）的卡片上，透過數位相機或掃描器以數位方式記錄。上面必須包含刻度，並且具有合適的解析度，照片裡的指紋影像也不能變形。更專業的圖像擷取技術，還包括紅外線反射和多光譜成像等。

紙板或木材等「多孔隙表面」上的指紋，必須以不同的方式才能顯現出來。多年來，鑑識人員所使用的標準方法是硝酸銀，它會與人類汗液中的氯離子發生反應；或者使用碘蒸氣，與其中的油脂發生反應。後來在一九五四年，科學家發現汗液中的氨基酸，可以跟一種叫做「茚三酮」（ninhydrin，又稱寧海德林）的物質發生反應。只要使用稀釋過的茚三酮丙酮溶液噴灑，然後在華氏一百七十六度（攝氏八十度）的烘乾箱中乾燥，便可以在紙或卡片上顯示出紫色的潛伏指紋。類似的技術也能使用會與蛋白質反應的其他染料，例如「蘇丹黑 B」（Solvent Black 3），即可用來將脂肪染色。

若是在人體皮膚上的指紋（經常是性侵案中的有力證據），可以使用 Kromekote 牌的高光澤卡紙來提取，或是以專門的 X 光技術拍攝潛伏指紋。也可以在人體皮膚上搭配瑞典黑粉和松鼠毛等動物類毛刷撒上粉末，再用白色的指紋採取膠片、白色指紋膠、矽膠或膠帶來提取指紋。

一旦鑑識人員使用上述各種方法讓指紋現形，這些指紋必須以適合辨識專家進行比對的方式

▲加入奈米微粒的螢光粉末（審定註：奈米微粒可用在各種不同顏色的粉末中），可以用於指紋辨識，並可使用 SceneSafe™ 等指紋技術公司所製造的雷射儀器進行分析。

記錄下來，以便在自動指紋辨識系統（AFIS）上載入和搜索。而最新的自動生物特徵辨識系統（ABIS）技術，正在加快這種比對流程。現在也已經建立了生物特徵中心，可以自動搜索所有國際刑警組織法醫鑑識資料庫，甚至還能搜索虹膜、臉部以及掌紋等紀錄。

尋找潛伏指紋是相當耗時的過程，因為鑑識人員必須檢查整個犯罪現場。一項非常有用的特別發現是：**當位於非吸水透氣物面上的指紋，暴露在「三秒膠」**（cyanoacrylate，氰丙烯酸酯）**揮發氣體下，會在顏色較深的表面上顯示出白色指紋**。這點對於檢查密閉空間（例如櫥櫃或汽車內部）特別有用。而這些顯現的指紋可以用粉末、拍照或膠帶提取。

加拿大實驗室的研究人員還有另一個重要的意外發現：**雷射光束可以照出潛在**

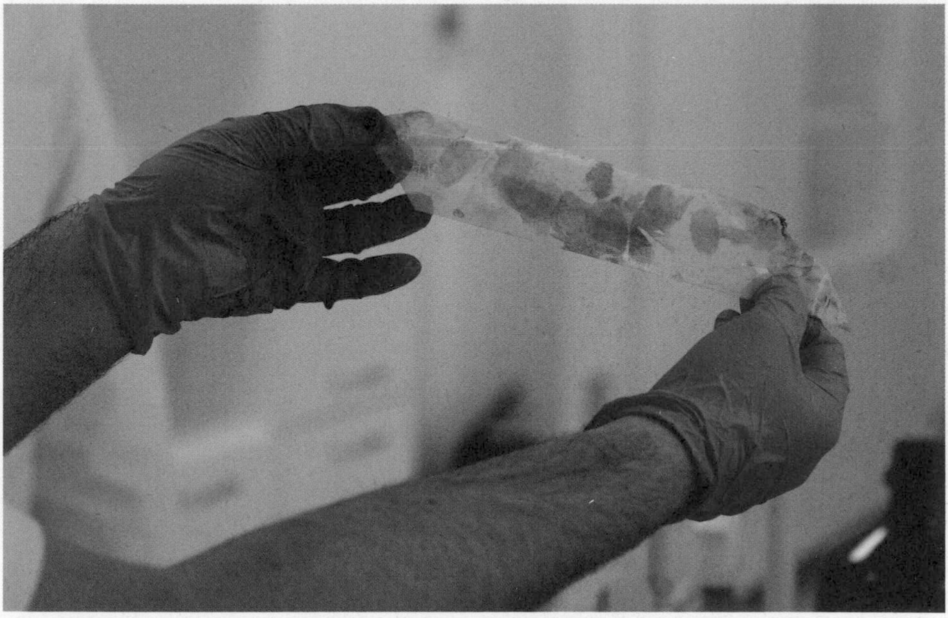

▲ 指紋分析人員會使用指紋黏取膠帶（如圖）或其他採證物質（例如矽膠）來採證，然後用攝影或掃描的方式，以數位形式建檔並保存指紋。

的指紋。雷射與粉末或化學品的處理方式不同，並不會影響到發現指紋的物體，而且更奇怪的是，雷射似乎對更久之前的跡證更為有效。一九七五年，美國司法部要求對羅馬尼亞東正教前大主教瓦列里安．崔法（Valerian Trifa）下達驅逐令，理由是他隱瞞了自己曾是羅馬尼亞親納粹黨鐵衛團成員一事。崔法雖然否認這項指控，但西德政府在一九八二年，發現了一封崔法寫給納粹高級官員的明信片。德國政府拒絕讓聯邦調查局採用任何會破壞明信片的做法，結果用雷射很快就顯示出崔法在明信片上留下的拇指指紋，因此他在一九八四年被美國驅逐出境。

雖然上述這些技術現在仍然經常使用，不過目前最先進的指紋設備如「EVISCAN」（艾威巡檢儀），並不需要用到這類技術，亦即完全不需要用到任何化學試劑或三秒膠來預先處理指紋。這點當然非常有用，因為證據可以不受化學物質之類的處理方式影響（對於DNA檢測尤其重要），調查人員也不會暴露在可能有害健康的化學物質之下。這種新設備的操作方式，是把欲檢查物體（無論吸水透氣或非吸水透氣）放置在強化玻璃表面上，接著使用由電腦操作的特殊鏡頭進行掃描，再用先進的圖像處理軟體立即增強解析度，並為掃

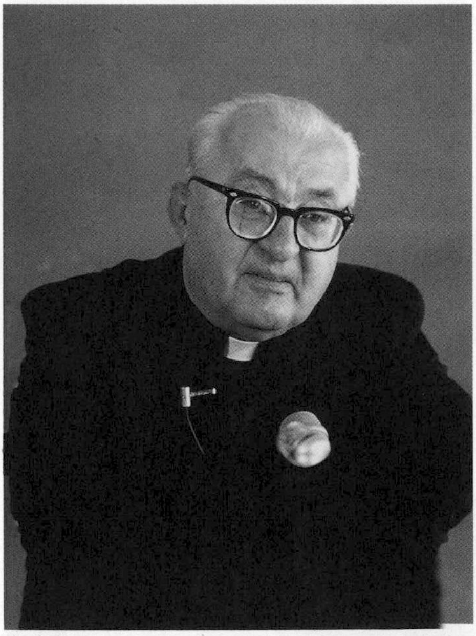

▲ 前羅馬尼亞大主教瓦列里安．崔法，隱瞞自己的親納粹鐵衛團成員身分將近 40 年。1984 年，美國司法部根據他在納粹官員明信片上的指紋證據確認身分後，將他驅逐出境。

描完成的圖像自動添加對比變化，然後將結果上傳到自動指紋辨識系統或其他資料庫進行比對，或者儲存為指紋檔案，以待日後檢查。

如何採集與比對指紋？

在不久之前，指紋還只能使用墨水和特殊的標準指紋卡或表格，手動加以記錄。雖然有時候辦案人員仍可能會以墨水採集指紋，再用數位方式掃描記錄下來；不過，現在更常利用所謂「即時掃描」的電子掃描設備來記錄指紋。無論使用何種方法記錄指紋，這些數位資料都會上傳到自動指紋辨識系統或其他資料庫中，以便快速交叉比對裡頭的大量指紋紀錄。

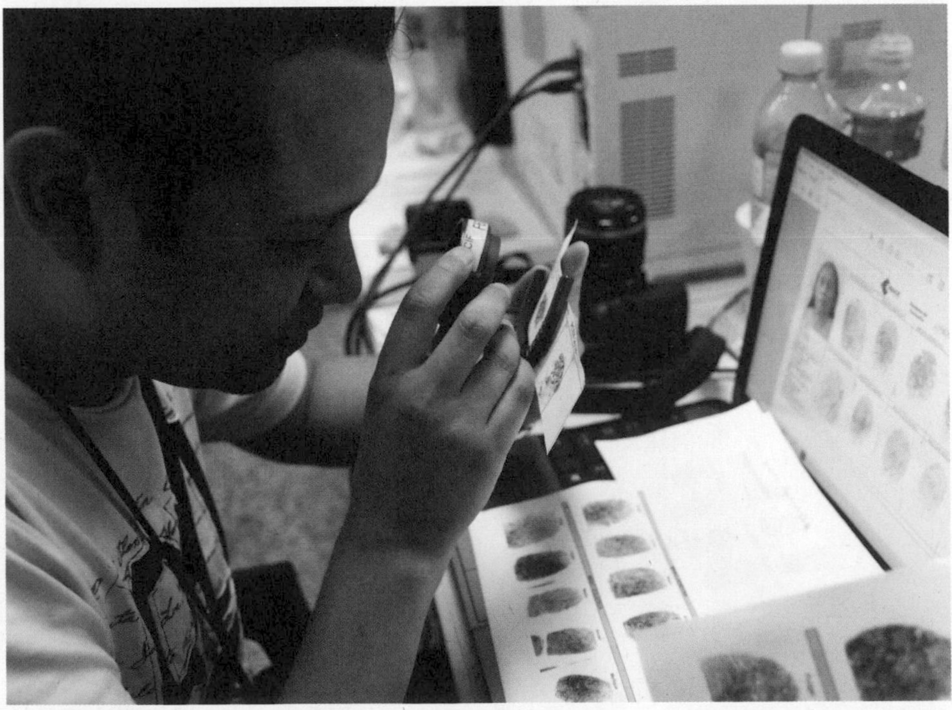

▲ 無論當初是用墨水或數位記錄下來，現在都可以使用包含幾百萬筆紀錄的資料庫，快速交叉比對指紋。

不管使用哪一種記錄方式，每隻手都需要儲存兩套指紋。第一套是「三面捺印指紋」，要將每根手指從一側邊緣完全滾壓到另一個邊緣，如此便可記錄到圍繞手指曲線延伸的紋路。**第二套是「平面捺印指紋」**，這種指紋記錄起來相對簡單，手指無須滾動，只要將一手的四根手指放在一起，同時把四指指紋按在指紋卡或即時掃描設備上的捺印空格中，接著把拇指按在另一個獨立的捺印空格，另一隻手比照處理。這種做法是為了確保以正確順序記錄同一手的指紋，因為在某些情況下，犯罪分子顯然「太過熱心」，故意以錯誤的順序伸出手指，甚至設法將同一隻手指捺印兩次。一般在犯罪現場發現指紋時，通常會採集所有可能進入該區域者的指紋，以便在調查中先行剔除。現在只要使用即時掃描技術，便可快速完成此項操作。

在過去的年代，要從幾千組指紋卡中搜尋到一組相符的十指指紋，可說是相當不切實際。當我們在犯罪現場只發現一枚指紋，幾乎不可能在標準指紋檔案卡上找到相符的指紋。因此我們需要一種方法，用來將指紋檔案分類。倫敦警察廳在一九二七年，首先由偵緝總督察哈利．巴特利（Harry Battley）引入一種更周全的檔案系統。他設計了一種特殊的定焦放大鏡，在玻璃底面刻有七個同心圓，半徑從〇．一二吋（約三毫米）到〇．六吋（約十五毫米），並加上字母A到G的標記。在一般指紋中間，亦即指紋核心點（看起來是紋路的中心處），可以藉由這種放大鏡的圓圈，來對其指紋三角區域進行分類。

這種做法為每個指紋提供一個單獨的指紋特徵集合說明，因此被稱為「單指紋分類系統」（Single digit）。十根手指的指紋都被細分為九種指紋類型：弧形紋、帳形紋、反箕紋、正箕紋、斗形紋、雙箕紋、囊形紋（中心有一個小螺旋紋）、複合形和雜形紋（類似雙箕紋，但為一箕形紋圍著一個小囊形紋）。在這些細項分類中，每個指紋都會依據三角的型態分類歸檔。而這個單指紋分類系統，也成了所有指紋分析的基礎。

在整個二十世紀裡，警方儲存的指紋紀錄數量已經太多，以至於無論分類系統有多詳細，比對檢查指紋的工作都令人生畏。許多警察甚至可能會在家庭或汽車盜竊等較小案件裡，放棄提取指紋。即使面對重大案件，尋找指紋也被認為不太實用，比較像是警方的公關手法，目的是讓民眾相信警方正在徹底偵查案件。

此外，如果找到的指紋未曾存檔，指紋比對便將徒勞無功。在一些重大犯罪中，當警方確信罪犯可能就在特定族群區域內，選擇性的針對該地區內的人口，進行大規模指紋比對，已被證明是更有成效的做法。

▲ 英國國家指紋資料館收藏了將近 500 萬件指紋紀錄。這些紀錄現已數位化，不再需要像圖中這樣費力的手動比對。

當引進了國家和國際的電腦資料庫，搜索這些已經歸檔過的指紋，讓犯罪現場的指紋帶來破案線索，當然就變得更為容易。一旦記錄了指紋的分類細節後，包含了幾百萬條紀錄的指紋資料庫，便可立刻比對出相符的指紋。

犯罪檔案

彼得．格里菲斯（Peter Griffiths）

在尚未使用電腦分類比對指紋的年代，辨識指紋是一項非常艱鉅的任務。警方在確定殺害一名小女孩的凶手身分之前，必須檢查超過四萬六千份指紋。

一九四八年五月十四日午夜時分，在英國北部布拉克本鎮的女王公園醫院（Queen's Park Hospital）兒童病房裡，三歲的瓊．德瓦尼（June Devaney）在嬰兒床上睡著了。然而到了凌晨一點二十分，夜班護士赫然發現小女孩已經不在床上，床邊地板上放著一個溫徹斯特大玻璃瓶（Winchester bottle，瓶口小、瓶身大的圓柱體化學器皿）。

護士趕緊拉響醫院警鈴，大家也迅速搜查整個醫院及周圍，卻一無所獲。警方在凌晨一點五十五分接到報案電話，到了凌晨三點十七分，德瓦尼的屍體在醫院草皮邊界的牆邊附近被發現……她被粗暴的性侵，左臀部上有很深的咬傷，而且是被凶手摔在牆上致死。

蘭開夏郡警局指紋科的偵緝警司科林·坎貝爾（Colin Campbell）從溫徹斯特瓶上，提取了十個非醫院工作人員的指紋。在五月十八日的一次警察內部會議上，他說這些指紋包含左手拇指、左手的四根手指和手掌、右手的兩根手指和其他三個部分的指紋。**由於指紋寬闊，脊紋線細節清晰，沒有粗糙或疤痕的跡象，因此他認為這些指紋，很可能出於一個體格健壯的年輕人，而且他應該沒有做過粗重的工作。**

在全國範圍內比對所有指紋需花費很長的時間，最後仍可能無法比對出任何疑犯。警方了解指紋比對的困難之處，於是決定採集所有於五月十四日或十五日待在布拉克本轄內，且年齡在十六歲以上的男性指紋，總人數接近五萬人。布拉克本鎮長率先樹立榜樣，自願提供他的指紋，接著警察展開作業，每天採集五百套指紋。

七月十八日，經過兩個月的加班後，採集作業暫時停止。指紋檢查員威廉·巴頓（William Barton）等工作人員，陸續檢查目前已經蒐集到的四萬多組指紋紀錄，卻沒有找到相互匹配的指紋。於是他們在八月九日，挨家挨戶的登錄指紋，並在八月十一日，記錄到二十二歲的前衛隊士兵彼得·格里菲斯的指紋。

第二天下午，坎貝爾團隊一名成員在檢查最新一批指紋時，突然停下來，仔細再看了看，然後大喊：「我逮到他了！就是這個人！」格里菲斯的指紋編號是四萬六千兩百五十三號。後來格里菲斯也供認犯下罪行，並於同年十一月十九日被處以絞刑。

指紋也可能出現在意想不到的地方

指紋可以在我們最意想不到的情況下被發現。例如在一個英國的案例中，有一名女子被身分不明的歹徒攻擊；幸好她成功的擊退對方，並且立刻被送往醫院接受治療。醫生在檢查她的臉和嘴脣時，注意到她下排的兩顆牙齒之間卡著一塊皮。女子想起自己咬了歹徒的手指，於是警方仔細檢查這片手指皮膚碎片，發現一個斗形紋路。

幾個小時之後，警方逮捕了一名手指受傷的男子。他宣稱自己是在工作中受傷，而調查人員採證了他的指紋後，發現他左手中指的指紋，從頂端中心被撕開了一塊。指紋專家也證明從該名女子齒縫中取出的碎片，正好與男子指紋缺失的區域完全吻合。

在另一起案件中，一名男子戴著一副外科手套闖入英國曼徹斯特市的一家郵局，認為自己不會留下任何可以辨識出來的指紋。然而他在離開時忘記了，直接順手脫掉手套丟棄。鑑識人員只是簡單的把手套外翻，便從內部表面找到一套完整的指紋。

在美國一起案例中，有一具

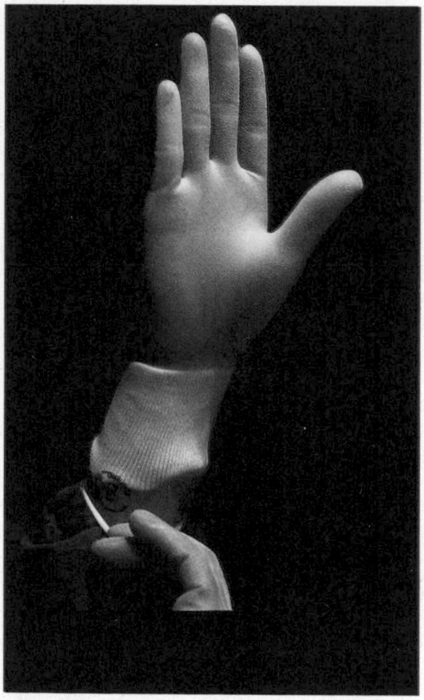

▲有許多犯罪分子會戴上外科乳膠手套，避免在犯罪現場留下指紋。然而，他們經常隨意把手套丟棄在犯罪現場附近。

被折磨、姦殺的婦女屍體，被發現漂浮在溪流中。隨後她身上的衣服被送到聯邦調查局實驗室進行檢查，一位專家注意到她的緊身衣上，有個奇特的圖案。當他仔細檢查時，發現那是個不知何故被燙上去的指紋。在檢視法醫紀錄所描述的謀殺細節時，他看到裡面記載了這名女子曾被一把燒熱的刀子折磨。凶手顯然曾把這件緊身衣包裹在刀上，保護自己的手；由於織物融化，讓凶手在這種融化的材料上，留下了自己的指紋。最後，聯邦調查局就靠著這個證據，成功將凶手定罪。

有些犯罪分子意識到指紋很容易辨識出自己的身分，因此他們願意付出痛苦的代價，毀掉自己的指紋。一九四一年，羅斯科．詹姆斯．皮茨（Roscoe James Pitts，又名羅伯特．菲利普斯〔Robert Philipps〕）透過手術切除指尖皮膚，然後將這些皮膚縫合到他的胸部皮膚上。癒合之後，他的指尖便沒了指紋的脊狀圖案。然而他的原始指紋卡，以及他再次被捕時拍攝的指紋，都包括了手指最末一節之紋路，警方就靠這一點來比對出他的身分。

一九九〇年，美國佛羅里達州邁阿密警方逮捕了一名毒犯，因為他的指尖也是傷痕累累。他把指尖上的皮膚切下來，並且切成小塊狀，然後縫到其他手指上，等於把自己的指紋變成一個拼圖遊戲。聯邦調查局指紋專家湯米．摩爾菲爾德（Tommy Moorefield）花了幾週的時間解決這個問題；他將指紋的照片放大，然後依傷口痕跡將照片切開成小碎片，再慢慢把線條圖案拼湊起來，製作出新指紋，並比對出與另一件毒品案通緝犯的指紋相符。

英國曼徹斯特警署指紋部門主管兼偵緝總督察托尼．弗萊徹（Tony Fletcher），曾經碰過一起令人反胃的竊案。一名小偷闖入一間豪宅，偷走許多貴重物品，使得現場一片狼藉，到處都有手套印痕。而且這名慣竊和往常一樣，在廚房地板上留下了自己的大便作為犯案的簽名，上面蓋著一張隨手置放的衛生紙。弗萊徹說：「我小心翼翼的取下這張衛生紙，帶回指紋部門，然後對這張衛生紙進行化學測試，結果薄薄的紙上，出現了完美的右手中指指紋。」

雖然屍體可以用指紋來辨識身分，但有時情況會比較棘手，例如遇到嚴重乾癟或起皺的皮膚時，就必須注射一種稱為「組織回復劑」（tissue restorer）的化學物質，讓皮膚可以恢復原狀。而當屍體長時間浸泡在水中，皮膚的外層表皮可能會被浸軟，讓指紋的線條圖案變得非常模糊。指紋甚至也可能會因為與沙子或礫石摩擦，導致部分被破壞。還有，手指表皮也可能被火燒毀。在這些情況下，**我們可以仔細的去除表皮，從第二層真皮獲得指紋**。

犯罪檔案

詹姆斯・史密斯（James Smith）的斷手

謀殺案的唯一證據是已經腐爛的一隻手掌和手臂，法醫專家小心翼翼的重組皮膚的薄片，成功取得足以識別失蹤受害者身分的指紋。

一九三五年四月二十五日下午，一群人在澳洲雪梨郊區的水族館，參觀漁民八天前捉到的虎鯊時，虎鯊突然在水槽裡瘋狂扭動，最後吐出了一條刺有紋身的人類手臂。

蘇格蘭法醫病理學家悉尼・史密斯爵士當時正好在雪梨，因此受邀前來檢查。他表示：「我發現這隻手臂在肩關節處被乾淨俐落的切斷，而且在骨頭前端從肩窩中脫離後，其餘的軟組織也被整齊砍掉了。」手臂血管和組織的狀態，進一步證明了截肢是在死後幾小時發生的，隨後手臂可能就這樣被扔進海裡。從結果來看，虎鯊只是吃下了這條碰巧遇到的零食而已。

法醫專家小心翼翼的**將手指上的皮膚切成薄片，然後重組，以便採集指紋，整個重組過程耗時數週才完成**。儘管這枚指紋並不明顯，但足以確定受害者的身分——詹姆斯．史密斯，他是一名登記在案的毒販。

由於史密斯的其餘屍體部分未被發現，澳洲最高法院法官遂裁定「肢體無法構成屍體」時（人可能還活著），警方確實無法就本案逮捕任何嫌疑人。

若是指紋圖案完整，但因皮膚太軟而無法提取的話，也能用類似方法將表皮取下，然後套在檢查人員的手指上以印出指紋。表皮也可以從裡到外翻轉過來，再利用留下的指紋細節，製作「反向」指紋。

在許多謀殺案中，凶手可能會煞費苦心的把接觸過的每一件物品或表面，完全擦拭乾淨。但在**真實情況下，凶手不太可能記住每一個細節，因此只要仔細檢查，往往可以找到一個未被擦拭掉的指紋**（例如下頁犯罪檔案裡唯一遺漏的瓶子）。

犯罪檔案

柏提．曼頓（Bertie Manton）

被殺害的女人到底是誰？線索雖然引導到可能是她家的地方，這裡卻找不到她的指紋，直到在地窖最遠的角落裡，發現最後一個瓶子上的指紋，才揭露了整個祕密。

一九四三年十一月十九日，兩名下水道工人在英國南部盧頓鎮的黎河中，發現一個半淹沒的捆綁物。

捆綁物裡頭是一具全身赤裸的女屍，頭部被鈍器重擊致死。驗屍顯示其年齡約在三十歲到三十五歲之間，而且懷有身孕。她的嘴裡上下均無牙齒，可能是戴假牙，不過警方並未找到假牙，也找不到其他可以辨識身分的線索，即使採集了她的指紋來比對，結果與檔案中的指紋皆不相符。

警方開始挨家挨戶進行地毯式調查，然而女子頭部的傷勢，讓她在驗屍時拍下的照片難以辨認。

在攝政街十四號，柏提．曼頓的兩個兒子向警方保證，這些照片裡的並不是他們母親，他們說自己的母親仍然活著。

經過幾個月的偵辦，警方都沒有找到線索，因此突發奇想到附近垃圾場裡，尋找被丟棄的女裝。

就在一九四四年二月二十一日，警方在一件女性黑色外套發現一塊襯墊，上面印著編號V12247的染色標籤。盧頓鎮的史蓋奇里染坊（Sketchley Dye Works）證實他們在一九四三年三月十五日接到訂單，把一件女性外套染成黑色，而外套的主人是住在攝政街十四號的艾琳．曼頓（Irene Manton）。

經調查，艾琳自一九四三年十一月十八日以後就沒出現過。她的丈夫柏提於是遭到質疑，他卻說警方提供的這張照片並非艾琳。艾琳是因為跟他吵架後離家，現在和她的兄弟住在倫敦。

倫敦警察廳首席指紋專家弗雷德里克．謝里爾警探，仔細搜查曼頓的家，看看能否找到與死者相符的指紋。最後在地窖裡，他發現有個架子上堆滿了空玻璃罐和瓶子，引起他的懷疑。因為**地窖牆壁上滿是灰塵，然而這些瓶罐上並沒有灰塵，看起來相當突兀，顯然有人刻意清洗過**。

他逐瓶仔細檢查、放下，直到最後，「在最偏遠角落的陰影中……我看到了最後一個瓶子……傾斜的瓶身上有一層灰塵。我小心拿起來檢查……發現了一枚與死者左手拇指相符的指紋。」

後來柏提．曼頓坦承犯罪，被判處了無期徒刑。

犯罪檔案

理察・拉米雷茲（Richard Ramirez）

此案利用當時最新的電腦指紋技術，辨識出外號「夜行者」（Night Stalker）的連續強姦殺人犯，而加州一名指紋專家稱此次偵破「近乎奇蹟」。

在一九八四年六月至一九八五年八月期間，美國加州洛杉磯郊區的居民，因一名外號「夜行者」的連環殺手而心生恐懼。他通常會在凌晨闖入民宅，用手槍射擊成年男性屋主的頭部，然後性侵他的女友或妻子。例如在一九八五年三月，他射殺了披薩店老闆文森・查查拉（Vincent Zazzara），並砍了他的妻子瑪克辛（Maxine）好幾刀，甚至挖出她的眼睛。在某些案件裡他還會綁架受害者。有時，他會讓受害者活下來。這些倖存者向警方描述凶手時說：「他很瘦，有一頭深色捲髮，眼睛瞪得大大的，滿嘴都是爛牙，而且他聞起來很臭。」不過仍無法找到犯人。

一九八五年八月五日晚上，夜行者攻擊了克里斯蒂安和維吉尼亞・彼得森（Christian and

▲「夜行者」理察・拉米雷茲的指紋被電腦「近乎奇蹟」般的幸運找到。

Virginia Peterson）夫婦，兩人雖然身受重傷，但都活了下來，得以仔細描述凶手的樣貌。第二天，一位肖像藝術家所繪製的凶手素描，立刻出現在報紙和電視上。

八月十七日，夜行者闖進威廉．卡恩斯（William Carns）在默塞德湖的家裡，朝他頭部開了三槍（卡恩斯大難不死，但腦部受到永久損傷），並兩度性侵了他的未婚妻。夜行者還對她說：「妳應該知道我是誰吧？我就是他們說的那個人。」最終夜行者饒了她一命，她因此目擊他開著一輛破舊的橘色豐田汽車離開現場。

一位警覺性極高的少年看到了這輛車，立刻通知警方。警方在一個停車場裡找到歹徒丟棄的被盜汽車，於是將車拖回檢查，雷射掃描顯示出可以使用的清晰指紋。

而就在事發幾天之前，沙加緬度（加州首府）警方的刑事電腦，已經更新了所有一九六〇年一月一日以後出生者的指紋檔案。在幾分鐘之內，便確定了這枚指紋為二十五歲的理察．拉米雷茲所有。他是一名來自德州艾爾帕索（El Paso）的流浪漢，曾有兩次因偷車被捕。而且很幸運的，他的出生日期是一九六〇年二月二十八日。

他的檔案照片和通緝描述立即被媒體傳開。與此同時，他正在前往艾爾帕索的路上，並打算回到他犯案的洛杉磯。他並不知道自己的照片已經出現在每家報紙的頭版，當他進入一家賣酒的商店時，很快就被當地人認出，並受追打而逃。最後他跑到一輛巡邏警車前，喘著氣說：「救我！他們想殺我！」一九八九年九月二十日，拉米雷茲最後一共被控犯下十三項謀殺罪和三十項其他重罪，並被求處死刑。

掌紋，和指紋一樣有獨特性

一九二七年，倫敦警察廳偵緝警司哈利・巴特利成功引入單指紋系統後，他和他的助手弗雷德里克・謝里爾（Frederick Cherrill）警探，也注意到了掌紋的獨特性。他們意識到手在其餘部分的紋路，跟指紋一樣具有獨特性，但一開始，掌紋都只是跟相關的指紋一起歸檔，無法獨立出來檢索辨識。幸好沒過多久，謝里爾就證明了掌紋的價值。

犯罪檔案

麥可・奎里佩爾（Michael Queripel）

倫敦發生過一件具有里程碑意義的案子，警方在此次大規模行動中，採集了將近九千個掌紋，最後才找到這名殘暴的凶手。

一九五五年四月二十九日晚上，阿爾弗雷德・柯瑞爾（Alfred Currell）向警方報案說他的妻子伊麗莎白（Elizabeth），在倫敦北部波特酒吧（Potter's Bar）邊的高爾夫球場遛狗，但她一直沒回家，反倒是狗獨自回來了。

第二天黎明時分，伊麗莎白的屍體找到了，就在第十七號發球區附近，被一個沉重的鐵製發球標記打死。從現場跡象看來，凶手似乎打算性侵伊麗莎白，但法醫病理學家法蘭西斯・坎普斯（Francis Camps）證實並未發生性侵。警方還在發球標記上的血跡中，發現一個不完整的掌紋。

倫敦警察廳當時大約記錄了六千個掌紋檔案，但警方比對不到相同掌紋，因此決定採取唯一的方法——大規模採集掌紋。

調查團隊在接近六月底時，開始挨家挨戶的採集所有在該地區生活或工作的男性指紋與掌紋。負責檢查掌紋的小組被限制一次只能比對一週，之後必須恢復正常工作一週，以免眼睛過度疲勞。警方很快就累積了許多掌紋紀錄；到了八月中旬，掌紋紀錄已經累積到將近九千份。**最後在八月十九日，編號四千六百零五的掌紋被比對出來**，屬於十八歲的麥可・奎里佩爾所有，幾週前才記錄下來。

奎里佩爾一開始堅稱自己只在高爾夫球場散步時，見過伊麗莎白的屍體。後來他終於認罪了，雖然被判有罪，卻因幾天之差逃過了死刑——他犯下這起謀殺案時年僅十七歲。

一九三一年，經常在倫敦西北郊區活動的竊賊——約翰・伊根（John Egan），於一次闖入中，在玻璃桌面上留下了掌印，和足以辨識身分的零碎指紋。當他被捕時，謝里爾取得他的掌紋比對，得到非常明確的證據，伊根隨後也認罪了。由於嫌犯認罪，因此在本案庭審中，謝里爾並未被傳喚出庭作證，所以經過多年，仍然未能在法律上確立掌紋為證據。

後來在一九四二年，一位名叫倫納德・穆爾斯（Leonard Moules）的老當鋪商人，在倫敦肖迪奇地區的住所內被闖入者攻擊。他們用轉輪手槍槍托把他打死，並用步槍打開了他的保險箱。謝里爾在保險櫃門內側發現了一個掌紋，可惜比對無果。不過當警方調查逮捕一名叫做喬治・西爾沃薩（George Silverosa）的嫌犯時，發現他的掌紋與櫃門留下的掌紋相符。

儘管他承認自己參與犯罪，卻將謀殺店鋪主人的犯行歸咎在同夥山姆・達許伍德（Sam Dashwood）身上。

在審判中，兩人都無法證明人是對方殺的，因此兩人都被判有罪並判處絞刑。這是英國法律承認掌紋作為證據的首例，隨後也陸續有其他案件，依靠掌紋定罪。

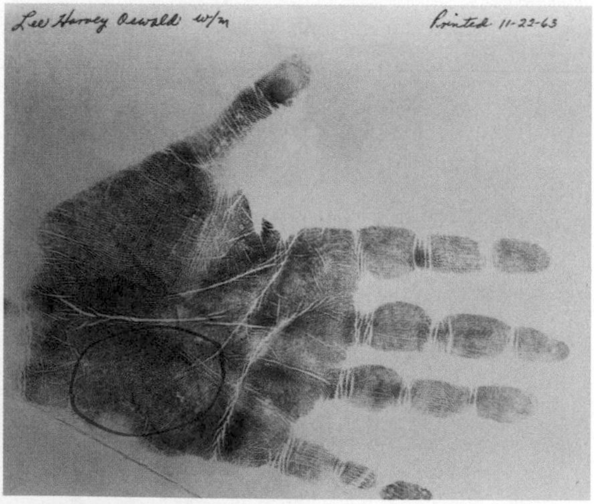

▲ 不光是指紋，現在連掌紋的紀錄也都會保存和分類。掌紋已經證明跟指紋一樣，都有其獨特性，而且都有獨特的識別模式。這張照片的掌紋主人是李・哈維・奧斯華，他在 1963 年刺殺了甘迺迪總統。

手套紋路，包括內部指紋和本身圖紋

犯罪分子經常會戴上手套，確保自己不會留下指紋，然而這種信心往往是錯的，因為我們在前面已經看到，鑑識人員如何從外科手套的內部取得指紋。還有一個案件是竊賊把一副全新的橡膠手套帶到犯罪現場，然後作案時撕掉了手套包裝上的紙質綁帶，在綁帶上留下了完美的指紋，這對勘察人員來說，等於是不費吹灰之力就能逮到人。

傑拉德・蘭伯恩（Gerald Lambourne）在倫敦警察廳的指紋分部工作多年，後來升任該分部負責人。他在服務生涯的後半段，致力於研究手套指紋。他曾在一九八四年寫道：

> 由於人們會不斷接觸到門把、把手、欄杆、商店門、公車或火車上的鐵桿等物體，而一般人在使用這些物體時，會在上頭堆積大量汗水，進而讓手套很容易沾滿油脂和各種汙垢。即使在戴上和脫下手套的過程中，也都會在手套表面留下一層汗水……就像把指紋轉印上去一樣。熟練的鑑識人員只要使用指紋粉末，就可以看到手套上的油脂沉澱物。雖然手套留下的油脂層，在性質上並不像一般指紋那樣堅實細密，但仍然可以被檢測到並記錄下來。

在某些情況下，「手套本身」的紋路在辨識上，也跟指紋一樣可靠。蘭伯恩了解某些特定類型的手套，是以幾十萬雙以上的數量生產，所以可能很難拿來證明手套紋路具有獨特性。他也了解法庭上可能會出現這種反對意見，尤其當證據是普通的家用橡膠手套時，這種手套的尖端多半會有標準的抓握圖紋。因此，他親自檢查並比較了幾百副家用橡膠手套，發現在製造這些手套的過程中：

> 乳膠在模具黏附時稍微不均勻的話，便會破壞原先規則的圖案。該圖案區域可能會出現氣

泡……或者，也可能是前一副手套中的一小片乳膠，汙染了下一副手套的完整圖案。這些不規則因素，都可以從手套紋路檢測出來。

到了一九七一年，蘭伯恩對於警方已經可以辨識手套紋路，感到非常滿意。一月二十九日，倫敦匹黎可地區一間房子的警鈴大作，警察趕到現場查看，並在屋後逮捕了一名正在翻牆的男子，他抗議說自己是清白的。警方檢查現場後，發現屋裡有一扇窗戶被打破了，而鑑識人員在玻璃碎片上發現了手套紋路。

蘭伯恩檢查了這個手套紋路，確定來自一隻左手手套，上面有絨面皮革，表面已經磨損。結果搜出犯人攜帶的手套，果然是由羊皮製成，飾有絨面皮革，而且左手手套上的表面損傷，與碎玻璃上取得的手套紋路完全相符。雖然該名男子已經俯首認罪了，不過法官同意蘭伯恩向法庭解釋這項證據；於是手套紋路證據被採用，成為英國法律史上另一個先例。在後來的幾個案件中，蘭伯恩也成功提供了關於皮革、PVC塑膠、橡膠和斜紋棉布手套的各項證據，他的發現也被世界各地警調人員採用。

足印，可翻模或靠靜電提取

赤腳踩的足印，或者說「腳印」，在犯罪現場並不常見，不過警方也遇過竊賊脫下鞋子和襪子，把襪子套在手上以避免留下指紋的案例。但他們忽略了腳上的潛在紋路，同樣可以用來識別身分。有些警察單位還會保留「耳印」的紀錄，因為常有竊賊在闖進房屋之前，先把耳朵貼在窗戶上聆聽動靜，從而留下耳印。

除了赤腳留下的足印，可以清楚提供個人的身分辨識之外，鞋子或靴子留下的印痕，也就是一般所稱的「鞋印」，也跟足印一樣重要。在犯罪現場發現的腳印或鞋印，可能是在泥土、沙子或其他材料上壓出凹痕。遇到這種情況時，我們可以使用聚乙烯矽氧烷（PVS）鑄模材料或牙醫材料，來將鞋印製模。

還有很多種不同方法，可以用來提取其他類型的鞋印，例如踩在灰塵上的痕跡等。**面對灰塵這類乾燥、鬆散的殘留物時，較常用的採集工具為「靜電足跡採取器」**。要搭配一張具有黑色面（聚酯）和鋁塗層面的特殊膠膜，把黑色面放在要翻印的鞋印上，接著將大量靜電荷施加到鋁塗層面，乾燥的灰塵或殘留的鞋印便會轉印到足跡膠膜上。然後使用高強度光源，擺成一定的角度（維持低角度）後，在暗室中檢查。鞋印採證黏取膠片以及指紋粉末，則可用在不夠乾燥或不適合靜電轉印採取的情況。提取後的鞋印都會以數

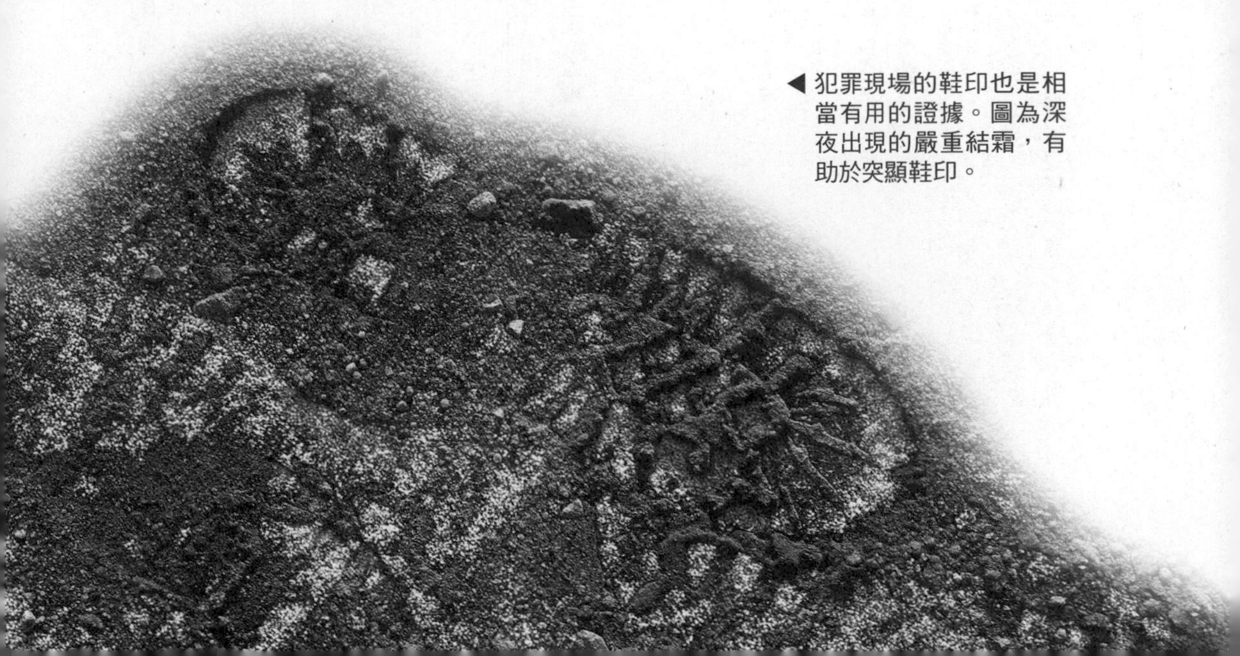

◀犯罪現場的鞋印也是相當有用的證據。圖為深夜出現的嚴重結霜，有助於突顯鞋印。

位方式拍攝和記錄起來，如此便可使用各種資料庫來判斷鞋子的品牌或製造商。

例如在一九四五年，美國紐約州發生一連串入室盜竊案件。雖然小偷在前兩次作案留下指紋，但警方檔案裡並無相符指紋。一年後，警察在一間遭竊房屋的花園裡，發現了一個很特殊的「防水套鞋」印痕，便採集了該鞋印。結果在一九四七年八月的案件中，有人發現了運動鞋鞋印，幾天後又發現了另一個相同的鞋印，甚至還找到了跟一九四五年所攝指紋完全相符的指紋。

一九四七年十一月，案情終於有所突破。在塞內卡福爾斯鎮的一間加油站發生搶案後，警方得知一輛停在附近的汽車車牌號碼。他們循線追查到車輛的主人，車主坦承參與搶劫，並招出共犯就是住在附近的叔叔。結果警方在他叔叔家中，發現了鞋印相同的套鞋和運動鞋，他的指紋也與一九四五年採到的指紋相符。最後，這兩人承認犯下當地五十多起盜竊案。

犯罪檔案

開羅的郵差

經驗豐富的當地追蹤者，可以從沙子上的幾個鞋印看出很多線索。在一九二〇年代的埃及，靠著貝都因人（Bedouim，以氏族部落為基本、在沙漠曠野過遊牧生活的阿拉伯人）的追蹤技能，找到了謀殺當地郵差的凶手。

一九二〇年代，當蘇格蘭法醫病理學家悉尼．史密斯爵士，擔任埃及政府的法醫顧問期間，開羅郊區的沙漠中，發現了一名頭部中彈的當地郵差屍體。儘管周圍沙地上並沒有任何可供辨認的痕跡，但市警察局長還是決定尋求「貝都因追蹤者」（Bedouin tracker），史密斯的協助。據說「他們可以毫不費力的發現，他們認識的人所走出來的不同足跡」，史密斯寫道：「還可以看出一個人是在奔跑或行走，身上是否背著東西。」

貝都因追蹤者在大約離屍體四十碼（約三十六．六公尺）外，發現穿著涼鞋的男子腳印。他們說，這名男子曾經跪在那裡。他們還在附近發現了一個點三三步槍的空彈匣。追蹤者表示，凶手在殺死受害者並走近屍體後，脫下涼鞋，赤腳跑向某一條路。他們沿著足跡走到一輛汽車和四對靴子的痕跡處，然後抵達一處有六名成員待過的駱駝商隊營地。

他們還看出這六名男子以及其他一些人，在第二天赤腳穿過一塊特別打磨過的沙地。這種情況重複了好幾次，每次貝都因追蹤者都發現了同一個人的足跡。警方雖然有證據，但並不足以逮捕犯人。幸運的是，史密斯能夠證明殺死郵差的子彈，是由這個人的槍所發射。後來警方調查發現，原來郵差與士兵的姐姐有染，士兵為了家族名譽而槍殺了郵差。

除了在犯罪現場周圍留下印痕深刻的足跡之外，闖入者也可能會踢門，從而留下清晰的塵土鞋印，若穿著膠底鞋會更加清楚。有時歹徒也可能把腳當成支點，並以身體作為槓桿來移動保險箱之類的重物。這些足跡都會被提取起來，然後拍照作為證據。

美國俄亥俄州發生過一件奇特的案例：一輛汽車衝離馬路，撞上一座橋的牆面，並撞死了一名婦女；隨後公路巡警在汽車後座發現一名昏迷不醒的男子，而且男子醒來之後，拒不承認是他開的車。於是調查人員拿走該名男子的鞋子，並且拆下剎車和油門踏板，送交實驗室檢驗。只見男子的右鞋左側有十八道條紋，與剎車踏板上的十八道條紋完全吻合；鞋面皮革上也有一個穿孔，位置和大小正好與從踏板底部伸出的電線位置相符。後來這名男子被判駕車過失殺人。

雪地裡的鞋印或胎痕，很少會是清晰乾淨的模樣，所以在拍照之前，鑑識人員會使用髮膠噴劑之類的固化工具，來提升細節的對比度。接著，在使用鑄模材料（包括與硫酸鉀或硫磺混合的牙科用石膏）之前，可以先於鑄模塗上一層叫做雪蠟（Snow Print Wax）或類似材質的底漆，等整個鑄模徹底硬化四十八小時後，小心取出，再交由專家修模、清潔和檢查。

▲ 如果印痕在雪地上，無論鞋印還是胎痕，鑑識人員會在拍攝這些印痕之前，先用髮膠噴劑來固化印痕，增強對比並加強細節的部分。接著他們會立刻製模，因為噴劑改變了雪的溫度，很可能會加速雪的融化。

胎痕，每家輪胎公司有自己開發的圖案

無論停放在路邊或移動經過的汽車輪胎，都會留下與鞋靴一樣重要的印痕。一般可以在犯罪現場找到幾種不同類型的胎痕，包括在現場泥土、黏土、爛泥、沙子、雪或其他材料上形成的；也可能是從一灘血、油漬、溢出的油漆，或是一片泥漿所轉印出來；甚至在肇事逃逸或一般交通事故中，也可能在受害者身上留下胎痕樣式的瘀傷。

移動中的兩輪或四輪車輛所留下的輪胎痕跡，只有在車輛偏離道路或轉彎時才有用。因為**當車輛直線行駛時，後輪胎痕會疊加在前輪胎痕上，造成軌跡混亂難辨**，這樣的雜亂胎痕很難被法庭採納為證據。

如果是藉由血液、油漆、乾泥土顯現，或在人體上留下的胎痕，可以拍攝下來，以便將這個可疑的胎痕，與嫌犯汽車輪胎所提取的胎痕紀錄相比對。在**泥印殘留胎痕的情況下，如果泥漿的黏稠度剛好合適，甚至可以測量出胎紋深度（藉以了解磨損程度）**。不過這種測量只能在犯罪現場進行，而且也很難保存樣本作為法庭證據。

當輪胎的凹槽以胎痕的形式留下，不僅可以準確描繪出胎面圖樣，還可以準確看出胎面的狀況。由於這些凹槽是立體的，因此可以用來鑄模。如果被翻模的凹槽構造較脆弱，一樣可以在使用鑄模材料（通常會用前面提過的、適合土壤或沙子胎痕使用的牙科用石膏）之前，先使用固定劑。若是在比較稠密的土壤中澆鑄，可以在澆鑄材料之前先使用脫模劑（方便脫模），這種做法同樣適用於鞋印或腳印翻模。

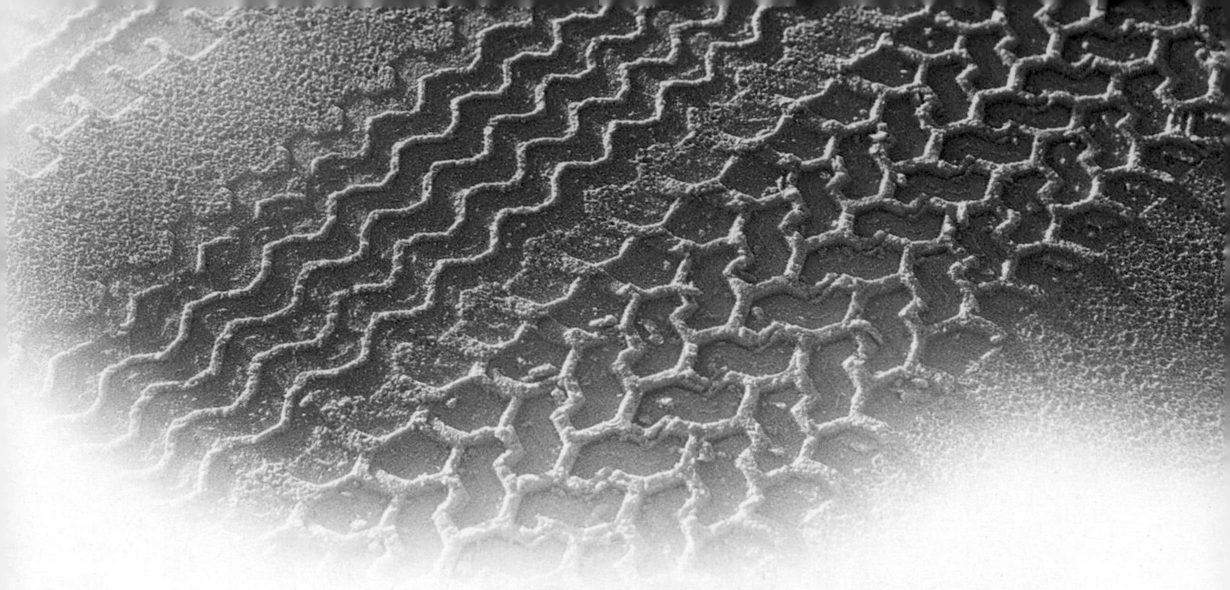

▲許多國家級和國際級的資料庫，都有輪胎製造商的不同胎面花紋及輪胎尺寸之規範數據。輪胎胎痕也可看出磨損情形、車輛載重，甚至是車輪懸吊和定位等詳細訊息。

現代的汽車輪胎構造相當複雜，在比對時，主要辨識的是「胎紋圖案」。**每家輪胎製造商都有自己開發的獨特胎紋圖案**，他們通常會宣稱自己的胎紋，具有各處都適用的抓地力和防水性能。而且每家輪胎公司都會針對不同的汽車、卡車、摩托車和自行車，設計胎紋圖案，只要比對各家的輪胎胎紋資料庫，便可快速識別出輪胎品牌和類型。

此外，**不同廠牌類型的汽車，輪胎的寬度也不同**。在產生壓痕的情況下，可以根據凸起部分和凹槽之間的對比關係，來判斷輪胎的磨損程度。車輛的裝載量多寡，也可以根據胎印的寬度來確定。汽車的懸吊系統若是不平衡，便會導致從輪胎一側到另一側，產生特定的磨損變化；如果是前輪未正確定位對齊而導致「吃胎」（輪胎左右兩邊磨損程度不同），看起來也會很明顯。最後，鑑識人員還會特別尋找能和可疑輪胎比較的「特殊胎損」。

第九章

血型推測目標，血跡還原現場

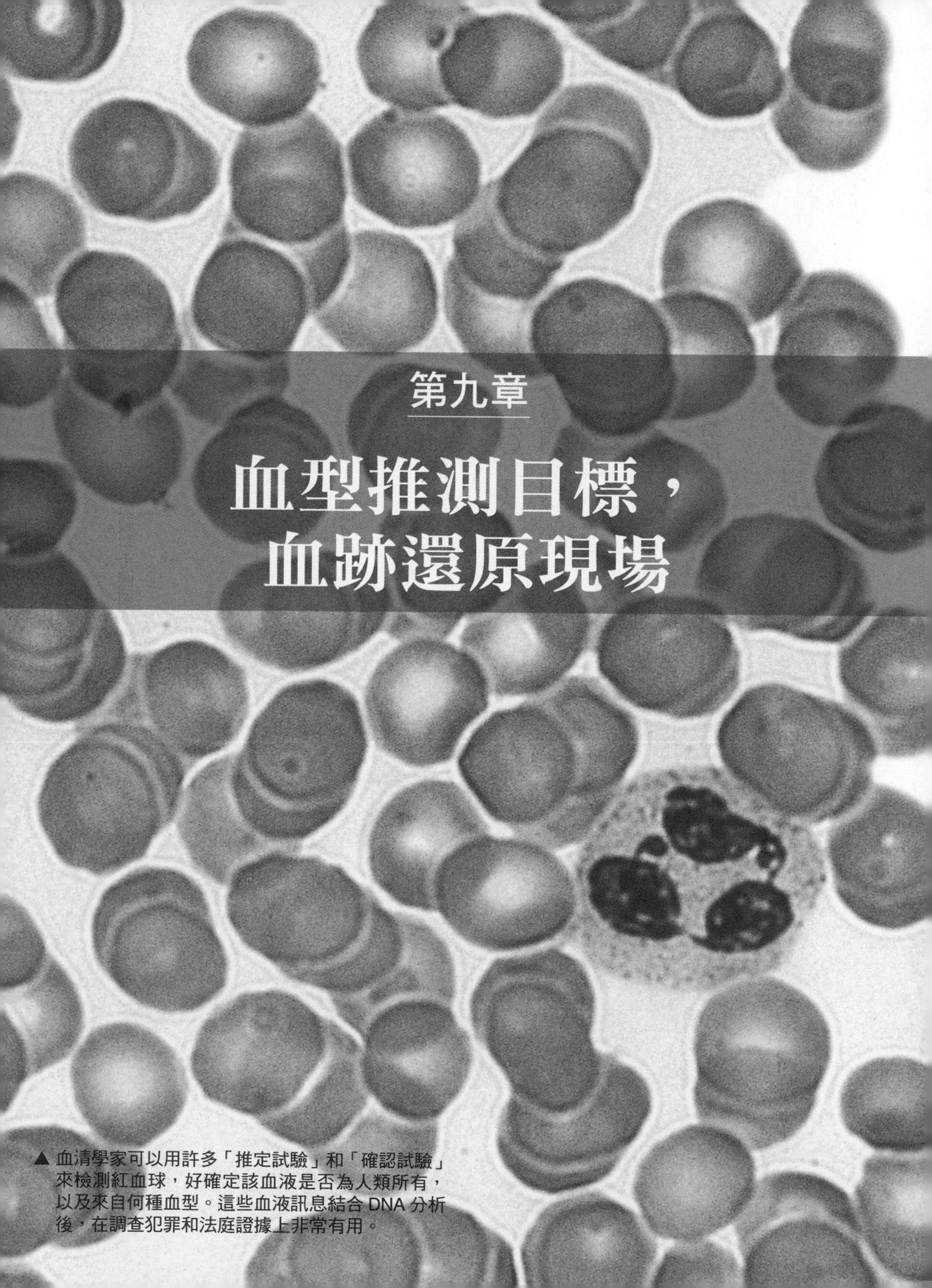

▲ 血清學家可以用許多「推定試驗」和「確認試驗」來檢測紅血球，好確定該血液是否為人類所有，以及來自何種血型。這些血液訊息結合 DNA 分析後，在調查犯罪和法庭證據上非常有用。

人體平均含有六公升[15]的血液。人類在早期年代，就已經意識到血液與生命之間的聯繫，但是**直到一六一六年，威廉．哈維（William Harvey）才終於確立了，心臟跳動與體內血液循環的關聯**。不久之後，醫生開始好奇，是否有可能透過添加血液，來補充虛弱或垂死者的血液供應。然而除了極少數非常幸運的案例外，輸血實驗幾乎注定失敗。一直到了十九世紀末，奧地利生理學家卡爾．蘭德施泰納（Karl Landsteiner）才發現為何如此。

紅血球攜帶了稱為「抗原」（antigen）的物質，該物質有助於產生抗體來對抗感染和疾病。蘭德施泰納發現人類血液可分為四個主要類型，這些類型取決於兩種特定抗原的存在與否。他將這些類型（血型）命名如下：

- A型：有A抗原，無B抗原。
- B型：有B抗原，無A抗原。
- O型：A抗原和B抗原均無。
- AB型：A抗原和B抗原均有。

所有人類（以及靈長類動物）的血液，大多屬於這四種血型之一，而依照血液之抗原系統，也還有其他的血型分類。每個特定群體的血型均取決於父母的基因遺傳，其中血型比例可能因不同群體而有所差異。就英國而言，

▲一直到 1616 年，英國醫生威廉．哈維才確定血液在體內循環的作用。

ABO血型比例大致為：A型三八％、B型一○％、O型四八％、AB型四％；在美國則是：A型四○％、B型一一％、O型四五％、AB型四％。

原則上，只有當兩人血型相同的情況下，才能把一個人的血液輸給另一個人。兩種不同血型的血液混合，會導致紅血球聚集在一起（凝集反應，agglutination），只要在顯微鏡下就可以觀察到。這是因為每個血型都與相關的抗體有關，抗體不相容便會導致凝集現象[16]。

血型鑑定，初步確定嫌疑人

血型鑑定在鑑識史上顯然具有重要的實質意義，不過目前已被鑑定速度越來越快的DNA鑑定所取代。儘管如此，在某些案件裡，有的犯罪實驗室仍會進行血型鑑定。例如只要簡單的ABO血型測試，便足以排除謀殺或攻擊案件中的大部分嫌疑人；或者如果在一名血型為O型的嫌疑人衣服上，發現了與受害者相同的A型血，那麼在繼續進行DNA鑑定之前，我們可以強烈懷疑（只是偵辦方向上的懷疑而已），這些血來自受害者。後續再配合其他系統的鑑定，嫌疑便可能大大提高。

15 編按：根據台灣血液基金會的介紹，人體血液約占體重十三分之一，比方說一個體重六十五公斤的人，身上就有大約五公升的血液。

16 譯註：例如A型血為有A抗原、B抗體，B型血則有B抗原、A抗體，當A型血的A抗原遇到B型血的A抗體，或B型血的B抗原遇到A型血的B抗體，便會發生抗原抗體「凝集」，引發「溶血反應」，造成紅血球不正常分解死亡。

事實檔案

蘭德施泰納採集了一定數量的血液後，透過離心機將血液細胞從液體（血清）中分離出來，然後添加了採自不同人的紅血球。他發現這種做法會產生兩種截然不同的結果：血清要不是接受這些細胞，就是排斥，導致血液細胞凝集。而後蘭德施泰納的實驗方法，發展成一種廣泛使用的實驗室分析技術，稱為血清學（serology）。

經過更進一步的研究，血清學家已經確定了許多其他種類的血型。蘭德施泰納也開始將人類血液注入其他動物體內。一九二七年，他透過這種方式，發現了**另外兩種類型的抗原；他把一種分類為M、MN和N，另一種則是P血型**。在美國研究恆河猴後，蘭德施泰納和亞歷山大·所羅門·維納（Alexander Solomon Wiener）在**一九四〇年發現了恆河猴因子（Rh血型系統）**。其他研究人員也發現了十幾個額外的血型系統。最近的血型研究更集中在與主要血型相關的不同酶和蛋白質上，這些酶和蛋白質會在人體裡執行特定的生理活動。

▲奧地利生理學家卡爾·蘭德施泰納最先發現人體血液可分為四種基本類型，並建立了現代血清學。後來在美國工作時，他還發現了包括恆河猴因子在內的其他類血型。

舉例來說：如果百萬人口的群體中有四七％的人為O型，且三六％的O型人口具有「血紅素結合蛋白－2」（haptoglobin-2，一種人類血漿蛋白），這些人當中又有五％出現「PGM－2」（葡萄糖磷酸變異酶），那麼一個人同時具有這三種血型特徵的機率便是〇．四七×〇．三六×〇．〇五＝〇．〇〇八四六。也就是說，百萬人口裡的相同機率為千分之八（八千多人符合條件）。

過去的血清學家會使用「凝膠電泳」（Gel electrophoresis，一種用於大分子如DNA、RNA、蛋白質及其碎片的分離、分析技術），來檢測血液樣本中是否存在特定的酶與蛋白質。其做法是將沾有血液之棉纖維壓入塗在玻璃板上的薄層凝膠中，接著在玻璃板上施加弱直流電，各種成分便會在凝膠上移動，移動距離取決於它們的分子大小。在設定好的時間經過後，各種分子便會移動分離。我們可以使用特定試劑，將分子染色使其可見，最後的結果會呈現為凝膠上的「條帶狀」圖案。不過這種方法，現已被毛細管電泳和免疫測試系統取代，後者這種測試系統是利用含有抗體的抗血清（antisera），讓這些抗體識別並結合紅血球表面的特定標記或官能基。

到了一九二五年，關於血型有另一項重要發現。科學家發現約有八〇％的人類屬於「**分泌型**」（secretor），也就是說，**在他們的唾液、精液、尿液、汗液和其他組織液中，都含有與血液相同的抗原物質**。因此，即使在犯罪現場沒發現血跡，但若有其他體液證據，也能協助辨識犯罪者的血型。

一九四九年，兩位英國科學家發現可以區分男性和女性的身體細胞，尤其是白血球和口腔內壁細胞。在女性細胞的細胞核中，有一種稱為「巴爾小體」（Barr body，又稱巴爾氏體，以發現者之一穆雷．巴爾〔Murray Barr〕的名字命名）的染色體結構可以染成深色（異染色質），而雄性細胞中不存在巴爾小體。

當鑑識人員在犯罪現場發現疑似血液的汙漬，或是跟嫌疑人有關的證物上有汙跡時，必須先判斷這些汙漬是不是血液。鑑識人員有許多基礎測試可以用來判定，例如「還原態酚酞試劑檢測法」（Kastle-Meyer test，簡稱KM試劑檢測法），該檢測利用了血紅素中含有過氧化酶的特性。實務上操作法是先用溼濾紙沾取可疑的汙漬，然後依序滴加酚酞指示劑和三%的過氧化氫，如果立即出現粉紅色，表示該汙漬含有血跡（推定為有血液）。另一種測試使用了化學試劑聯苯胺，如果是血液便會呈現藍色；但由於聯苯胺具有致癌性，目前這種測試已經停用。而KM試劑是目前最常用之檢測試劑。

不過還有另一種常見的推定測試，也就是我們經常在電視影集裡所見，使用魯米諾（luminol，發光胺）來進行檢測。魯米諾是一種晶體化合物，可與過氧化氫製成混合液，直接噴灑在可疑汙漬上。**如果血跡已經存在了一段時間，魯米諾混合液會發出強烈的藍色光線**。這種做法在測試大面積的不可見汙漬非常有用，而且光線會持續幾分鐘，讓鑑識人員可以拍下來。在第八章提過的特殊照明設備「多波域光源組」，也可用來執行血液推定測試，因為當某些波長照射在血跡上，血跡就會變暗。

確定是血液後，接下來要判斷是人或其他動物的血跡。一九〇一年，德國生物學家保羅．烏倫胡特（Paul Uhlenhuth）提出一個試驗來解答這個問題。他發現，如果把雞的血液注射到兔子的血液內，再讓兔子的血清與蛋白混合的話，卵蛋白質便會從混合物中分離出來，形成一種混濁的沉澱物，稱為沉降素（precipitin），然後留下上層的血清。這是因為兔子的血液產生了針對雞蛋蛋白的抗體，並產生了類似紅血球凝集的反應。由此可見，如果有人想生產一系列針對任意動物血液樣本的血清抗體，並不會太困難。

讓我們回到人血的判斷。在完成血液推定試驗以確定是否為血漬後，接著必須進行人血的確認試驗。試驗方法有幾種，例如「高山氏結晶試驗」，這是由高山正雄（Masao Takayama）所開發的特定溶液，可以用來檢測少量血液或小塊汙漬，並在顯微鏡下進行分析，看看是否有橘紅色的菱形晶體（化學物質和血紅素作用所形成）。

還有一種檢測方法稱為「免疫層析擴散法」（immunochromatographic diffusion test），**使用濾膜片將兩種特定抗體接觸血液樣本，檢測標的物是人類血醣蛋白A**（Glycophorin A）。測試結束時，濾膜片上的標記會顯示是否檢測到人血，或者檢測失敗。

另一種方法是HemaTrace（血跡）

▲ 血清學家在分析血液樣本時，會進行兩種主要測試：「推定試驗」，檢測樣本是否為血液；「確認試驗」，確認是否為人血（或是其他動物的血）。目前有許多方法可以執行這兩種測試。

試劑（審定註：方法學與上段一樣，廠牌不同而已），可以判別血漬中是否含有血紅素。方法是先把血液樣本加在含有抗人類紅素抗體的試劑底部檢體層，如果其中含有人體血紅素，則會形成抗體－抗原複合物，通過濾膜片移動到檢測口，檢測口便會顯示陽性。

犯罪檔案

路德維希・泰斯諾（Ludwig Tessnow）

一名流浪木匠遭懷疑在德國北部謀殺了兩名年輕男孩。他說自己衣服上的汙漬是染料，但經過新開發的分析技術顯示，這些汙漬確實是人血。

一九〇〇年七月一日，兩個年輕的兄弟從綠根島（位於德國波羅的海沿岸）的家中失蹤。第二天早上，有人發現他們慘遭開膛破肚並肢解的遺體，散落在當地一片林地中。隨後警方訊問一個名叫路德維希・泰斯諾的流浪木匠，**只見其靴子和衣服上都沾有深色汙漬，而他宣稱這是木材的染料**。不過當地的預審法官還記得三年前，在幾百英里外的奧斯納布魯克城，也發生過類似案件。那起案件的受害者是兩名年輕女孩，被相同的手段殘忍殺害；當時接受偵訊的男子，同樣宣稱衣服上的汙漬是木材染料，而那個人也叫做路德維希・泰斯諾。

地方法官發現在兩兄弟遇害前三週，有位農民看到一個人從他的牧草地上跑走。當他往前勘察，赫然發現自己有七隻羊被大卸數塊。而他看到泰斯諾的時候，指認對方就是殺羊凶手。面對指控，泰斯諾依然堅稱自己是清白的，幸好當時生物學家保羅・烏倫胡特研究血液的消息已經公開了。

烏倫胡特受邀分析泰斯諾衣服上的汙漬，並在一九〇一年八月作成報告。結果顯示，上面的許多汙漬是人血，還有一些汙漬是羊血。

最後泰斯諾（媒體稱「瘋狂的木匠」〔Mad Carpenter〕）被判有罪，並於一九〇四年遭處決。

血跡型態，看出滴落高度和行進方向

發生暴力殺人事件的現場，經常會有大量血跡。血跡不僅分布在受害者和任何丟棄的凶器上，也會飛濺到周圍環境，有時甚至會飛濺到天花板上。蘇格蘭法醫病理學家約翰・格萊斯特（John Glaister）教授在一九三〇年代，**將血液的飛濺分為六種類型：滴落（drops）、飛濺（splashes）、噴濺（spurts）、淌血（pools）、擦抹（smears）和拖曳（trails）**，以下一一說明。

血滴如果落在水平表面上，基本上會呈現圓形。這種形狀還要取決於血滴墜落的高度，若高度越高，衝擊力越大，邊緣便會呈濺散狀、類似星形。

血液飛濺的情況發生在血液經過空氣後，以一定的角度撞擊在任何表面上。當受害者被揮動中的武器攻擊時，最可能發生這種情況。血跡的形狀會像驚嘆號一樣，**拉長的方向便代表血液行進的方向**。

噴濺是由於受害者還活著時，心臟運輸血液所造成。當受害者的主動脈或主靜脈被切斷，壓力會將血液壓送到相當遠的距離，甚至可以噴濺到房間牆壁和天花板上，而且經常弄髒了攻擊者的衣服。

當受害者淌血不止，在他的身體周圍會形成「血池」，可以顯示出受害者自己從一個位置爬到另一個位置，或是被人拖到該處。

當凶手試圖移動受害者，垂死的受害者可能會在周圍留下擦抹的痕跡，染到被害人鮮血的攻擊者也可能留下這種痕跡。

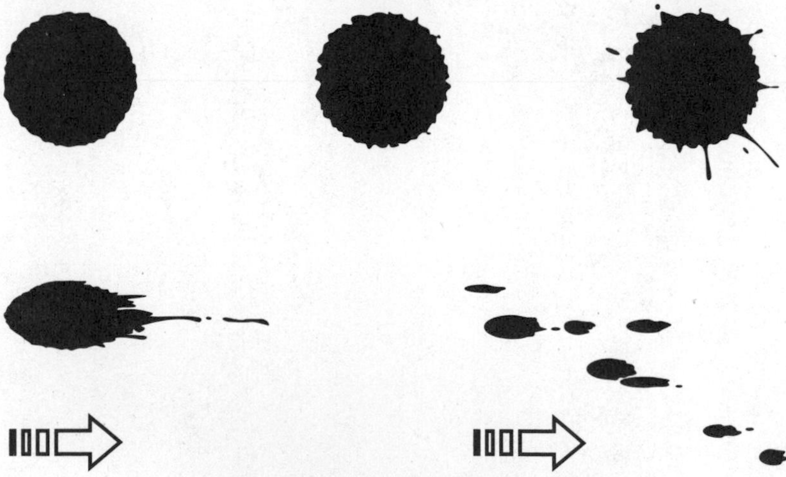

▲ 血跡型態可以用來判斷血滴墜落的情況。血滴垂直落到水平表面上時，形狀會受落下高度影響，如上排圖中的形狀，由左至右分別是自 1 呎、3 呎和 6 呎（約 0.3 公尺、0.9 公尺和 1.8 公尺）滴落。至於飛濺的血滴會在空中飛行，然後以一定的角度撞擊物體表面，如下排圖所示，若出現標誌性的驚嘆號形狀，即可看出行進方向。

透過拖曳狀血跡，可以看出一具血腥的屍體，從一個位置轉移到另一個位置。如果是被拖動的屍體，軌跡就會有擦抹的現象；如果屍體是被背負著移動，沿途便會有血滴落。

在調查謀殺案和攻擊事件時，仔細觀察犯罪現場的血跡，往往可以得到豐碩的成果。

▲除了採集血液樣本外，鑑識專家還會評估、記錄和分析犯罪現場的血跡類型和範圍大小。這些資料可以透露案件現場與周圍的許多相關訊息，對犯罪調查非常有幫助。

▲病理學家約翰．格萊斯特教授將血液飛濺分為6種不同類型：滴落、飛濺、噴濺、淌血、擦抹和拖曳。這些類型可能出現在地面、凶器，當然還有屍體上。

犯罪檔案

葛拉漢・貝克浩斯（Graham Backhouse）

雖然他認為自己已經成功轉移大家的注意力，擺脫殺死鄰居與謀殺妻子未遂的嫌疑，然而犯罪現場的血跡，道出了一個截然不同的故事。

葛拉漢・貝克浩斯繼承了父親在英國科茲窩地區霍頓村的農場後，放棄原來的理髮師職業。但他並不是個獲利豐厚的農民，並且逐漸賠錢。雖然他有一位結縭十年的妻子和兩個年幼的孩子，然而他的舉止行為就像個好色之徒，因此在這個風景如畫的小村莊裡，激怒了許多當地居民。

一九八四年春天，貝克浩斯聯絡警方，宣稱自己的生命受到威脅。不久之後，他僱請的飼養員發現畜欄上掛了一個羊頭，上面寫著「下一個就是你」。四月九日上午，貝克浩斯讓妻子開自己的車出門，結果她一發動汽車，車子就突然起火。她雖然大難不死，但嚴重燒傷。防爆

▲ 葛拉漢・貝克浩斯和他的兩個孩子一起散步。

處理專家發現她是被管狀炸彈炸傷。因此，貝克浩斯說他有生命危險似乎有其根據，警方便派了一位全職警衛守在農場。

接受警方詢問時，貝克浩斯承認自己勾引過許多人的妻子，這些人當然恨不得他死。他還提到鄰居科林．貝岱爾－泰勒（Colyn Bedale-Taylor）跟他爭執過道路通行權的事。

貝克浩斯在爆炸案九天之後，告訴警衛可以離開了，因為他已經在農場安裝了警報器，且與遠處的警察局連線。四月三十日晚上，這條警報線突然響起。當警方趕到時，發現**貝克浩斯渾身是血，臉部和胸部有極深的刀傷**。他的身邊放著一把獵槍，樓梯下則躺著貝岱爾－泰勒的屍體，死因是被子彈近距離射中胸部，屍體手裡還拿著一把美工刀。**貝克浩斯告訴警方，貝岱爾－泰勒在廚房用美工刀攻擊他，出於自衛，他只能拿獵槍射殺對方**。

當切普斯托鎮鑑識實驗室的傑弗瑞．羅賓森（Geoffrey Robinson）檢查現場血跡時，發現第一個跡象就能證明故事並不像現場所見那樣。因為血滴是圓形的，這表示貝克浩斯在流血時，應該是站著沒動或移動很緩慢。要是真的如他所說那樣激烈

▲警方在貝克浩斯夫人駕駛的汽車爆炸後，檢查汽車殘骸。

搏鬥，鮮血應該會被甩出去，落下的形狀會是特別的驚嘆號狀。

此外，血跡的圓點還掉在幾把廚房椅子上，其中一把椅子上面有貝克浩斯擦過的血跡，然而他的槍枝上並沒有血跡。最後，雖然貝岱爾—泰勒的屍體躺在通往廚房的通道盡頭，但沿路上並沒有拖移走動的血跡。因此，羅賓森認為貝克浩斯的傷口，應該是他站在廚房，自己加工造成的傷口。

貝克浩斯在一九八四年五月十三日被警方逮捕，罪名是謀殺貝岱爾—泰勒和企圖謀殺妻子。法醫病理學家威廉・肯納德（William Kennard）表示：「從證據來看，他的傷口可能是遭受別人攻擊所致，但若真是如此，當這名攻擊者用刀從肩膀砍向臀部時，貝克浩斯必須完全站著不動，才可能留下這種血跡。」

後來法院得知了他的犯罪動機——貝克浩斯累積的銀行債務超過七萬英鎊，於是在一九八四年三月，他把妻子的壽險理賠提高到十萬英鎊。最後他被判有罪，並被處以兩項無期徒刑。

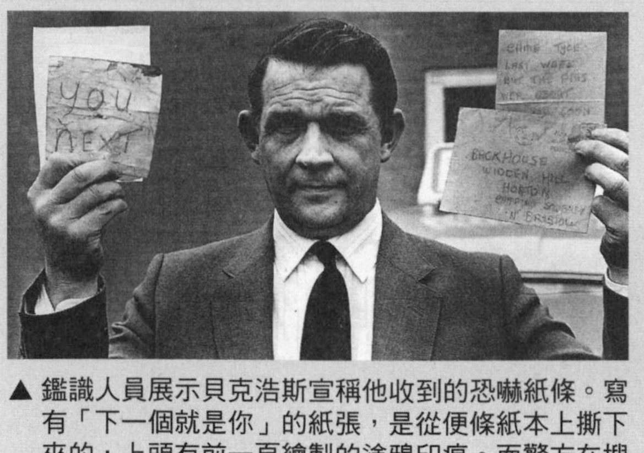

▲鑑識人員展示貝克浩斯宣稱他收到的恐嚇紙條。寫有「下一個就是你」的紙張，是從便條紙本上撕下來的，上頭有前一頁繪製的塗鴉印痕。而警方在搜查貝克浩斯的辦公室時，發現了這本便條紙和上面的塗鴉。

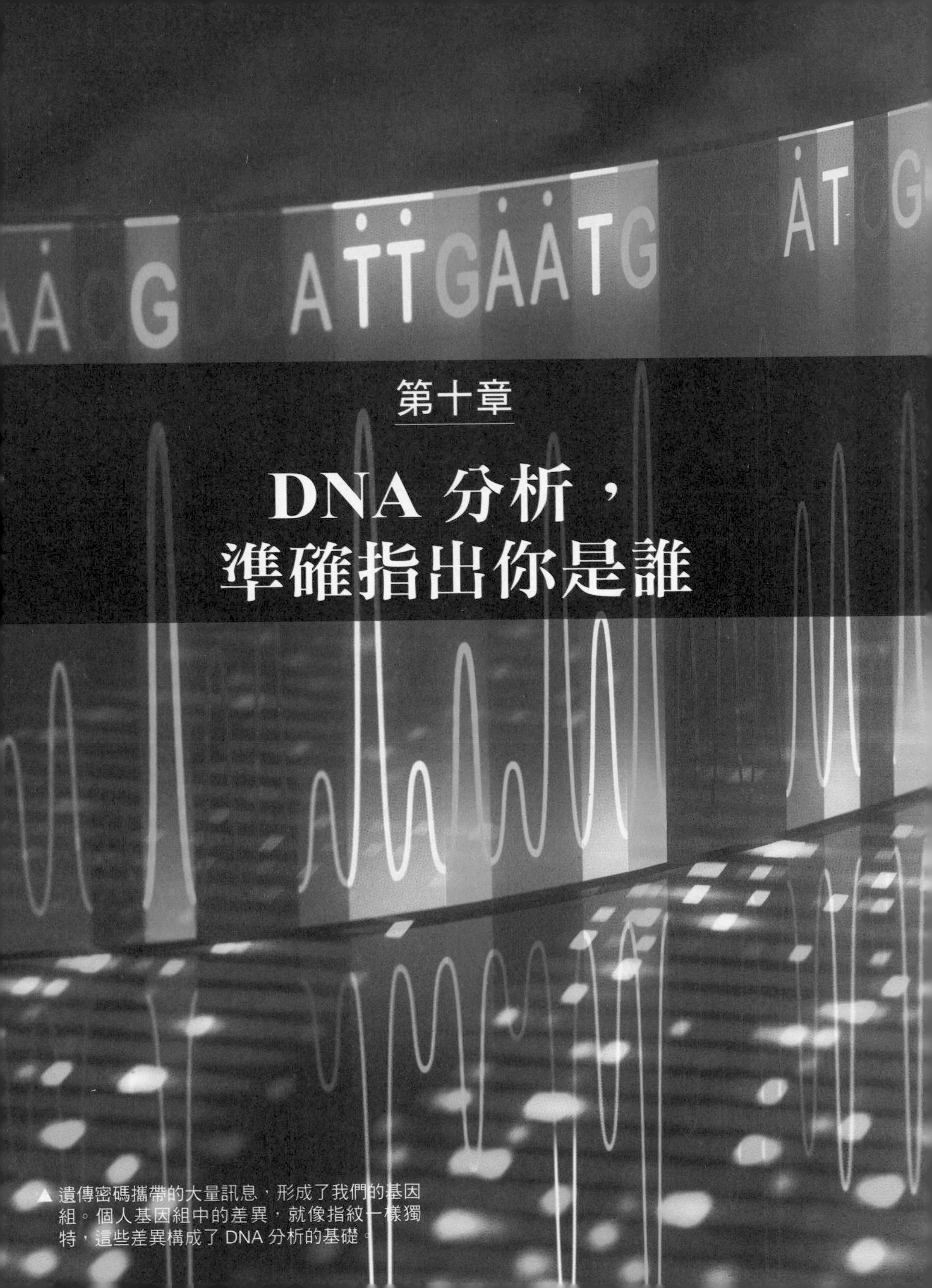

第十章

DNA 分析，準確指出你是誰

▲ 遺傳密碼攜帶的大量訊息，形成了我們的基因組。個人基因組中的差異，就像指紋一樣獨特，這些差異構成了 DNA 分析的基礎。

自一九八四年以來，一項有望成為爭議最少的「個人辨識技術」正在持續穩定發展。這項技術便是DNA分析，一般稱為「DNA指紋分析」（DNA fingerprinting，審定註：為避免跟「指紋」混淆，現不再使用此詞，改用DNA typing或DNA profiling），因為它可以用來判別每個人獨有的DNA特徵。基於這個原因，DNA指紋分析逐漸成為鑑識研究的主力，亦即**利用留在犯罪現場的生物樣本，分析嫌犯的DNA特徵。最近這種技術也被用於家族親源分析**，除了親子鑑定之外，還能判別古代人類譜系，例如於西伯利亞出土的丹尼索瓦人（Denisovan）與其他人屬的基因關聯。

DNA是去氧核糖核酸（deoxyribonucleic acid）的縮寫，這是一種包含遺傳訊息的化學物質。DNA存在於我們的血液、頭髮、精液和皮膚等每個細胞的細胞核內。

在DNA的編碼裡，包含了製作二．五萬種蛋白質的「配方」，這些蛋白質除了構成我們整個身體以外，還能維持身體的運作。DNA結構的設計方式，讓它所攜帶的編碼內容，可以被讀取（轉錄）並轉換（轉譯）為構成蛋白質的氨基酸。這種結構採用類似迴轉梯的「雙螺旋」形狀，由醣類（去氧核糖）和一種稱為磷酸的化學物質組成骨架，螺旋狀的階梯便從骨架伸出相連。這些階梯由核苷酸化合物所組成，成分中的四種鹼基分別為腺嘌呤（A）、胞嘧啶（C）、鳥糞嘌呤（G）和胸腺嘧啶（T），當中的A與T、G與C會以梯面的「序列」方式相互連接。螺旋梯的兩側可以分離以啟動蛋白質製造過程，為下一代的細胞進行複製和繁殖。

「人類基因組計畫」（Human Genome Project）是一項全球性的合作計畫，這項研究發現人類遺傳密碼中，有三十億個序列和大約兩萬個基因，並由高度特定性的DNA來負責製造各種蛋白質。這些特定基因只占遺傳密碼的一%，其他無用的則被稱為「垃圾DNA」（非編碼DNA），不過這些ＤＮＡ的真正價值，已經逐漸被科學界揭開面紗。基因本身通常不會改變，以便確保蛋白質會被精確製造出來，而且基因也幾乎沒有可以變動的空間，才可製造出功能正常的蛋白質。如果過程中有破壞性的變化介入，蛋白質便無法正常運作。然而除此以外，ＤＮＡ在非密碼區可承受大幅度的變化，這就是為什麼我們每個人的ＤＮＡ都不一樣**（同卵雙胞胎除外）；DNA鑑定便是利用這些個體上的差異變化與家族性的相似度，作為判別依據。**

DNA經歷重組，代代都獨一無二

ＤＮＡ鑑定，起源於分子生物學家發現在基因組ＤＮＡ序列裡，有非常多重複排列的ＤＮＡ，目前所分析的ＤＮＡ，稱為微衛星（microsatellite，短相連重複〔ＳＴＲ〕），此重複片段在不同個體間會形成不同的遺傳多型性（polymorphism，不同個體的重複單位及次數均不同）。這是因為當**DNA被複製並透過卵子或精子傳給下一代時，會經歷重組的過程**。單獨的ＤＮＡ鏈會分離並自我複製，然後在每條新鏈之間重新排列ＤＮＡ，因此傳遞給下一代的最終版本都獨一無二。ＤＮＡ鑑定便是基於計算每片段的「重複次數」，每一人在基因組的重複次數組成都不一樣。

至於ＤＮＡ鑑定的發展歷史，最早由萊斯特大學（University of Leicester）的亞歷克・傑弗里斯（Alec Jeffreys）教授在一九八四年，使用了一種稱為「限制酶片段長度多型性」（ＲＦＬＰ）的分析技術，最終發展出ＤＮＡ指紋人別鑑定法。其做法是**使用稱為「限制酶」的特殊蛋白質，把DNA切成片段**。這種酶被當成「分子剪刀」來切開ＤＮＡ鏈，而且每種**限制酶只能切除可被它識**

別的特定鹼基序列。

這些酶最早是從細菌分離出來，原先在細菌內的作用是切斷DNA以防止感染病原體（例如病毒），保護和限制細菌本身免受病毒侵害，每個單獨的限制酶會識別遺傳密碼中的特定鹼基序列。其中一種限制酶叫做 *EcoRI*，這是以它的來源細菌（某些特定品系的大腸桿菌菌株）所命名，其作用是在G-A-A-T-C序列中，切開G和A之間的鍵結。

另一種由埃及嗜血桿菌產生的限制酶，稱為 *Hae*III，只會在以下識別序列處切開DNA：

-G-G-C-C-

-C-C-G-G

在前面範例中，它會在兩點切開DNA，留下片段如下：

-C-C-T-A-T-T-A-C-G-C-G-T-T-T-A-

-G-G-A-T-A-A-T-G-C-G-C-A-A-A-T

還有一種限制酶 *HaeI*，只會在以下識別序列處切開DNA：

-A-G-G-C-A-

-T-C-C-G-T

目前我們已經分離出四百多種不同的限制酶，每一種都會在不同地方切開DNA。

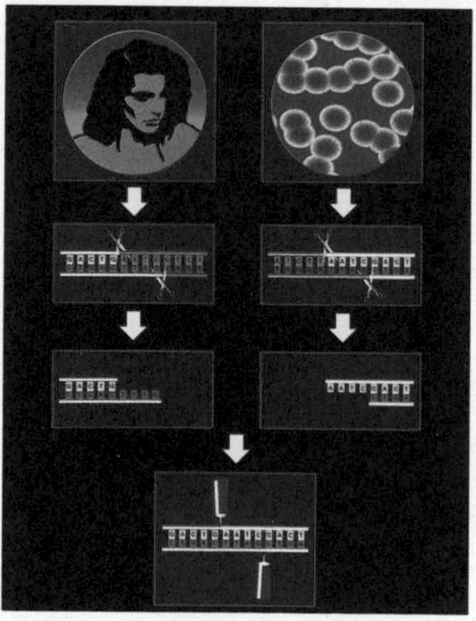

▲英國科學家亞歷克．傑弗里斯教授，在1984年開始發展DNA鑑定技術，可用於典型的基因檢測。

DNA指紋之片段分析靠「電泳」

根據個體DNA的遺傳結構，每個片段會有不同的梯狀結構長度。換句話說，每個片段的分子大小均不相同。於是科學家發明了「電泳」，這是一種得到公認的分析方法，可以根據DNA分子的大小來分離出不同類型的分子。

電泳有許多種類型：凝膠電泳的設備比較簡單，我們會先在一片玻璃板塗上一層薄薄的凝膠，在其上施加低壓直流電。接著將DNA樣本放置在板的負極一端，**分子便會根據其大小，以不同的速度在凝膠上移動（受電極吸引）**。由於分子會從負極沿直線遷移到正極，因此我們還可以把多個樣本並排放置以進行比較，這些片段會逐漸在板上分離完畢。

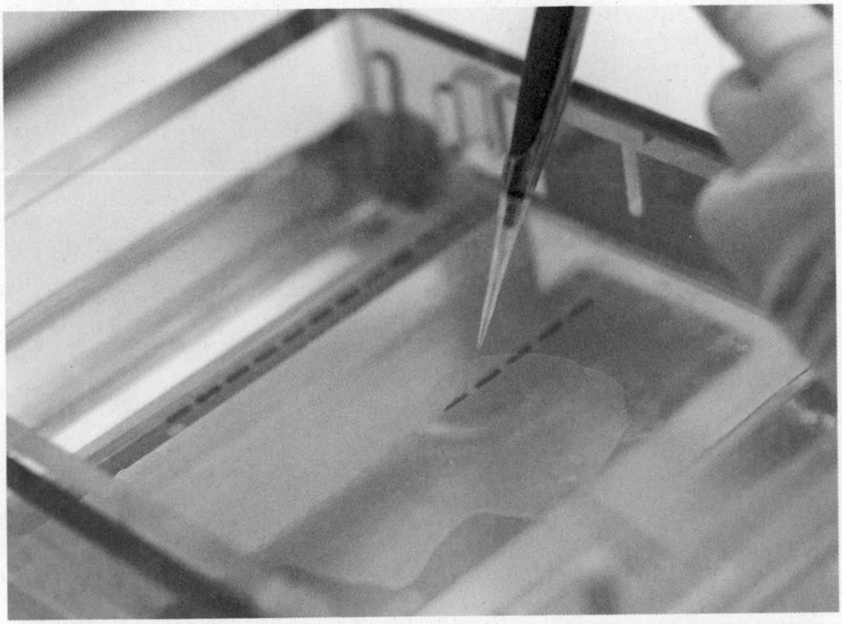

▲ 凝膠電泳，是根據DNA分子的大小，將DNA分子分離，既簡單又非常有效。現代的電泳設備使用的是毛細管電泳，已可同時檢測多個樣本，並可在極短時間內產生電泳圖。

不過，我們要如何檢測各個片段的位置呢？可以藉由埃德溫・薩瑟恩（Edwin Southern）在一九七五年開發出來的進一步技術，一般稱為「南方墨點法」（Southern blot，因其姓氏亦為南方之意）。做法是將凝膠浸泡在可以把雙鏈片段（雙股螺旋）分離成單鏈的溶液中，同時將其壓在一片塑膠薄膜上，單鏈便可轉染至塑膠薄膜。

DNA鏈上的核苷酸鹼基A、T、C、G，現在會依各自長度顯露出來，接著要用一個或多個「探針」來處理。這些探針是以其他方式取得的較短單鏈DNA，並且預先利用放射性原子「標記」過。因此**探針中的鹼基會在這些片段中，找到自己的互補鹼基**，並「附著」（專業說法是hybridize，雜交）在它們上面。這些樣本經過洗滌處理後，只要把探針雜交過的薄膜與一張X光片接觸，**探針的放射性便會在底片上顯影出短線條的痕跡**。

最後的成果是整張底片上有短暗帶形式的「放射顯影」照，看起來就是條碼一樣，每個短線代表一個片段。彼此水平的短線表示該片段具有相同的分子結構。所有不同長度的片段混合起來，稱為RFLP，而RFLP分析便是鑑定DNA的標準過程。

亞歷克・傑弗瑞斯教授注意到**生成的RFLP片段大小因人而異，故可用於辨識個體**。他最早將這項技術應用於鑑識分析，確定了兩件相隔三年的強姦謀殺案，兩名遇害的當地女孩慘遭同一個人毒手。他比較兩名受害者精液樣本中的DNA，使用RFLP分析證明來自同一個人，因而洗清正被警方拘留的男子嫌疑，並找到真正的凶手。事實上，凶手要求一位同事冒名代替他參加大規模DNA檢測，但是他的朋友吹噓起冒名頂替別人檢測的事，正巧有人聽到並報警，隨後警方找到了真凶進行檢測，揭露他涉及這兩起罪行的證據（參見下頁犯罪檔案）。

犯罪檔案

科林．皮奇福克（Colin Pitchfork）

在這件英國最早的DNA相關案件中，被指控犯下兩起性侵謀殺罪的年輕人，經過DNA鑑定還他清白，之後警方透過大規模DNA採檢找到真正的凶手。

這是英國最早使用DNA鑑定的性侵謀殺案之一，不僅證明了一個被迫認罪者的清白，還揭發了另一個人的罪行。

一九八三年十一月二十一日晚上，十五歲的琳達．曼恩（Lynda Mann）到附近拜訪朋友後，並未回到位於萊斯特郡納伯勒村的家裡。次日清晨，一位醫院搬運工人在前往附近精神病院工作途中，看到有個人仰躺在草叢間。當警方趕到時，發現曼恩已經死亡，她的牛仔褲和內褲都被脫下，丟在附近堆成一

▲ 科林．皮奇福克的護照照片。他是英國第一批根據DNA證據被判入獄的罪犯之一。

堆；而且她是被人用自己的圍巾勒死，後腳跟上的汙垢痕跡，表示在襲擊過程或之後曾遭拖行。

曼恩在被殺之前曾被性侵。鑑識人員從屍體提取精液樣本，**分析出凶手是A型PGM1+基因型分泌者**（參見第九章），**在英國約有一〇%成年男性擁有這種血型。而且此樣本因精子含量高，其數值較低，表示這應該是一名年輕男子**，因此警方決定將搜索範圍縮小到十三至三十四歲之間的男性。儘管警方投入一百五十人以上的專案小組進行調查，也以電腦搜查比對所有當地已知性侵犯，但都沒有找到比較肯定的嫌疑犯，於是警方在一九八四年八月決定中止搜尋。

兩年後，在一九八六年七月三十一日晚上，同樣是十五歲的唐・艾希渥斯（Dawn Ashworth），在從納伯勒回家途中失蹤。她的屍體在兩天後被發現，而且就藏在離同一家醫院不遠的草叢中，一樣是被勒死並遭到性侵。兩起案件的相似之處，讓警方嚴重懷疑兇手應該是同一個人。

在調查曼恩的死因時，警方詢問過一位名叫理查・巴克蘭（Richard Buckland）的十四歲青年。他在當地風評很差，因為都已經這樣的年紀了，卻彷彿笨蛋一樣，經常會先躲著，再跳出來嚇經過的女子一跳，不過他當時已經被警方排除嫌疑了（因血型不符）。而在這起一九八六年夏天的案件發生時，他正在精神病院當搬運工人，因此八月八日凌晨，他被抓到當地派出所接受訊問。經過兩天漫無邊際、充滿矛盾的自白後，他竟然在供詞上簽字，承認謀殺了艾希渥斯，不過他堅稱自己並非殺死曼恩的凶手。至於審判，訂在十一月二十一日進行。

由於警方認為這兩起案件是同一個人所為，因此警方請來亞歷克．傑弗里斯教授，針對取自巴克蘭的血液樣本、曼恩身上的舊精液樣本，以及艾希渥斯身上的精液樣本，進行DNA技術比對。經過幾週的分析後，他向警方確認了這兩起性侵事件是同一名男子所為，但不是巴克蘭做的，巴克蘭因此成為法律史上第一個透過DNA鑑定，被判決無罪的謀殺案嫌犯。

這樣的分析結果無疑令警方受挫，但他們決定利用這項新技術，對該地區的年輕男性進行「純自願性質」的血液和唾液採樣。任何被發現是A型PGM1+分泌者的樣本，都會被送往位於奧爾德馬斯頓村的內政部鑑識實驗室進行DNA鑑定。從

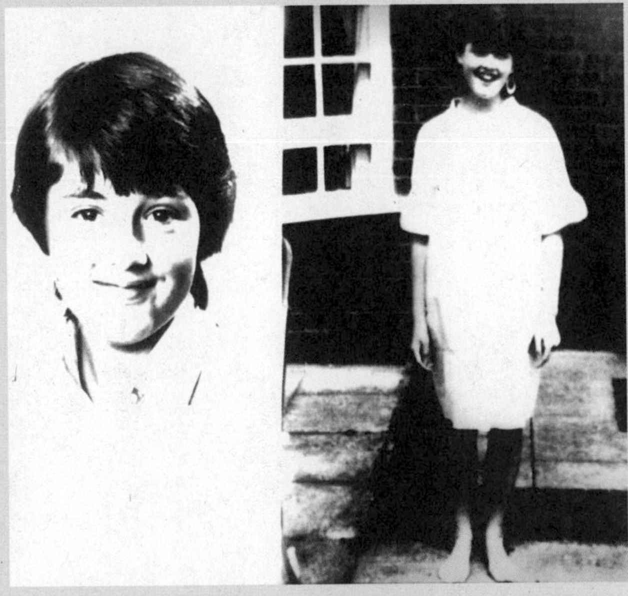

▲15歲的唐．艾希渥斯，在英國納伯勒村遭性侵和殺害。

一九八七年一月到九月，共有超過五千名當地男性接受測試，卻查無相符者，警方遂在受到內政部越來越大的壓力下，停止這項大規模調查。

至於這起案子的破案契機，純屬意外。一位麵包店工作人員在酒吧聊天時，提到了他的同事——二十七歲的**科林．皮奇福克，付錢請他冒名提供採檢的血液樣本**。從警方的電腦資料來看，皮奇福克是一名曾被定罪的「暴露狂」，也是精神病院的門診病人。他在曼恩被謀殺時接受過訊問，但他到達這個地區的時間，似乎在案件日期之後，而且當時並沒有進行DNA採樣，警方也無法比對出任何證明。於是在一九八七年九月十九日逮捕皮奇福克後，警方立刻將他的血液樣本寄給傑弗里斯，兩個樣本的DNA鑑定結果果然相符。據此，皮奇福克被控性侵和謀殺了曼恩和艾希渥斯。

審判只花一天，皮奇福克迅速被判處兩個無期徒刑，而且每件性侵再追加十年刑期。

犯罪檔案

湯米．李．安德魯斯（Tommie Lee Andrews）

儘管有無懈可擊的不在場證明，但DNA鑑定證明他就是連續強姦犯，這也是美國法庭史上第一個接受DNA證據的案件。

佛羅里達州奧蘭多市的湯米・李・安德魯斯，是美國第一位因DNA證據被定罪的人。他在一九八六年五月至十二月期間，一共犯下了二十三起持刀強姦案，並且在一九八七年初的幾個月裡，依然持續犯案。然而二月二十二日當天，警方在窗簾上發現嫌犯的指紋，並於三月一日，在飛車追逐中逮捕了安德魯斯。

雖然已經有大量具有說服力的證據，包括第一位受害者南希・霍奇（Nancy Hodge）認出了安德魯斯，而且他的指紋與二月發現的指紋相符，甚至他的血型也與從受害者身上採集的精液樣本血型相同，不過警方需要更多證據。因為安德魯斯在被指控強暴霍奇的審理過程中，提出了一個難以辯駁的不在場證明，聲稱自己當晚和女友及妹妹一起待在家裡。

佛羅里達州助理檢察官決定**對安德魯斯的血液和案件取得的精液，進行DNA分析，結果完全符合**。待庭審前的聽證會結束，法官同意可以採用這項證據；然而檢察官在解釋這樣能否辨識身分時，說法太過籠統，以至於辯方在法庭上對這些數據提出質疑，讓陪審團無法做出判決，因而造成審判無效。

不過在二月二十二日發現指紋的那起強姦案二審中，指紋和DNA證據均被採信，於是，安德魯斯在一九八七年十一月，先因這起案件被判處二十二年刑期；後來在一九八八年二月的霍奇案二審中，檢方做好了充分準備，專家證人仔細向陪審團講解DNA鑑定技術。這次安德魯斯終於被判有罪，處以總計一百一十五年的刑期。

PCR方法學的介入

一九八五年開發出全新的「聚合酶連鎖反應」（PCR）分子檢測技術，徹底改變了DNA指紋辨識中的VNTR分析（審定註：VNTR乃是最早的DNA鑑定方法，有使用放射性元素之標定，該方法現已不用）。在新的檢測技術過程裡，DNA雙鏈被加熱解鏈為單鏈；溫度降低後，加入「引子」（primer），也就是插入欲複製片段兩單鏈上的短DNA片段，與一些游離的A、C、T和G鹼基化學混合物，還有一種稱為「聚合酶」的酶一起作用。方法是在引子插入DNA單鏈特定位置後，游離的互補鹼基A與T、C與G，會沿著引子插入單鏈DNA的片段之間，進行互補配對，接著聚合酶會將它們結合在一起，形成特定DNA遺傳區域的新複製版本，此包含了VNTR所需的部分。接著這個過程在更多次的快速循環中不斷複製，直到出現足夠用來快速檢測的複製DNA為止。

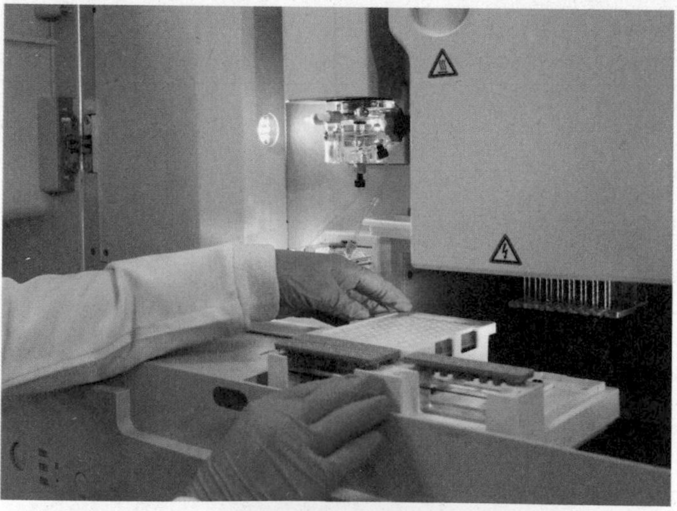

▲ 這種高科技的新一代生物系統應用設備，可以對DNA片段進行電泳分離與STR型別讀取。該項設備利用毛細管電泳、螢光檢測和記錄，並根據片段大小對DNA片段進行分離，再以內建軟體分析DNA型別。

由於PCR能夠應用於微量物證的DNA複製，增加取得不易的微小生物樣本證據，使得DNA鑑定確立了在鑑識調查中的關鍵地位。如今，DNA鑑定主要是以PCR為主，用以分析基因組STR之型別。這一切檢測都已自動化，而且隨著廣泛使用新一代DNA分析儀，自動化的程度也越來越高。

DNA不只能找某個人，也能找到他親戚

鑑定分析的DNA區域，如果是屬於序列多型性（sequence polymorphism）的區域段落，鑑識人員便可對這些複製DNA進行定序（Sequencing）[17]，讀取兩個引子之間的DNA代碼，而在DNA分析時會計算出現重複的次數。定序必須透過另一輪PCR來完成，但這次也是使用鹼基混合物，每個鹼基加上不同顏色的螢光標記，並且稍作調整，以避免其後再添加另一個鹼基，也就是我們可以生成許多PCR片段，但每個片段都比另一個片段短少一個鹼基。接著再次使用電泳，不同的片段便會根據其分子大小被分離出來，螢光標記的顏色代表其移動次序，並形成特殊的電泳圖。

目前在幾千個左右的長度多型DNA中，只有少數的STR，可以用於DNA鑑識檢測。

17 編按：又稱測序，指測出目標分子一級結構的序列，如為DNA定序，即分析特定DNA片段的鹼基序列之排列方式。

犯罪檔案

達德利・弗萊爾（Dudley Friar）

鍥而不捨的鑑識人員，在三週內找出了在紐約性侵並勒死三名婦女的男子身分，而破案的關鍵正是DNA鑑定。

一九九〇年十月七日清晨，三十四歲的時尚攝影師路易絲・卡普蘭（Louise Kaplan）的屍體，在曼哈頓市中心兩家酒店之間的巷內垃圾桶中被發現。如法醫所描述，死者有明顯遭性侵的跡象，包括大腿和外陰周圍都有擦傷，還有「大量精液」。死者是被徒手勒死的，而且這是二十三天內在曼哈頓該地區發生的第三起類似案件。

警方發現卡普蘭的車停在五十碼（約四十五・五公尺）外。車內可以看出打鬥跡象，後座上的痕跡也可看出有人坐在那裡，可能正在等她。卡普蘭雖從車裡逃了出來，卻被困在小巷裡。現場痕跡可以看出她勇敢掙扎過，可惜終究失敗了。

警方從前兩起強姦案中取得了DNA樣本，證明可能是同一個人犯下這兩起案件。不過由於難以理解的技術原因，卡普蘭身體上的精液分析失敗了。幸好從謀殺現場帶走的大量垃圾中，**實驗室技術人員發現一張皺巴巴的面紙，上面沾滿鼻涕黏液**。透過顯微鏡，他們觀察到大片白血球，剛好就是DNA鑑定的理想來源；**再經實驗室分析，結果與前兩起**

謀殺案精液的DNA相符。

警方仔細搜查卡普蘭的車，在後座地毯上發現一個有著奇特螺紋圖案、布滿塵土的清晰鞋印，而且在後座內飾的縫隙中，也發現許多深藍色纖維。除此之外，後座車頂上有著奇怪的針孔圖案。

不久之後，警方專責入室盜竊的小組回報，稱該鞋印與兩週前在一家販酒商店搶劫現場發現的鞋印相符。結果有一位警官說，他以前見過類似這種針刺圖案的東西，應該是帽徽上的圖案：「記得是一種華麗的徽章，很像保全公司發給警衛的制服上那種徽章。」也就是說**車上的藍色羊毛和聚酯纖維，可能來自一家保全公司的警衛制服**。警方在兩天之內，在布朗克斯區一家制服廠商找到相符的衣料樣式，而紐約共有三家保全公司配發這種樣式的制服。

於是警方以搶劫販酒商店的監視器影片為依據，在這些公司逮捕了三名身形近似的嫌犯。他們同意以棉棒採集鼻咽分泌物，待DNA檢測完畢，有個DNA樣本完全符合；實驗室人員表示相符的機率之低，整個美國可能只有六個人具有完全相同的DNA圖譜。

這個DNA相符的嫌犯被拘留了，他名叫達德利．弗萊爾，晚上會在酒店擔任保全人員，偶爾會在兒童派對上扮演小丑。那一年他二十九歲，過去十五年有輕微盜竊和暴力紀錄。由於對他不利的證據非常清楚，因此他供認不諱，並被判處了三項無期徒刑。

犯罪檔案

林黎雲

原先看起來像是一起強暴案，受害者手臂上的咬痕似乎也支持這種看法。但咬傷處的唾液線索提供足夠的DNA證據，進而確定了這起母子命案的真正凶手。

一九九三年八月十八日，臺灣人彭增吉從國外回到位於美國加州橘郡的家中，探望情婦紀然冰與其所生的小兒子紀啟威（從母姓）。他在開門後看到令人震驚的一幕——紀然冰的身體靠在沙發上，倒在乾涸的血泊中，她的兒子則在嬰兒床上因窒息而死。當警方趕到時，彭增吉拿出一顆地上找到的鈕扣，看起來似乎是從女人的裙子上脫落的，但並不屬於紀然冰所有。

現場乍看之下似乎是一起強暴案：紀然冰的內褲被扯掉，身上至少被刺了十八刀。雖然法醫從她陰道取出的棉棒檢體並無精液反應，但仍不能排除是強姦未遂。這種推論來自她左臂上的圓形傷口——一個明顯的咬痕，警方也從傷口採檢到唾液。彭增吉當然是命案最直接的嫌犯，不過他似乎是無辜的（有不在場證明）。

接著調查人員得知彭增吉的妻子林黎雲從臺灣過來探望他，於是前往拜訪這對夫婦，林黎雲也同意調查人員搜索，看看是否有衣裙少了鈕扣。他們當然什麼也沒找到，只找到兩個裝著女性衣服、內衣以及鞋子的奇怪紙袋，裡面的衣物都已經被剪成碎片。

彭增吉尷尬的解釋，這是因為前年某天，林黎雲突然來到橘郡，當她發現紀然冰和丈夫同居後，盛怒之下剪碎了紀然冰的衣服。有鑑於林黎雲有脾氣暴躁的紀錄，調查人員便認為她是謀殺紀然冰的主要嫌疑人。於是警方找了一位牙科醫生為林黎雲做了齒模。雖然齒模與紀然冰手臂上的牙齒咬痕照片相互吻合，但光憑這點還不足以逮捕她。

接著警方對咬傷處檢體進行PCR（聚合酶連鎖反應）分析，檢測出每一百人之中會有二十人共有的基因座（locus，又稱基因位點，指某個基因或某個具有調控作用的DNA序列，在染色體上所處的特定位置）。由於林黎雲已經回臺，也未能在她離開之前採集血液樣本進行比較。不過一位法醫專家想起林黎雲製作齒模時的蠟印，仍然有機會採到足夠的唾液。這些唾液經過檢測之後，果然也確定了相同的基因座，不過這二〇%的機率還稱不上證據確鑿。

第二次的PCR檢測確定了另一個不同的基因座，進一步提升咬傷處唾液和蠟印唾液之間的匹配度，機率為兩百分之一。把這兩個不同基因座的機率相乘，得到的數字便是兩萬分之二十，也就是千分之一（每一千人只有一人具有這種基因匹配度）。

從傷口採檢到的唾液，已為分析人員提供足夠的DNA，可以建立更準確的RFLP（限制酶片段長度多型性）程序。因此警方告訴彭增吉，唯一可以讓林黎雲排除罪嫌的方法，便是提供她的血液樣本。由於林黎雲當時對DNA測試一無所知，因此同意返回橘郡抽血。

雖然第一次RFLP分析花了將近一週才完成，不過林黎雲確信自己沒有在犯罪現場留下任何血跡，所以還敢留在美國。然而測試結果相符，她也於一九九四年一月七日因謀殺罪被捕[18]。

英國現已分析出十七種不同的STR，其中包括一種確定性別的基因（amelogenin）。利用這種STR鑑定法來辨識人別，兩個人具有相同DNA特徵的機率只有十億分之一，因此能將現場取得的DNA，與資料庫進行比對作為證據。英國國家DNA資料庫（NDNAD）中，儲存了超過六百五十萬筆資料，可供比對的資源相當豐富；美國CODIS（聯合DNA索引系統）也儲存了三百萬筆資料。

原先用於解決犯罪的DNA分析，現在也已開發出其他的DNA用途。例如在家族親源分析

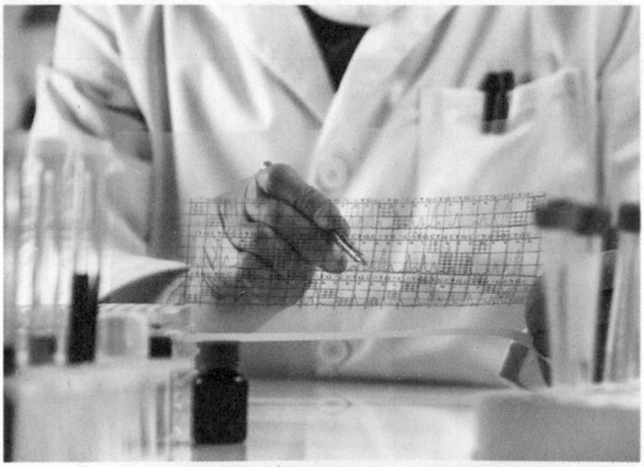

▲ 電泳圖可以呈現原始 DNA 樣本經過擴增後，產生的 DNA 分子分離。這種將 DNA 片段轉換為「基因型」（genotype，個體特有的基因）的方式，是所有鑑識 DNA 實驗室比較數據時的標準做法。對於得用國際資料庫來對比資料的實驗室來說，是必要的操作程序。

時，Y-STR（Y 染色體上的 STR 位點）以及粒線體 DNA 分析，可用於追蹤同一家庭的後代並找到親屬。

大約就在亞歷克．傑弗瑞斯教授發展他的技術同時，美國一名十八歲少女陳屍在自己的臥室裡，而且是被殘忍姦殺，這項罪行被歸咎到連續強姦殺人犯「金州殺手」（Golden State Killer）頭上。當時雖然蒐集了生物樣本，但由於DNA分析仍處於起步階段，因此找不到相符的DNA資料，案情陷入膠著。

後來，這起案子在二〇一七年重啟調查，現場分離出來的DNA也交給一家專門追蹤DNA家譜的公司比對；該公司發現，約瑟夫．詹姆斯．迪安傑洛（Joseph James DeAngelo）的一個親戚，DNA特徵有部分相符。後來警方靠著這位親戚的協助，鎖定並逮捕當時已經七十二歲的迪

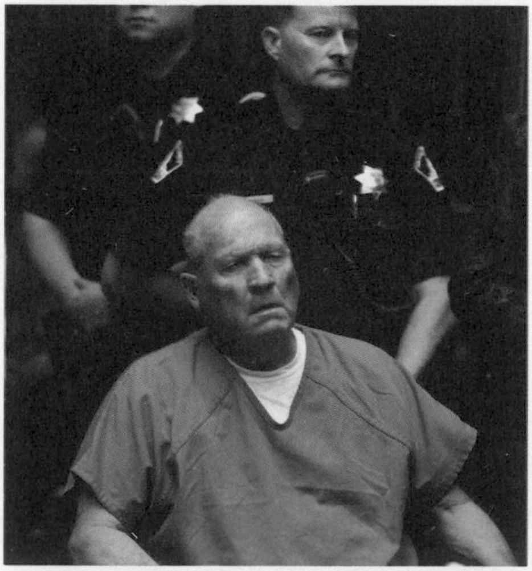

▲「金州殺手」約瑟夫．詹姆斯．迪安傑洛的 DNA 證據，來自一家家譜追蹤公司所找到相符的親屬 DNA。儘管使用這些資源來辦案極富成效，但調查人員出於這種目的來使用家譜網站，確實會引發人們對於 DNA 隱私權和使用權方面的疑慮。

18 譯註：該案後來因警方非法錄音與李昌鈺博士判斷現場應有共犯而二度翻轉，最後因 DNA 證據被羈押七年的林黎雲，透過認罪協商減刑，遣返回臺。

安傑洛。隨後他被指控在幾年間，連續犯下二十六起謀殺和綁架（他被捕時已超過加州強姦案追訴時效）。

DNA分析也經常用來辨識自然災害遇難者的遺體，例如二〇〇四年的南亞大海嘯、二〇一七年倫敦的格蘭菲塔（Grenfell Tower）火災，以及二〇一九年的衣索比亞航空三〇二號班機空難等，這項技術都派上了用場。

犯罪檔案

卡拉（Carla）之死

一九九八年，一位十二歲的巴伐利亞女學生遭到姦殺，在整個德國引起憤怒。最後靠著檢體DNA，再次提供了重要的鑑識證據。

一九九八年一月，十二歲的女學生卡拉，被發現倒在巴伐利亞州弗蘭肯多夫村附近的一個池塘裡。雖然一息尚存，但她處於深度昏迷狀態，五天之後便因重傷而死，期間並未恢復知覺。

調查人員判斷卡拉是在上學途中遭到埋伏攻擊與性侵。當她試圖反抗，反遭凶手勒頸直到失去知覺，凶手再把她扔到池塘裡，確保她死定了。

警方發布了一張男子的照片，據說該男子當時在附近徘徊。這條線索將他們帶向一名不願透露姓名的三十一歲窗戶安裝工人，他否認謀殺女孩，但承認自己當時確實在該地區，不過後來他又否認了這件事。

這起謀殺案在全國掀起軒然大波，而此前不久，恰好有另一起男子謀殺年輕女孩而被判刑的案子。

警方手中最重要的鑑識證據，就是在池塘裡發現的一些菸蒂。**這些菸蒂上的唾液DNA，與卡拉身上採集的精液樣本DNA相符**，也與被告相符。因此本案主審法官阿道夫・科爾布爾（Adolf Kölbl）宣布被告就是凶手。

二〇〇〇年三月，該男子被判處無期徒刑，法庭判決他至少必須服刑十五年以上才能申請假釋，而他面無表情的站在原地。

結合考古技術和分子分析後，DNA分析甚至有能力解決古代懸案。二〇一四年，在英格蘭萊斯特城一個停車場挖掘出來的無標記墳墓中，發現了一具疑似國王理查三世（King Richard III）的骨骸，他在一四八五年的戰鬥中陣亡，此後一直找不到屍體。經過分離骨骼中的DNA，並與其姐第十七代子孫的DNA進行比較，科學家證明這具骨骸正是失蹤的國王，因為他們有共同的STR。不過，研究人員並未就此打住，他們還根據其他的DNA標記，推論出理查三世的眼睛與頭髮顏色。

犯罪檔案

傑克・恩特維格（Jack Unterweger）

一個被定罪的殺手，在被認為已經改過自新而釋放後，卻又重新開始他的殺人生涯。DNA鑑定協助確定了其身分，而這條線索等於跨越三個歐洲國家到達洛杉磯，又再連回去。

一九九四年，瑞士伯恩市的法醫學研究所（Institut für Rechtsmedizin）科學家曼弗雷德・霍赫邁斯特（Manfred Hochmeister），受警方之託對一根頭髮進行DNA鑑定，這根掉在汽車座椅上的頭髮，與捷克境內的妓女謀殺案有關。由於霍赫邁斯特只拿到了一點髮根，所以他必須採用PCR技術，這也成了找出跨國連續殺人案定罪證據的起點。

捷克警方已經確定這輛車是由傑克・恩特維格所駕駛。他曾因謀殺罪在家鄉德國服刑，並在獄中開始寫作；待出版了一本書和幾部戲劇作品，他變得非常有名，遂在獲釋之後，轉行當起了新聞記者。與此同時，奧地利警方正在調查幾起女性謀殺案，她們的屍體在維也納附近的樹林中發現。警方認為這些案件是同一個人所為，而

▲ 連續殺人犯傑克・恩特維格，在兩年多的時間裡，於3個歐洲國家和美國境內謀殺了11名婦女。

且因為地理位置的關聯，他們把捷克斯洛伐克[19]和瑞士發生的類似謀殺案串連起來。在每一個案件中，恩特維格都出現在該地，甚至還針對當地謀殺案，採訪過維也納警察局長。

當警方發現頭髮後，取得恩特維格公寓的搜索票，並在公寓裡發現美國加州馬里布市一家餐廳的菜單，以及恩特維格以記者身分，與洛杉磯警察局（LAPD）女探員的合照。負責該案在奧地利調查事宜的恩斯特．蓋格（Ernst Geiger），立刻聯絡洛杉磯警察局。他們發現恩特維格於一九九一年七月，在洛杉磯待了一個月，期間住在低檔旅館，自稱在為著名的德國雜誌撰寫一篇關於賣淫的文章。**就在他待在洛杉磯的這段時間裡，當地發現了三名妓女的屍體，都是被胸罩勒死；而且在每一個案件地點，這些妓女生前最後的身影，都出現在恩特維格住過的旅館附近。**

奧地利警方搜尋聯邦調查局的VICAP（FBI犯罪逮捕計畫，參見第十六章）資料庫時，格雷格．麥克拉里（Gregg McCrary）探員在輸入歐洲謀殺案的細節後，從大約四千起案件中，找到了四起手法類似的案件，其中三件就是洛杉磯的妓女遭胸罩勒殺案。

在恩特維格的審判中，檢方在法庭陳述裡告訴陪審團，恩特維格因一起手法類似的謀殺罪服刑獲釋後，在兩年多的時間裡，一共在三個歐洲國家和美國殺害了十一名婦女。最後他獲判九項罪名，卻在幾個小時後，被發現死在牢房裡。

---

19 編按：捷克斯洛伐克自一九九三年一月一日起，和平分裂為捷克和斯洛伐克兩個獨立國家。

犯罪現場採證，務必追求精確

在鑑識科學中利用DNA進行鑑定，其價值確實毋庸置疑，但前提是「精確性」，特別是鑑識人員取得DNA證據時的謹慎和準確。證物上若有任何汙染跡象，都可能導致DNA證據不被採納。為了解決這個問題，犯罪現場必須受到最快、最有效的保護，避免樣本遭汙染而產生不同的分析結果。

不過情況比想像中更為複雜，因為人們認為DNA在反覆洗滌後，仍會殘留在衣服上，而且在多人居住的家庭中，也可能發生交叉汙染。甚至有人質疑某些人，是不是所謂「更容易脫落DNA的人」，以及需要接觸到什麼程度，才能留下足量的DNA。因此，雖然DNA在鑑識科學中的作用已經確立，也被廣為接受，但蒐集DNA證據背後的科學，尚處於發展階段。

此外，在基因訊息的儲存、使用和共享方面，也引發越來越多隱私、道德和安全上的疑慮。「知情同意」（Informed Consent）[20]以及誰可以取用基因資料、出於何種目的等問題，越來越受大眾關注，因此在未來也必須加以管理。

20 譯註：被研究者在已經明瞭事實的基礎上，所做出的同意決定。

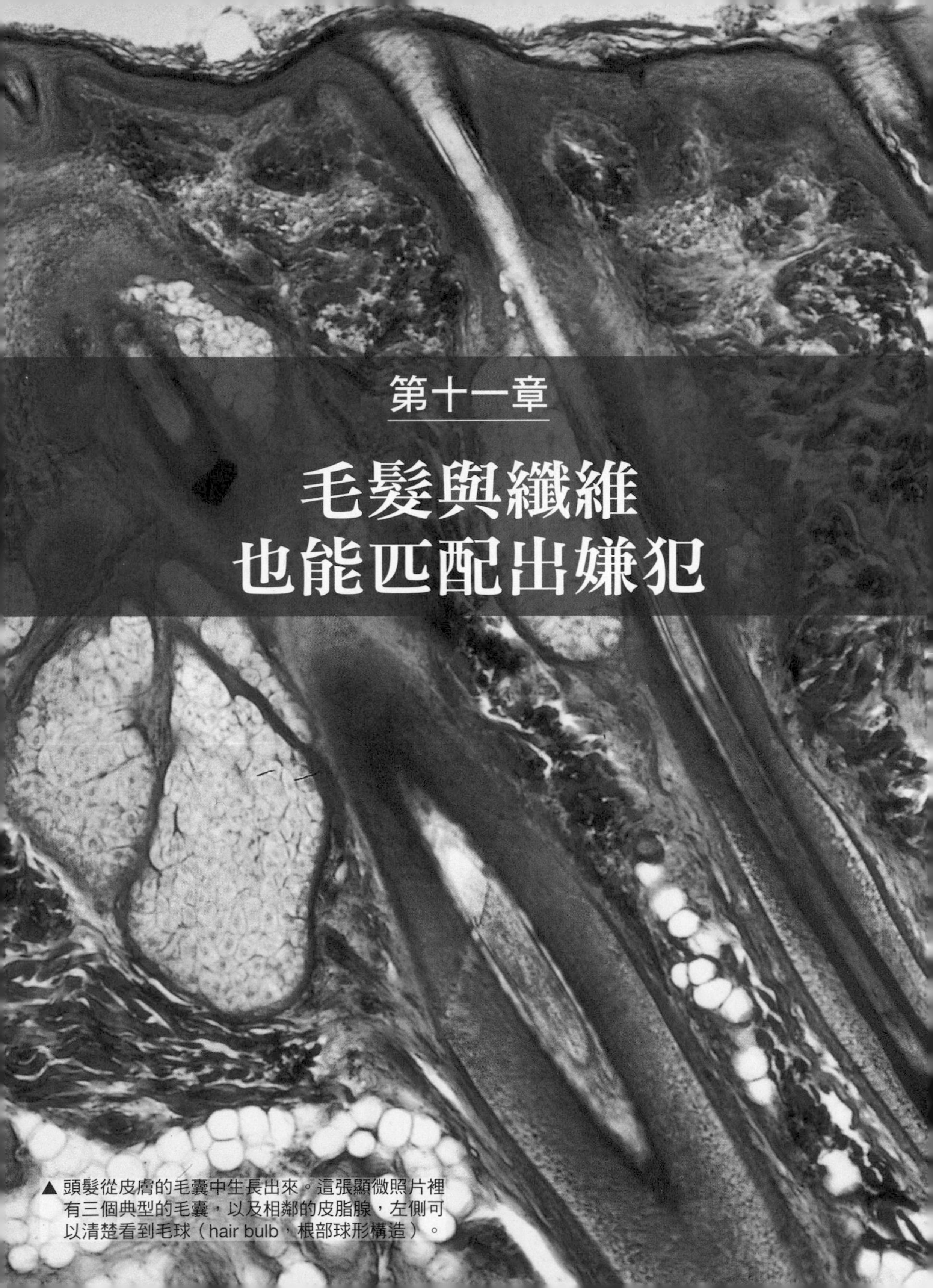

第十一章

毛髮與纖維
也能匹配出嫌犯

▲ 頭髮從皮膚的毛囊中生長出來。這張顯微照片裡有三個典型的毛囊，以及相鄰的皮脂腺，左側可以清楚看到毛球（hair bulb，根部球形構造）。

儘管我們已經知道罪犯在犯罪現場時，會因為身體接觸而留下或帶走某些東西，然而頭髮與纖維，乃是重要的現場遺留跡證。人類的頭髮在許多案件裡都非常重要，因為它們比較容易區分。現場也可能發現其他動物的毛髮，或是來自羊毛織物、絲綢、石棉（天然纖維狀礦物）的細微證物，以及來自衣服、地毯、線、繩索、麻袋或其他材料的各種植物或合成纖維等。

毛髮在犯罪調查中的重要性，多年來一直備受肯定。早在一八五七年，法國就發表了有關毛髮主題的首批科學論文。法醫病理學家約翰・格萊斯特教授在一九三一年發表的著作《哺乳動物毛髮之研究》（*A Study of Hairs and Wools Belonging to the Mammalian Group of Animals*），多年來都是法醫界的參考標準。

就算肉體已經腐爛，不過頭髮只要不被火、酸或鹼毀損，均可被辨識出來，甚至也可能附著在殺人的凶器上。在人的一生中，頭髮平均每週約長〇・〇九吋（約二・五毫米），男性鬍鬚長得比較快，體毛則比較慢。在人死後，雖然毛髮停止生長，但由於皮膚萎縮，尤其是**臉部皮膚的萎縮，會讓毛髮變得更加突出，這也就是傳說「鬍鬚在人死後還會繼續生長」的由來。**

頭髮由蛋白質組成，主要成分是角蛋白，且是從皮膚下的毛囊生長出來。從縱剖面來看，一根頭髮是由三個部分組成，包括嵌入毛囊中的毛球，以及外露的毛幹和毛尖。在顯微鏡下的橫剖面中，也可以看到同樣由三個部分組成，包括鱗片重疊形成的表皮層（或外鞘）、含有賦予頭髮自然顏色之色素顆粒的皮質層，以及中間有洞、內含空氣的髓質層（頭髮中間的核心）。

利用表皮層來區分人類與其他動物毛髮，最為簡單有效，方法是觀察表皮鱗片的形狀。所有鑑識實驗室都有這類辨識圖表，以便快速辨識物種毛髮。皮質層的色素顆粒顏色和分布，對於區分特定個體的頭髮來說非常重要。而根據外觀不同，髓質層的髓質可以是連續的、間斷的，或者破碎的，甚至也可能遇到沒有髓質的情況，不過這種情形較為罕見。

事實檔案

人類的毛髮除了跟某些猿類較接近之外，其實很容易與其他動物的毛髮區隔開來。即使是同一人的毛髮，在結構上也可能有相當大的差異。檢查時可區分成六種人體毛髮：

- 頭髮：橫剖面一般為圓形，髮尾可能會因美髮過程而分叉。
- 眉毛或睫毛：橫剖面呈圓形，但尖端呈錐狀。
- 鬍子或落腮鬍：較硬，一般會比頭髮捲曲，其橫剖面通常為三角形。
- 體毛：橫剖面呈橢圓形或三角形，通常捲曲。
- 腋毛：橫剖面呈橢圓形。
- 陰毛：通常很有彈性，橫剖面呈橢圓形或三角形。女性陰毛一般較短且粗。

雖然我們已經可以在實驗室裡，藉由化學變化來估計頭髮的年齡，但也只能大致上評估。頭髮在兩性之間沒有明顯差異，但染色、漂白、噴髮膠或燙髮的跡象，可能較偏女性所有。不同種族的頭髮之間，也會有一些常見的特定差異。

犯罪檔案

拿破崙・波拿巴（Napoleon Bonaparte）

關於法國皇帝拿破崙・波拿巴如何死亡的謠言，在近一百六十年來不斷流傳著。大部分的傳說都會提到，他因戰敗而被流放到大西洋中部小島上，之後被英國密探毒死。在一九八〇年時，透過現代的中子活化分析，也支持了這種說法。

一八二一年，拿破崙在流放地聖赫勒拿島（Saint Helena）去世時，他的男僕保留了他的一撮頭髮作紀念。

拿破崙在死前兩個月曾寫道：「我就快死了，要被英國獨裁集團跟他們僱用的刺客謀殺了。」就是這段話，使得他被毒死的謠言不斷流傳。

隨著現代中子活化分析的

▲ 前法國皇帝拿破崙在流放到聖赫勒納島期間，可能被砷化物（砒霜）毒死。

發展，科學家決定分析留下的拿破崙頭髮。即使在一九八〇年，也就是**近一百六十年後，分析顯示頭髮中的砷含量，超過了10 ppm，遠高於正常水平**。而且砷化物沿著頭髮毛幹的分布，顯示出這位廢帝在他去世前四個月內，曾經持續服用了一段時間的大劑量砷化物。不過拿破崙到底是被他的英國獄卒、隨行人員，或自己服用的藥物毒死，至今仍然無法確定。

通常，我們會利用比對顯微鏡（comparison microscope，參見第十二章）來比較兩根樣本毛髮。也可以透過橫剖面檢查頭髮：先把頭髮嵌入一塊石蠟中，然後將石蠟切成薄片，如此就能將這些薄片移到顯微鏡載玻片上觀察。如果有髮根的話，便可使用前面提過的STR分析，檢測樣本DNA（參見第十章）。如果沒有髮根的話（無法取得足夠的DNA），還可以對毛幹進行粒線體DNA測試。

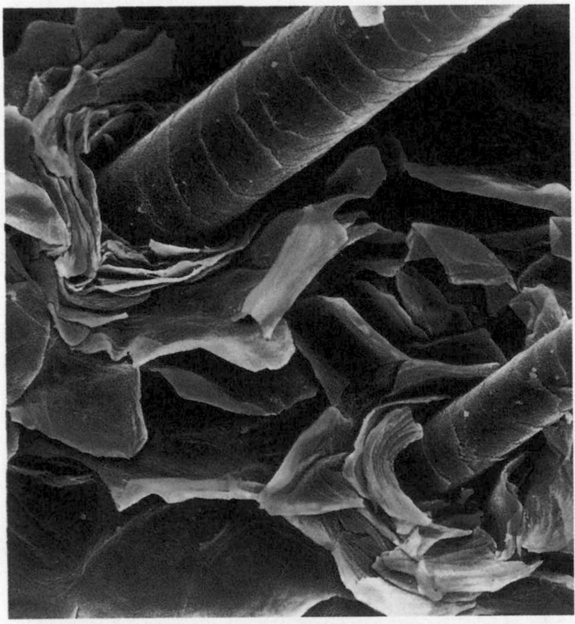

▲ 這張顯微照片顯示了人類頭皮長出的頭髮。我們可以清楚看出頭髮的形狀為圓形，且表皮具有鱗片狀特徵。

然而，在顯微鏡下比較頭髮樣本，並非萬無一失的判斷方法；實際上，應該說兩個樣本彼此非常相似。在銻、砷或鉈中毒的情況下，這些元素會出現在角蛋白中，甚至可以透過分析頭髮的連續生長部分，來估算毒物被吸收的時間長短。鉈還會使髮根收縮並脫落（參見第四章）。

一九五〇年代，多倫多大學（University of Toronto）的羅伯特．傑維斯（Robert J. Jervis）博士，開發出一套中子活化分析系統。**當頭髮被中子轟擊時，頭髮裡存在的每種元素，都會發出特定波長的伽馬射線**。根據他的說法，從兩個頭髮樣本中提取到完全相同化學成分的可能性，大約只有百萬分之一，算是相當可靠。

如果不是自然脫落或被剪斷、折斷，而是從頭上拉扯下來的頭髮，通常會有毛囊的組織顆粒黏附在頭髮根部，如此一來，便可分析這些組織顆粒的DNA特徵。這種頭髮樣本不光只是證明有罪的諸多證據之一，也經常是許多刑事審判的主要證據。

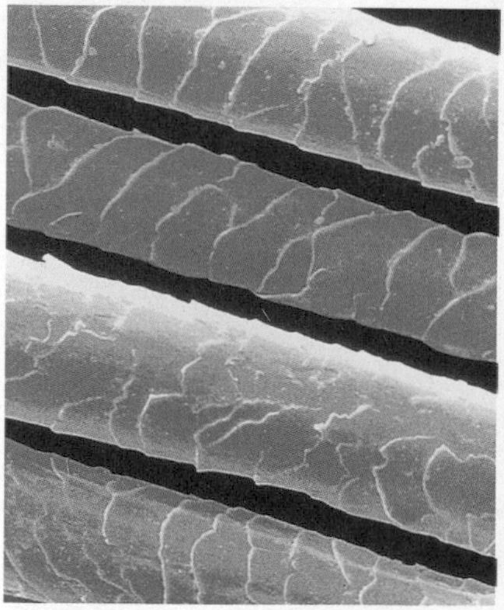

▲ 狗的毛髮。表皮層的鱗片重疊與人類頭髮有所不同。

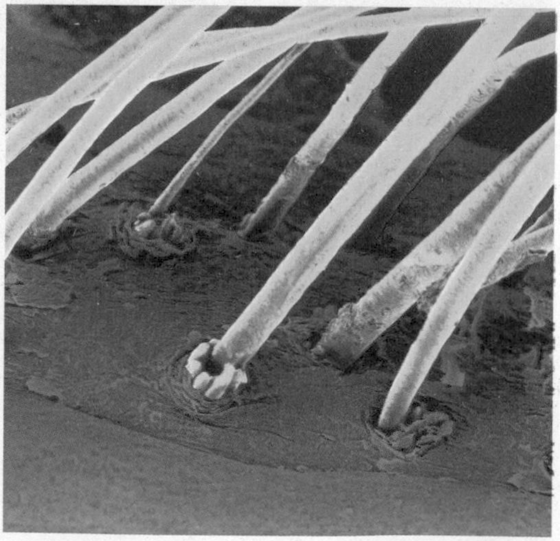

▲ 人類睫毛的橫剖面通常也是圓形，但外觀來得更細緻光滑。

外來纖維，又分人造與天然

針織毛衣或任何類似服裝上的纖維會不斷脫落，而且還經常藉由接觸，吸附「外來纖維」。即使是看起來完全光滑的衣服，如果摩擦到一扇門，也可能留下痕跡。例如汽車撞到行人時，車身幾乎都會殘留衣服的纖維。鑑識人員可以手持放大鏡找到這些纖維，再用膠帶取下來檢查。

鑑識科學家在檢查和鑑定纖維時，使用的第一種工具通常是「比對顯微鏡」。實驗室裡存放著天然和人造纖維的綜合目錄，很容易拿來與纖維樣本進行比對。

人造纖維的結構與天然纖維相當不同，靠著壓力迫使化學物質透過噴絲機的噴頭細孔，如此生產出來，因此**具有與天然纖維完全不同的外部平滑度和規律性，而且從橫剖面觀察時，幾乎看不到纖維內部的結構**。

製造人造纖維用的特定材料，有時可以透過樣本在各種溶劑中的「溶解度」來確定，但標準的判別方法是利用「雙折射」（birefringence，一條入射光線產生兩條折射光線）這個現象。

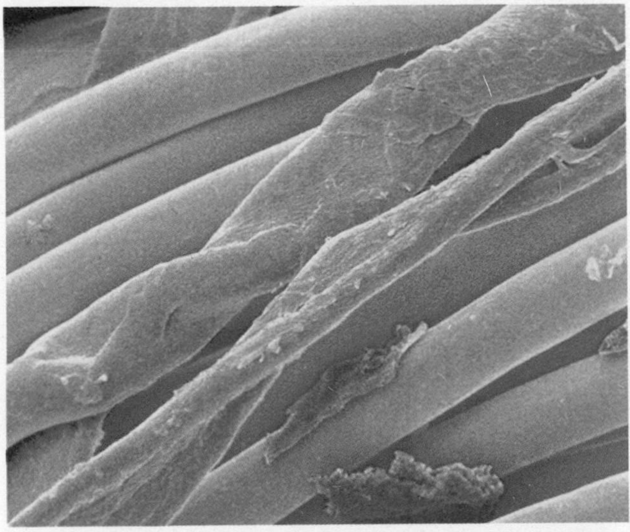

▲ 天然棉纖維（綠色）和合成聚酯纖維（黃色）的顯微照片比較，可看到合成纖維非常平滑，無結構上的變化。

藉由偏光顯微鏡、顯微分光光度計，並以各種纖維特性資料庫（例如染料參考庫）來進行比較，鑑識科學家可以測量纖維的直徑、確定橫剖面形狀、雙折射值和光譜特性等，沿其長度觀察外部特徵，分析顏色，都能讓判別結果具有相當高的準確性。

這項領域目前最新的做法包括使用一種自動顯微鏡，可以取得微物跡證的高品質圖像並記錄下來。接著這些圖像會自動進行處理，並做出可用跡證相關概述報告。而且資料會儲存在電腦資料庫中，有助於日後分析微物跡證的來源（包括血液、皮膚細胞、槍擊火藥殘跡、唾液、毛髮和纖維等）和鑑識比對。此外，雖然建立資料庫這種「老方法」，仍是從已知的纖維樣本所蒐集之參考圖片和光譜數據進行比對，然而目前在資料處理（包括人工智能、機器學習等）以及自動搜尋比對方面，都已經具有更良好的成效。

事實檔案

一束光的光波可以在所有角度上振盪，但當光束在穿過某些物質介面時會產生「**偏振**」（polarization），**讓光波只能在一個平面（方向）上振盪（即偏振光，若可在所有角度震盪則為非偏振光）**。光被反射時也會發生這種情況：偏光太陽眼鏡和攝影用的濾光片，都是利用只讓光線在一個平面上通過的材料製成，由於與反射光的角度不同，因此可以消除眩光。

當人造材料透過噴絲裝置噴出，其分子會平行於纖維的長度方向排列。如果一束偏振光照射通過纖維時，這些分子的排列會讓光以兩種方式出現，一種是平行於纖維的振盪，另一種則是垂直方向的振盪。兩者穿過纖維的速度是不同的，並出現所謂的「異相」（out of phase，波型變化不同）。

由於折射率（參見第十四章）所考慮的是光穿過可透光介質的速度，因此纖維會具有兩個折射率；兩者之間的差異稱為「雙折射值」（birefringence value），針對這種差異進行測量，便能確定纖維的性質。

此外，使用「**紅外線光譜法**」（infrared spectrometry）**還可測量不同波長的光在透過特定纖維時，被吸收的程度**，提供一種像是「簽名」的特徵，可用來與所有已知纖維的特徵相比較。

光譜法也可用於分析織物製造所使用的不同染料。分析染料時，必須將一種特定的微型儀器連接到傳統顯微鏡上，而且只需微量的纖維碎片即可進行。若觀察後仍對不明纖維的確實成分有所疑慮，可再以「氣相層析法」（gas chromatography）分析，亦即把纖維加熱到高溫，讓它分解成氣態的成分，便能分離與判別。

▲ 偏光顯微鏡下的壓紡人造纖維圖像。由光線顯示了纖維在物理結構上的差異，而且這些差異很容易跟天然纖維的結構相互區分。

犯罪檔案

傑佛瑞．麥克唐納（Jeffrey MacDonald）

他被指控謀殺妻子和兩個女兒，但他要求重審。上訴重點擺在現場發現的金色假髮上，結果假髮卻被證明來源自芭比娃娃。

一九七〇年二月十七日晚上，北卡羅來納州軍事基地布拉格堡（Fort Bragg）的憲兵接到緊急電話，得知在軍醫傑佛瑞．麥克唐納上尉家裡，發生了血腥事件。麥克唐納的妻子死了，被刺了二十一刀；麥克唐納身上也布滿流血的傷口，雖然人還清醒，但是無法動彈。床上以血跡寫了一個「豬」（PIG）字。在隔壁臥室裡，他兩個年幼的女兒也被刺傷並毆打致死。

麥克唐納說他在客廳沙發上睡著了，結果被妻子的尖叫聲吵醒。他發現四個嬉皮站在他身邊，領頭的是一個穿著深色衣服、戴著鬆軟黑帽子和金色假髮的女人，高呼著：「毒品超棒……殺了這些豬！」

▲1970 年 2 月，軍醫傑佛瑞．麥克唐納上尉在北卡羅來納州布拉格堡，刺殺了他的妻子和兩個年幼的女兒，被判有罪。

隨後他們用刀和冰錐猛烈攻擊他，他因此失去知覺。待他醒來，臥室裡的人都已遇害。

陸軍調查人員在麥克唐納的故事裡發現許多疑點，並在五月一日指控麥克唐納犯下謀殺罪。然而，陸軍草率的辦案過程，讓許多重要跡證都遺失了。因此在十月的時候，對麥克唐納的指控全被撤銷。

接著麥克唐納從軍隊辭職，但他後續種種可疑的行為，引起了聯邦調查局的懷疑。他們重新審查所有可用的證據，並在一九七四年七月將這些證據提交給大陪審團。於是麥克唐納被指控犯下這三起謀殺案，於一九七四年七月十六日被判有罪，處以三項無期徒刑。

麥克唐納不服判決，直到一九九二年，一位優秀的律師亞倫・德修維茲（Alan Dershowitz）為他重新聲請上訴。上訴的依據是其妻梳子上發現的金色假髮，並沒有在前一次審判提出作為證據，而且他們相信他所說的，有一個戴著金色假髮的女人出現在他家裡。

聯邦調查局再次檢驗了這項證據。**他們發現假髮有兩種類型，且以前從未見過其中一種。光譜分析顯示該纖維是合成樹脂紗綸**（saran），**會用在洋娃娃的頭髮或拖把上**。最終，聯邦調查局發現有兩種芭比娃娃的頭髮，是用這種纖維製成。雖然他們無法證明兩個被謀殺的女孩，擁有類似的芭比娃娃，但他們可以肯定的說，這些纖維並非來自人類假髮。

德修維茲提出問題，要求說明其他尚未解釋的現場纖維和毛髮。聯邦調查局回覆，其中一些纖維來自妻子的假髮，另一些纖維則確定來自她的衣服；至於她身上找到的一根毛髮，是麥克唐納的頭髮。隨後上訴遭到駁回。

犯罪檔案

韋恩・威廉斯（Wayne Williams）

在他被捕之前，亞特蘭大已經有二十多位年輕男性，慘死在他手下。最後，聯邦調查局在他家發現了相同的地毯與其他纖維。

一九七九年七月到一九八一年五月期間，有二十多位美國非裔男性在喬治亞州亞特蘭大郊區，被發現以窒息或其他方式謀殺了。勘察人員在他們的衣服上都發現了相同的纖維，看來像是連環殺人案。喬治亞州犯罪實驗室**檢驗了這些纖維，結果發現有兩種類型：一種是黃綠色尼龍纖維，似乎來自地毯；另一種則是紫羅蘭色的醋酸纖維**。

一九八一年二月，當地報紙報導了這項消息之後，凶手立刻改變習慣，開始剝掉受害者身上的衣服，丟到河裡滅跡。吉米・雷・佩恩（Jimmy Ray Payne）是死者之一，他的屍體在四月二十七日被發現，而鑑識人員在他的短褲上找到一根人造絲纖維。

警方決定在查特胡奇河（亞拉巴馬州和喬治亞州的州界）橋上架設攔檢哨。五月二十二日晚上，橋上的警官聽到一聲巨響，一輛警車立刻攔住了一輛旅行車，駕駛人為二十三歲的非裔美國音樂推廣人韋恩・威廉斯。當警方詢問他巨響的來源，他說剛剛把一些垃圾倒進河裡，警方聽完也沒多加懷疑就讓他離開了。

兩天之後，納桑尼爾・卡特（Nathaniel Cater）的屍體在查特胡奇酒店被發現，鑑識人員在他的頭髮裡發現了黃綠色的地毯纖維。六月二日，警方聲請到搜查威廉斯住家的搜索票，發現房子裡鋪滿了黃綠色尼龍地毯，跟屍體上採到的纖維相符。

就整起事件來看，光是這個纖維證據，並不足以將威廉斯與殺人事件串連起來，因此纖維分析工作移交給聯邦調查局實驗室。經過雙折射率分析後，證明尼龍纖維是由威爾曼公司（Wellman Inc.）的波士頓工廠所生產。這種特殊類型的產品，生產期間在一九六七年至一九七四年間，專門出售給各家地毯製造商。

染料的鑑定線索指向喬治亞州的紡織產品供應商——西點—佩珀爾公司（West Point-Pepperell Corporation）。這種地毯被命名為Luxaire，顏色為英國橄欖色。該公司只在一九七〇年至一九七一年間使用過威爾曼公司的纖維來製造地毯，並銷往包括喬治亞州在內的東南部十州。

▲ 韋恩・威廉斯在兩年多的時間裡，在亞特蘭大郊區謀殺了二十多位年輕的非裔美國人。

屍體上發現的纖維來自威廉斯家地毯的可能性有多少呢？假設這些地毯在十個州平均售出，並且知道西點－佩珀爾公司出售地毯的總面積，以及亞特蘭大市的房屋總數（接近六十四萬間）之後，聯邦調查局統計出來，機率為七千七百九十二分之一。

警方搜查威廉斯的車，發現車內地毯上的纖維與佩恩短褲上的人造絲相符。進一步統計結果顯示，純屬巧合的可能性為三千八百二十八分之一。結合一些數字後，不是威廉斯的機率低到接近兩千四百萬分之一。而且警方還在汽車中發現了威廉斯臥室的毯子和纖維，與取自早期受害者衣物的紫色醋酸纖維相符。

雖然要向陪審團解釋統計學上的機率計算過程相當困難，但檢方一共準備了四十張圖表和三百五十張照片來仔細解釋，因此在一九八二年二月二十七日的審判中，威廉斯終於獲判有罪，並被處以兩項無期徒刑。

▲ 查特胡奇河大橋。威廉斯曾在此處理掉一具受害者屍體後，被警車攔下訊問。

犯罪檔案

約翰・法蘭西斯・達菲（John Francis Duffy）

他因為經常在火車站附近作案，遂被稱作「鐵路強姦犯」（railway rapist）。當他謀殺受害者之後，警方靠著一種非常特殊的繩索證據，終於將他定罪。

一九八八年，英國法院裁定「鐵路強姦犯」約翰・法蘭西斯・達菲，犯下謀殺兩名年輕女性以及性侵另外三十多名女性的罪行。這都多虧了兩項纖維分析發揮了重要作用，好將他定罪。

命喪達菲手下的第一位受害者是十九歲的艾莉森・戴（Alison Day），她在一九八五年十二月二十九日被性侵並殺害。凶手把她的屍體扔進倫敦東部哈克尼威克區的黎河中。屍體在她失蹤十七天後被找到，警方的潛水員也在河床上尋獲她的羊皮夾克。經過仔細晾乾，鑑識人員在羊皮夾克上發現了可能來自攻擊者衣服的纖維，戴的襯衫和牛仔褲上也有其他不同的外來纖維。

四個月後，十五歲的馬蒂・譚伯耶瑟（Maartje Tamboezer）的屍體也被發現了。她的雙手被一條相當特殊的棕色繩子綁住，而這種繩子用扭曲的紙條交織製成。警方調查到這來自繩廠品牌Somyarn，生產地點在蘭開夏郡的一家工廠。製造商說，這種繩子用特別的寬邊紙條製成，而且在一九八二年以後就停產了。

後來，達菲終於在一九八六年秋天被捕。

警方搜查他的母親家時，在樓梯下方發現了這捆Somyarn繩球。倫敦警察廳實驗室也檢查了三十件他的衣服，並採集了兩千個纖維樣本，而且在首名受害者衣服上的十三種外來纖維，都與達菲的部分衣服纖維相互匹配。偵探警佐查爾斯·法夸爾（Charles Farquhar）事後說：「（結果）就像指紋一樣明確。」

▲ 1986 年 1 月，警方在發現艾莉森·戴屍體的河岸附近進行搜索。她慘遭外號「鐵路強姦犯」的約翰·法蘭西斯·達菲性侵並殺害。

犯罪檔案

安德列斯・施利歇爾（Andreas Schlicher）

他在德國謀殺一名年輕女子，砍下她的頭藏起來。然而他的鞋子上有犯罪現場的泥土，衣服上的有色纖維也與受害者的衣服顏色相符。

一九〇八年五月二十九日，警方接到報案電話，說瑪格麗特・菲爾伯特（Margarethe Filbert）失蹤了；當天下午她在德國巴伐利亞邦南部的法爾肯斯泰因山谷散步，但一直沒有回家。

第二天，她的無頭屍體在樹林中被發現。警方一開始認為這是一起性侵案，因為她仰躺著，裙子和襯裙都被拉到身上，然而驗屍結果顯示她未被性侵。卡在衣服裡的葉子，可以證明她被人拖著雙腿穿過灌木叢。法醫病理學家判定她是先被勒死，再用刀砍下頭部。

鑑識人員在菲爾伯特的手中發現頭髮。警方諮詢了曾經參與多項刑事調查的法蘭克福分析化學家格奧爾格・波普（Georg Popp），其分析報告表示頭髮來自女人。不過菲爾伯特被砍下的頭遲遲未找到，而且那個年代早在DNA分析技術開發之前，因此無法確定頭髮是否屬於她自己。

由於當地農民安德列斯・施利歇爾經常有暴力行為，他便成了警方的懷疑對象。雖然警方在他的衣服和指甲上，都發現了人血的痕跡，以及其他的間接證據，但都不足以證明施利歇爾有罪。

警方把施利歇爾的鞋子交給波普檢查。波普發現上面有不同層次的土壤，並認為鞋子上這些土壤，跟犯罪現場取得的土壤相符；他還**在施利歇爾的衣服上，發現了與受害者裙子和襯裙衣料相符的羊毛和棉纖維碎片**，這些纖維有些是紫色，有些是紅棕色。

波普使用分光光度計確定了纖維碎片中的有色染料，並確定它們與受害者衣服所使用的染料相同，這個證據足以讓陪審團認定施利歇爾有罪。在審判結束後，施利歇爾終於認罪，向警方招供他把菲爾伯特的頭藏在哪裡。

第十二章

子彈從哪把槍來？又會怎麼行進？

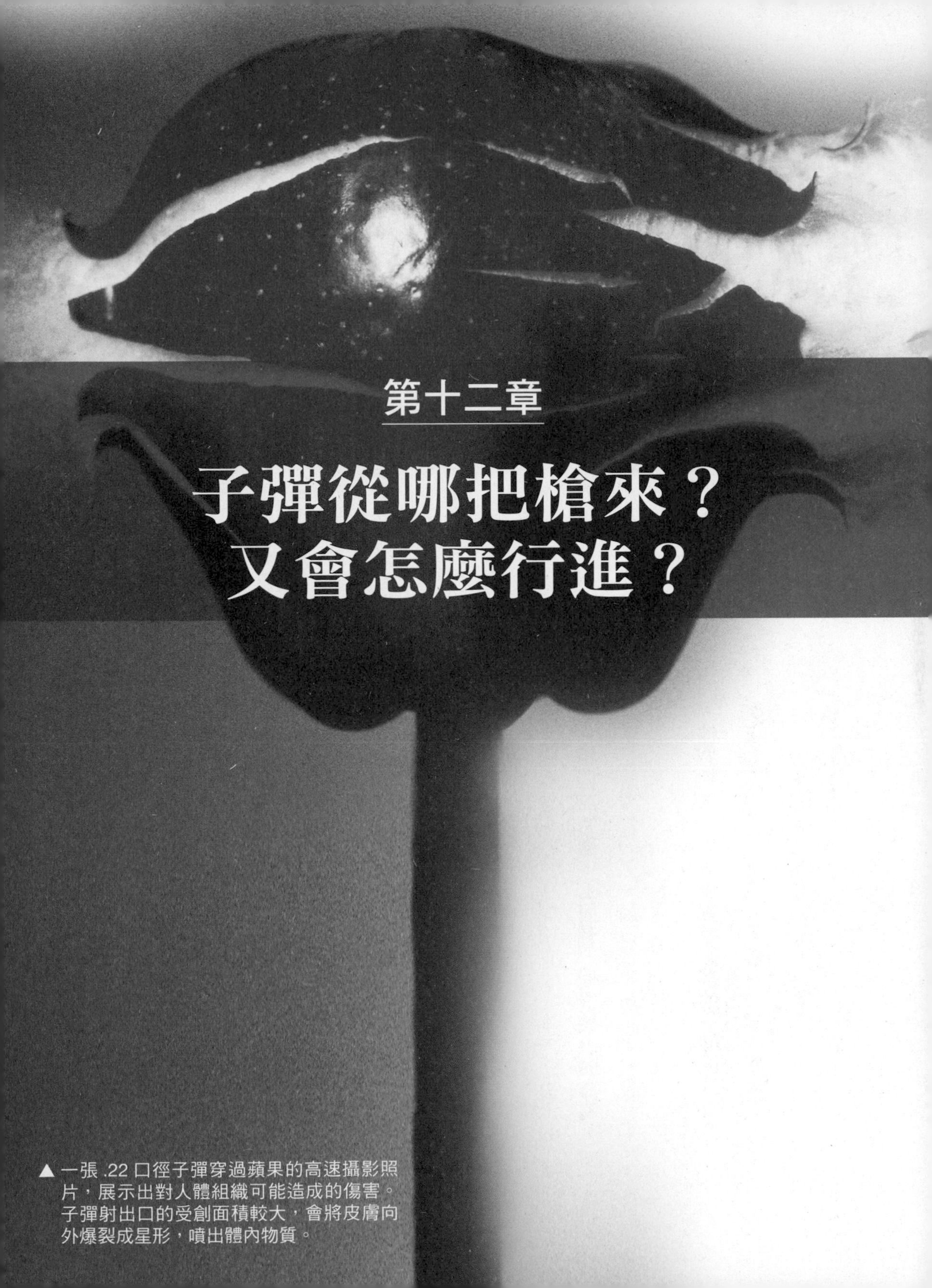

▲一張 .22 口徑子彈穿過蘋果的高速攝影照片，展示出對人體組織可能造成的傷害。子彈射出口的受創面積較大，會將皮膚向外爆裂成星形，噴出體內物質。

有時人們認為鑑識上所使用的「彈道學」（比對彈道以辨識槍枝和子彈的學問），是一門二十到二十一世紀才有的新科學。當然，就現在犯罪實驗室在槍傷和死亡案件經常用到的各種技術而言，確實如此；然而在歷史上，早期也有過一些成功比對子彈的紀錄。

英國十八世紀後期，蘭開夏郡男子愛德華．庫爾蕭（Edward Culshaw）遭到槍殺，擁有前膛槍的約翰．湯姆斯（John Toms）涉嫌殺人。這種早期手槍的射擊過程相當複雜，首先要填入火藥，然後在上面填進一層紙；接下來放入彈丸，並在其頂部裝入第二層紙，防止彈丸掉落。檢查庫爾蕭傷口的外科醫生，不僅從他身上取出了彈丸，還取出了一張紙片。這張紙是從一張民謠歌譜的邊緣撕下來的，紙張剩下的部分都還放在湯姆斯的口袋裡。撕下來的碎片跟剩下的紙完全吻合，而此證據便足以將湯姆斯送上絞刑臺。

一八三五年，鮑街警探隊（Bow Street Runners，英國第一支警察部隊的前身）的亨利．戈達（Henry Goddard），進行了一項接近現代彈道學的調查。該案件發生在漢普郡的南安普敦，看起來是一起入室盜竊案，歹徒作案時，管家宣稱他躺在床上遭受槍擊。戈達先檢查管家本人手槍上的子彈，再和從床頭木板上挖出的子彈進行比較。**兩者都有相同的特徵，上面有一個很微小的凸起，這是由鑄造子彈的模具缺陷所造成的**。因此很明顯——「是管家幹的！」最後管家承認自己設計了這件假盜竊案。

法國科學家在一八六九年所採用的方法並不相同，他們**把取自謀殺受害者頭部的子彈，拿來分析熔點、重量和組成成分**，並透過這種方式，證明了嫌犯槍枝所用的子彈，與被害人身上發現的子彈相同。

辨識槍枝，膛線是關鍵

除了滑膛霰彈槍外，十九世紀以來的大多數槍枝，槍管內都具有膛線。子彈通過槍管內部的螺旋槽，導致子彈旋轉，產生所謂的「陀螺穩定」，讓飛行中的子彈穩定前進，提高槍枝的準確度。在槍管螺線凹槽「陰線」（groove）之間，相對凸起的部分稱作「陽線」（land）。為確保緊密配合，子彈通常略大於槍膛，因此這些膛線區域會在子彈的本體上產生清晰可見的凹槽。

這種現象最早由法國里昂大學法醫學教授亞歷山大．拉卡薩涅（Alexandre Lacassagne）發現。一八八九年一起謀殺案中，他在受害者身上找到的子彈上，發現了七個凹槽，便將子彈拿來與嫌疑人所持有槍枝上的七個膛線凹槽相互比對，這也是現代彈道學研究的起點。

膛線的類型因製造商而異。槍枝檢查員可以根據膛線槽的數目、陰線和陽線之間的相對寬度，以及膛線是以順時針或逆時針旋轉子彈，來快速確定槍枝樣式。

由於每把槍都在同一臺機器上，一把接一把的被切割膛線，因此切割出這些凹槽的工具，經常會有輕微磨損，甚至最後損壞而必須更新。**這種磨損會導致凹槽底部出現細小的不規則紋路，而且每支槍枝的磨損程度都略有不同。這些不規則紋路會在子彈上產生輕微的刮痕（條紋），刮痕與陰線和陽線平行**，這便是發射槍枝的特徵。因此，在顯微鏡下檢驗條紋，就能比對辨識是否為同一把槍所發射的子彈。

有時如果是使用自動或半自動武器，在槍枝犯罪現場通常也會發現使用過的「彈殼」（細心的罪犯往往會試圖把這些彈殼帶走），此亦可作為證據，用以辨識出發射子彈的特定槍枝。

子彈靠在由硬化鋼製成的槍機上（抵住子彈），拉動扳機可驅動擊針穿過後膛的小孔，撞擊彈殼底端的底火。當子彈的火藥點燃，產生的巨大氣體壓力會將彈殼擠向後膛，因此子彈較軟的金屬會在硬化鋼的擠壓中留下磨損的印痕，而磨損在製造或後續使用過程都會產生。另外，擊針會在殼底留下自己的形狀，彈射子彈的裝置也可能在彈殼留下特殊標記。

一顆單獨的子彈，只要不在撞擊目標後過於變形，彈道學專家都有辦法描述子彈的製造方式，以及子彈發射時，穿過的槍管細節如何。如果是彈殼的情況，彈道學專家則可以預測後膛、擊針和彈射器的特性。因此只要發現嫌犯的武器，很快就能判斷證據讓案件成立。

此外也可以檢查槍管內部的膛線。在一九二〇年代中期，美國人約翰·費

▲ 槍管的螺旋膛線與凹槽。發射後的子彈旋轉時，會在子彈本體留下獨特的特徵紋路。世界上沒有兩把槍（即使是同一家廠商所製造的槍）會產生相同的紋路，因此彈道檢查員可以比對犯罪現場回收的子彈，以及從嫌疑人槍枝發射出來的測試子彈，利用這些紋路來驗明槍枝。

雪（John H. Fischer）以醫療儀器為基礎，發明了檢查膛線用的「窺膛鏡」（helixometer）。然而比較常見的做法還是在相同測試條件下，將犯罪現場的子彈與從可疑槍枝發射出來的子彈進行比對。還有，調查人員可以利用「整合式彈道辨識系統」（Integrated Ballistic Identification System，簡稱IBIS），此技術可產生高解析度且立體的圖像來分析彈道，準確比對彈殼、子彈與槍枝。

一九〇〇年，阿爾伯特·萊維林·霍爾（Albert Llewellyn Hall）博士的文章〈彈道與武器〉（*The Missile and the Weapon*）成冊出版，這篇專門討論槍枝識別問題的論文，出版後引起了美國法官小奧利弗·溫德爾·霍姆斯（Oliver Wendell Holmes, Jr.）的注意。一九〇二年，霍姆斯在一次審判中，面對被指控以轉輪手槍殺人的男子——貝斯特（Best），決定請一位槍匠前來檢查證據。槍匠以貝斯特的槍，對著一盒棉絨開了一槍。隨後霍姆斯就在法庭上，用放大鏡向陪審團展示了兩顆子彈間的相似之處。

時至今日，鑑識人員採用的依然是類似方法。但考慮到棉的纖維本身也可能會在彈身留下痕跡，所以現在**更常見的是朝水箱內發射測試子彈，只要水深約六呎（約一·八公尺）便可擋下子彈。**

▲小奧利弗·溫德爾·霍姆斯法官肖像。他在 1902 年時，讓一位製槍匠發射一顆測試子彈，並與案發現場找到的子彈進行比對。正如霍姆斯法官在判決中所說：「我認為陪審團無法找到其他更聰明的做法，來了解槍管如何給穿過的子彈加上標記。」

比對顯微鏡，比對彈身痕跡

在美國確立了刑事彈道學這門科學，要歸功於紐約州檢察官辦公室助理查爾斯・韋特（Charles Waite）。一九一五年，德國移民施蒂洛（Stielow）因為槍殺了七十歲的農民查爾斯・菲爾普斯（Charles Phelps）及其管家而被判有罪，並被送往新新懲教所等待電椅行刑。一九一六年七月，施蒂洛的律師要求暫緩執行死刑，因為有兩名流浪漢出面認罪。於是韋特請紐約市凶殺案小組的成員瓊斯（Jones）上尉，負責檢查施蒂洛的槍。

瓊斯在槍枝檢查報告裡說這把槍已經嚴重腐蝕，至少有四、五年沒射擊過。後來進行的測試射擊也顯示，這把槍的子彈與從受害者身體射出的子彈有明顯差異；最後，在羅徹斯特市一個實驗室進行的顯微鏡檢查，確定了這些膛線所留下的凹槽痕跡完全不同，施蒂洛也終於獲得赦免。

一戰期間在軍隊服役過後，韋特花了兩年時間遊遍美國和歐洲，拜訪每家槍枝製造商以蒐集各種數據。他的工作很快就促使紐約彈道鑑識局成立，這也是世界上第一間此類型的機構。一九二六年韋特去世後，卡爾文・戈達德（Calvin Goddard）上校繼任該局局長，而他第一個重大案件便是尼可拉・薩科（Nicola Sacco）和巴特羅梅歐・萬澤第（Bartolomeo Vanzetti）的案子（見下頁犯罪檔案）。

彈道學的新進展來自韋特的合作者，也就是化學家菲利普・格拉維爾（Philip O. Gravelle）所發明的比對顯微鏡。基本上，這是一部帶有單目鏡、雙物鏡的顯微鏡，也就是說，**如果把子彈各自放在物鏡下方，很方便就能仔細比對兩顆子彈上的痕跡**。

犯罪檔案

尼可拉・薩科（Nicola Sacco）&
巴特羅梅歐・萬澤第（Bartolomeo Vanzetti）

兩名「無政府主義者」被控謀殺，而這起案件的審判和定罪，在一九二〇年代造成轟動。當案件重審時，彈道學專家證明致命子彈來自於其中一人的槍。

一九二〇年四月十五日下午，在美國麻州南布倫特里地區的一家鞋廠外，兩名男子從一輛別克（Buick）汽車下來，擊倒了兩名保全警衛後，搶走大約一萬六千美元，這是公司本來要用來支薪的錢。目擊者說這些人「長得像義大利人」，並且說車裡似乎還有另外三名男子。**在警衛的身體四周散落了一些點三二口徑的彈殼，彈殼上的製造商標示共三家：**彼得斯（Peters）、溫徹斯特（Winchester）和雷明頓（Remington）。

不久之後，兩名男子在靠近橋水市的一輛電車上被捕。他們果然是義大利移民，分別是二十九歲的尼可拉・薩科和三十二歲的巴特羅梅歐・萬澤第。薩科身上帶著一把已經上膛的柯特點三二轉輪手槍，以及二十三發子彈，這些子彈正是由彼得斯、溫徹斯特和雷明頓等公司所製。除此之外，萬澤第帶了一把哈靈頓&理查森（Harrington & Richardson），簡稱H&R）公司的點三二轉輪手槍，身上還攜帶了四顆霰彈槍子彈，這跟四個月前在另一次搶奪工資失敗的現場所發現的子彈相同。

美國在當時的幾年之間，發生過多起「無政府主義者」的暴行，而且通常涉及土製炸彈。這些暴力事件多半源自東海岸各州的工業動盪，其根本原因是移民工人的工作條件太差了。被捕的兩名義大利人代表了警方正在積極對付這些移工，這也讓移工們有了抗議的理由。

萬澤第在第一次搶奪工資失敗的案子裡被判有罪，並處以十五年監禁，但那次薩科有很明確的不在場證明。接著在一九二一年五月三十一日，兩人因南布倫特里地區的雙重謀殺案出庭受審。在此同時，他們的辯護團隊尋求世界各地的左翼組織支持，還以「薩科－萬澤第」辯護委員會的名義，成立了一個辯護基金。這讓兩人受到的審判，看起來更像是基於他們的政治主張，而非他們犯下的罪行。

▲尼可拉·薩科（右）和巴特羅梅歐·萬澤第（左）抵達法庭接受審判。

控方證人共有五十九人，辯方證人卻有九十九人。一名控方證人作證說，薩科開了致命的一槍，但辯方的兩名專家證人——詹姆斯．伯恩斯（James Burns）和奧古斯都．吉爾（Augustus Gill）——卻宣稱這件事不可能發生。證據之一是這些子彈均為過去製造的老式子彈，而且除了薩科口袋裡的二十三發舊子彈外，找不到其他子彈來源。不過在七月時，陪審團依舊做出有罪判決，兩人均以死刑定讞。

國際間的抗議仍然持續著，辯方也呼籲重審案件。控方專家查爾斯．范．安伯格（Charles Van Amburgh）重新檢查了彈道證據，並利用查爾斯．韋特開發的新技術，製作了薩科的槍所發射之致命子彈和測試子彈的比對照片。

▲兩名「無政府主義者」被捕後所引發的眾多示威活動之一。

最後在一九二七年六月，卡爾文．戈達德上校以中立專家的身分提供意見。在辯方專家吉爾的見證下，他朝一團棉絨發射一顆測試子彈，然後將這顆子彈跟受害者身上的子彈並排，放在他的比對顯微鏡下觀察。結果毫無疑問，吉爾不得不同意的說：「好吧，還真想不到會有這種結果！」當另一位辯方專家伯恩斯也改變自己的看法，薩科和萬澤第已經沒有任何希望。一九二七年八月二十三日，獲判有罪的兩人被送上電椅。萬澤第的遺言是「我是無辜的」；薩科則大喊：「無政府主義萬歲！」

審判的爭議一直延續著。經過三十多年後的一九六一年十月，紐澤西槍枝實驗室前負責人弗蘭克．朱里（Frank Jury）上校所領導的鑑識小組得出結論，子彈確實來自薩科的槍。最後在一九八三年三月，另一支由波士頓電視臺出資的專家團隊，也表明了戈達德的實驗正確。

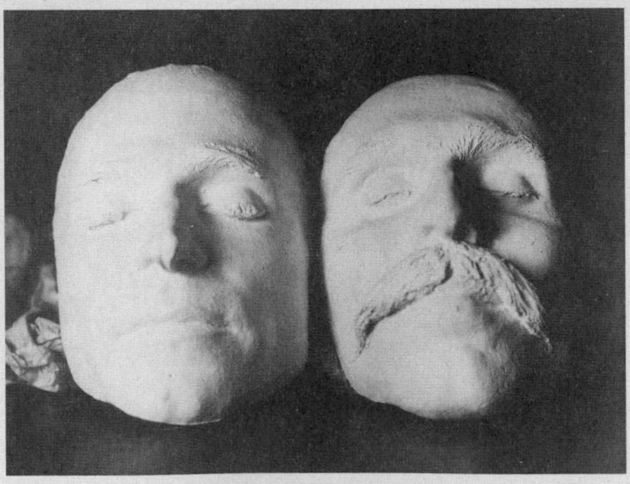

▲在 1927 年 8 月 23 日處決了薩科和萬澤第後，所製作的死亡面具（Death Mask，以石膏或蠟將死者的容貌保存下來的塑像）。

藉由比對顯微鏡這臺儀器，戈達德在一九二九年，確定了芝加哥黑幫凶殺案「情人節大屠殺」所使用的兩把湯普森衝鋒槍。這次成功讓聯邦調查局局長胡佛印象深刻，因此他說服戈達德，在伊利諾州的西北大學（Northwestern University）建立科學犯罪偵查實驗室。不久之後，胡佛也在華盛頓特區成立聯邦調查局彈道學部門。這個部門後來成為了世界上最大、最繁忙的槍枝調查中心。

在比對顯微鏡的消息傳到英國後，引起倫敦四十一歲的槍枝製造商——羅伯特．丘吉爾（Robert Churchill）的注意，因為他從一九一二年以來，一直在槍枝案件的法庭上，以專家證人的身分出席。他跟另一位合夥人——休．波拉德（Hugh Pollard）少校，也一直在進行類似的器材實驗。這種儀器是從一九一九年的原始版本改良而來（原始版本由蘇格蘭病理學家悉尼．史密斯所開發）。丘吉爾在一九二七年前往美國，請教戈達德上校，並且蒐集了大量的比對顯微鏡資料，打算在返回倫敦時，按照戈達德上校的規格製作一臺。

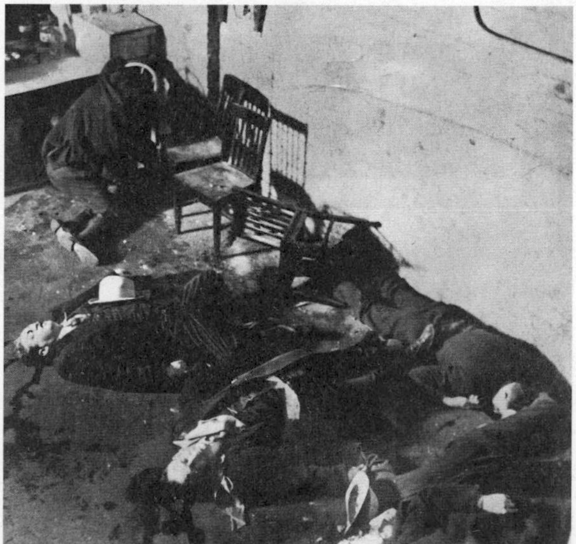

▲1929 年 2 月 14 日「情人節大屠殺」結束的現場情景。當時麥格克（Jack McGurn，綽號「機關槍傑克」）領導一群艾爾．卡彭（Al Capone，綽號「疤面」）的幫派成員偽裝成警察，屠殺了喬治．莫蘭（George Moran，綽號「瘋子莫蘭」）的 7 名手下。

丘吉爾藉由大幅改良過的新儀器，在一九二八年九月首次建功。那次案件的凶手是佛瑞德里克・布朗（Frederick Browne）和威廉・甘迺迪（William Kennedy），兩人因為謀殺員警喬治・古特瑞奇（George Gutteridge）而受審。

當時，丘吉爾帶領一個由陸軍部三名專家所組成的團隊，提供證據來說明殺死古特瑞奇的子彈，與布朗的韋伯利轉輪手槍在測試中發射的子彈，**兩者彈身上的條紋完全一致**。他們也提出另一項證據，表明**犯罪現場彈殼上的刮痕，與後膛上的磨損刮痕相符**。他們還在法庭上報告，他們已經試射過將近一千三百把相同類型的轉輪手槍，完全沒有發現類似刮痕。因此布朗和甘迺迪被判有罪，並被處以絞刑。

由於這個案子發生在薩科和萬澤第案的最終判決後不久，因此同樣引起了國際關注。就在幾年之內，法國里昂、德國司徒加特和柏林、挪威奧斯陸，以及不久之後在俄羅斯莫斯科，都陸續成立了彈道學實驗室，讓刑事彈道學這門科學日趨成熟。

火藥刺青，隨開槍距離而有變化

在前面提到那起殺警案發生前幾個月，丘吉爾在另一起英國槍擊謀殺案中，提供了一種截然不同的證據。一九二七年十月十日晚上，一個名叫伊諾克・迪克斯（Enoch Dix）的盜獵者，帶著他的點四一〇單管獵槍，走進位於巴斯市附近坦普爾勳爵莊園的吹哨樹林（Whistling Copse）。獵場的守衛威廉・沃克（William Walker）和他的手下喬治・羅林斯（George Rawlings）發現之後往前追趕，迪克斯於是轉身開了一槍擊中沃克；挨槍的沃克垂死掙扎，羅林斯則迅速向逃跑的偷獵者還擊。

當警察搜查迪克斯的小屋時發現了這把槍，也發現他的背部布滿了彈丸造成的傷口。他宣稱羅林斯先開槍，他的槍則是因為在受傷的衝擊下意外走火。

而當丘吉爾被問及到底誰先開槍，以及在什麼範圍內開槍時，他做了個實驗，將這兩把槍裝滿同樣口徑的彈丸，對著一面粉刷過的鋼板開火。他發現在十五碼（約十三．七公尺）處，子彈分布的範圍在二十七到三十吋（約六十八．六到七十六．二公分）之間；在二十碼（約十八．二公尺）處，子彈分布的範圍在三十六到三十八吋（約九十一．四到九十六．五公分）之間。**根據迪克斯背部的傷口和擊中附近一棵樹的彈丸來看，丘吉爾計算出羅林斯開火時，迪克斯一定在至少十五碼之外**。如果照他所說接下來他的槍走火了，沃克中彈的分布範圍也會相同，然而沃克身上的致命傷範圍只覆蓋了大約四到五吋（約十．二到十二．七公分），也就是在近距離被射殺。儘管法官向陪審團指示這項證據僅供參考，但迪克斯還是被判犯下過失殺人罪。

從這起案件開始，警方在許多情況下都會加強檢查槍擊的傷口。

如果手槍近距離射擊，燃燒的（有時尚未燃燒的）**火藥顆粒，會在傷口周圍的裸露皮膚上產生一種特別的「火**

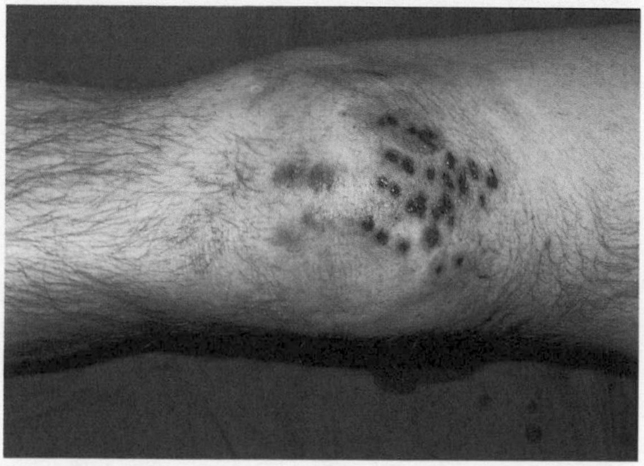

▲從這條腿上的傷口，可以看到霰彈槍子彈所造成的典型傷口圖案。

藥刺青」，在衣服上也會產生類似的圖案。這些傷口的大小與分布，可以引導判斷射擊距離和方向。如果槍口直接瞄準受害者，圖案便幾乎是圓形的。如果武器與皮膚接觸或者在半吋（約一・三公分）不到的距離，以及射擊距離超過十呎（約三公尺）以上，傷者身上往往就不會出現這種火藥刺青。

不論子彈穿過任何材料，都會在彈孔周圍的「接觸環」（contact ring）中，留下細微的火藥殘跡（如鉛、銅、銻、錫、汞、鎳和鋅等）；為了讓這些火藥殘跡變得可見，我們可以使用化學試劑檢測。而**在近距離射擊時，子彈的高溫會融化衣服中的合成纖維，因此也能指示出射擊的距離**。一般嫌犯經常宣稱自己的槍是在打鬥中意外走火，只要利用子彈或火藥的殘留證據，便能證實或反駁其說法。

子彈在穿透物體或從物體表面彈開時，都會帶走一些東西，例如骨頭碎片、頭髮、牆壁材料、油漆、玻璃、纖維，甚至是血液。這些東西對於計算子彈的路徑，都可能具有重要價值。比方說有個案件是美國賓州的一名警察，被指控殺害了一位無辜的駕駛，而警察主張自己跌倒時槍枝意外走火。透過顯微鏡檢查，可見到子彈上有柏油和玻璃的痕跡，表示它是從道路上彈回，穿過車窗誤擊了受害者。

一般槍管射擊時的高壓氣體會迅速膨脹，隨之而來的便是槍口的「回退效應」（drawback effect），這可能導致槍口附近的物質（例如近距離射擊之被害人血跡）會被吸入槍管內。在佛羅里達州的一起謀殺案裡，凶手用枕頭蓋住槍口試圖掩蓋槍聲。當嫌犯被逮捕時，警方在他的槍裡發現一根枕頭填充羽毛的碎片。

犯罪檔案

拉斯維加斯墜機案

一架飛機在無明顯機械原因的情況下墜毀，隨後聯邦調查局介入調查。其中一名探員在飛行員座位鐵框內，發現了鉛的痕跡，而且可以很肯定是來自一顆子彈。

在一九五〇年代，有一架從舊金山飛往拉斯維加斯、載著一群賭徒的美國飛機，在沒有任何明顯機械因素的情況下墜毀，有人指出可能是因為飛行員被槍殺。聯邦調查局派出探員比爾．馬吉（Bill Magee）前往墜機現場進行調查，他發現機身蒙皮碎片上的幾千個鉚釘孔，跟點三八口徑子彈打出來的彈孔完全吻合，因此似乎無法輕易判斷出飛機上是否有人開過槍。

後來，馬吉在向其他探員展示如何檢測是否含鉛的化學測試時，**剛好拿到一根上面有凹痕的金屬管，並驚訝的發現含鉛的陽性反應**。而且這根金屬管正是飛行員座位鐵框的一部分，也就證明了至少有人朝他開了一槍。

一旦嫌犯在槍擊現場或槍擊案發生後不久被拘留，警方首先會檢查嫌犯的手。因為火藥的射擊殘跡會從槍後膛吹出，隨著溢散出來而轉移，只要擦拭手上皮膚取得樣本，便可查出嫌犯最近是否有開槍。

以前會用棉籤來檢測硝酸鹽（火藥的成分），然而硝酸鹽越來越常用於化妝品以及香菸或農業化學品中，因此現在警方改採其他測試法。例如，底火火藥中的鋇和銻會形成微小粒子，可以直接透過電子顯微鏡觀察，或透過化學試劑來鑑定。

子彈如何行進？

旋轉的子彈會以每秒超過一千五百英呎（約四百五十七公尺）的速度離開刻有膛線的槍管，並在此過程中產生「尾巴搖擺」（tail wag）。這種搖擺不像陀螺旋轉，會先擺動再趨於穩定，而是剛好相反。且尾巴搖擺會讓子彈在接觸物體的時候，產生一個比本身口徑更大的射入口；而在目標內部，子彈也以這樣的旋轉搖擺方式偏轉，即使子彈完好無損，**子彈的射出口也會比射入口大上許多倍**。

由於子彈穿透皮膚的摩擦熱，使得射入口的傷口，通常會是一個帶有「擦傷環」（abrasion collar，又稱挫傷環〔contusion collar〕）的乾淨小孔。只要槍不是在近距離射擊（近距離的情況下，彈孔可能比子彈小），彈孔大小便可提供子彈口徑的近似測量值。如果是在更遠的距離射擊，子彈很可能已經產生滾擺，進而造成較大的撕裂傷。

子彈射入人體組織內會發生「空穴現象」（cavitation，漩渦凹）21，亦即**子彈的力量導致組織先**

膨脹，然後再塌陷，留下了清晰可測的軌跡。射出傷口通常較大，會將人體皮膚向外爆裂成星形。而如果子彈擊中骨頭（甚至其他較硬的組織），可能會造成子彈部分或全部炸開，將人體撕裂出一個大洞。反過來說，如果皮膚被腰帶或其他緊身衣服綁住，或是受害者靠牆時，射出傷口也可能與射入傷口一樣小。

將這些因素都考慮進去的話，要確定子彈發射的確切方向及其口徑，顯然並不容易。分析任何碎片都可能有助於確定子彈的種類，以及可能的口徑大小。然而子彈發射後的行進方向，無論在飛行過程或穿透目標後，都相當難以確定，有時要非常仔細的檢查過受害者，才有機會發現必要的線索。

一旦子彈進入受害者的身體，可能會以各種奇怪的方式前進。蘇格蘭法醫病理學家悉尼·史密斯爵士描述過的兩個奇怪案例，可以證明這點。

21 編按：子彈高速前進，後面會形成一短暫的負壓，對附近組織造成傷害，形成空洞。

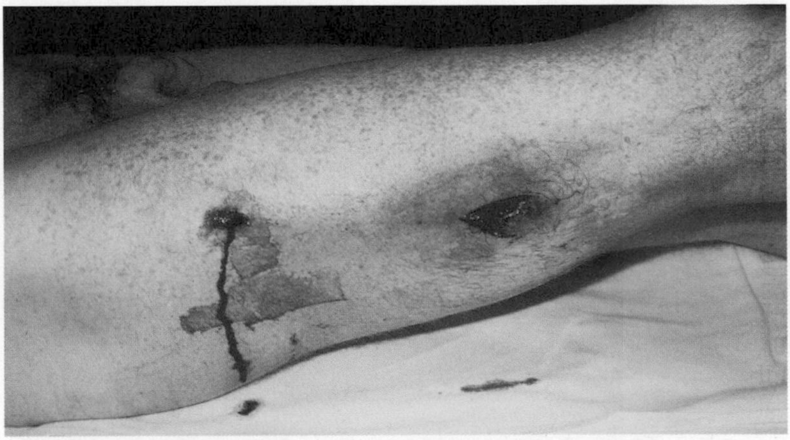

▲ 子彈射出身體造成的傷口（右），通常比射入口大得多。

第一個案例是一名逃兵因拒捕被子彈射中，後來大量出血而死。事實上，這枚子彈先是射入他的左大腿外側，留下一個乾淨的射入口，接著穿過股骨後面的肉，雖然把肌肉都打爛了，但又避開了內部的主要血管。然後子彈射出，形成一個直徑接近三吋（約七．六公分）的射出口。接下來子彈又射入右大腿內側，造成三×六吋（約七．六×十五．二公分）的大片撕裂傷口。在破壞了更多的肌肉組織後，再次進入體內的子彈擊中股骨下端並且解體，接著粉碎了骨頭，切斷腿上的動脈。有一、兩片子彈碎片在大腿外側留下一個較小的射出口。史密斯爵士寫道：「任何無槍擊相關經驗或知識者，在看到這種傷口時，可能會認為受害者身中兩槍，一槍打中左側，另一槍打中右側。」

在第二個案例裡頭，一位年輕士兵的雙臂和雙腿都受重傷，每條手臂和腿都有一個入口和一個出口傷口。結果顯示，當他身旁士兵的槍意外走火時，他剛好向斜前方彎腰調整綁腿。子彈從左膝外側下方射入，再穿過左臂肘部下方進入右腿，最後才射入右臂。子彈對前三個肢體造成的傷害很小，但在射中右臂時子彈解體，造成嚴重傷害。

美國聯邦調查局也報告過兩起相當特殊的案例，案件之一是受害者的手腕被一顆點二二子彈擊中。因為子彈口徑小，剛好沿著靜脈進入心臟，因而致命。

在另一起案件中，一名歹徒在奧克拉荷馬州持槍劫持一家銀行。這家銀行共有三名行員，行員之一恰巧跟歹徒讀同一所高中，因此認出了他。為了消滅這些目擊者，歹徒將他們押到銀行後面，逼他們跪下，然後用點三五七的大口徑麥格農手槍將他們逐一射殺。輪到銀行出納員時，子彈射進她的頭骨後，在她的腦裡轉了一圈，然後從她的前額射出。她當場失去知覺，歹徒也確信她已經死亡——然而她竟然還活著，大腦也完好如初。在庭審時，她已經康復並且出庭作證。

犯罪檔案

李・哈維・奧斯華（Lee Harvey Oswald）

一九六三年甘迺迪總統遇刺時，迪利廣場（Dealey Plaza）上到底開了多少槍？
法醫病理學家在一九七七年檢查了各種證據，確信凶手只開了兩槍。

一九六三年十一月二十二日，甘迺迪總統在德州達拉斯市被暗殺後，現場一片恐慌；聯邦調查局將總統的屍體從達拉斯的帕克蘭紀念醫院（Parkland Memorial Hospital），強行移送到華盛頓特區的國家海軍醫療中心（National Naval Medical Center）；這些驗屍X光片和現場樣本的祕密，以及證據失蹤等其他因素，助長了坊間大量流傳的暗殺陰謀論。

在達拉斯和華盛頓檢查總統屍體的法醫病理學家，恰巧都沒有處理槍傷的經驗。而

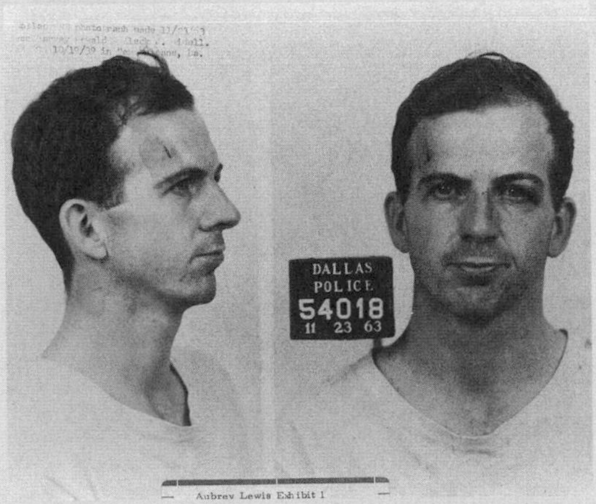

▲1963年11月22日甘迺迪總統遇刺，嫌犯李・哈維・奧斯華於達拉斯警察局拍攝的照片。

在一九六四年時，華倫委員會（Warren Commission，甘迺迪遇刺事件總統調查委員會）成立了，專責審查整起案件的證據以消除各種謠言，但他們並未諮詢任何一位法醫病理學家。直到一九七七年，國會成立的暗殺特別委員會才召集了一個法醫病理學家小組來審查證據。在紐約市法醫麥克爾．巴登醫師的帶領下，專家小組再次徹底查看所有醫療和驗屍報告、照片、X光片和總統的衣服。這群專家首先要解決的問題，**便是總統車隊當場到底遭受幾次槍擊？凶手開槍的地點是否只有一處？**

一九六三年，當時的指揮

▲事件順序：①甘迺迪總統和第一夫人賈桂琳（Jacqueline）說話；②總統被子彈擊中；③賈桂琳摟住他；④賈桂琳爬到後車廂上尋求幫助，特勤局人員克林頓．希爾（Clinton J. Hill）跳上車幫忙；⑤希爾把賈桂琳推回車裡；⑥希爾用身體保護第一夫人和總統，車子加速開往醫院。

官，也就是海軍法醫病理學家詹姆斯．休姆斯（James Humes）在驗屍時，發現總統背部和頭部各有一處傷口，喉嚨前面似乎也有一處子彈射入口的較大傷口。從X光片可以發現體內並沒有子彈，擊中背部的子彈似乎在前進了幾吋之後，從射入的同一個孔中掉了出來。但是，正如休姆斯告訴聯邦調查局的：「這不可能，空穴現象會阻止它（子彈會被負壓拉住而非掉出來）。」休姆斯本人也無法理解頭部中的子彈到底發生了什麼情況。當時還沒有對身體組織進行深入檢查，以確定兩顆子彈的軌跡。

隔天，當甘迺迪的遺體被運走後，休姆斯打電話給達拉斯的馬爾康．派瑞（Malcolm Perry）醫師，得知**總統進行過氣管切開術（氣切），試圖讓他恢復呼吸。由此可知，這個切口蓋掉了進入背部之子彈的射出口。**子彈是金屬包覆的軍用子彈，從側面擊中了德州州長約翰．康納利（John Connally）的背部，射入位置在右腋窩上方；而子彈先是傷及他的肺和第五根肋骨，再從右乳頭下方射出，然後穿過橈骨射入他的右手

▲狙擊手的藏身之處，就在達拉斯的德州教科書倉庫大樓（Texas School Book Depository）6樓。

腕，接著又穿過了左大腿。

衣服的檢查結果，證實了襯衫和夾克的背後各有一個整齊的圓孔，領帶和襯衫領子上都有狹縫狀的射出孔。

最後，當康納利讓巴登醫生檢查自己的背部時，發現其傷口疤痕有兩吋（約五公分）長，這是子彈向側面移動的明確證據。造成所有傷害的子彈，被發現就掉在將康納利送往醫院的擔架上，子彈從大腿的傷口掉了出來。

至於擊中總統頭部的子彈，鑑識專家強化處理了可用的X光片，顯示出子彈的軌跡——進入了後腦下方約一、兩吋（約二．五至五公分）處，並在他的右耳上方製造出一個巨大的射出傷口。這顆子彈還擊中了汽車的擋風玻璃支柱，在地板上尋獲。因此巴登醫師和他的同事們確定，**一共只有兩發子彈，且都是從後方射擊**。

高速子彈可以從射擊現場飛過很遠的距離。一九八一年，隆納．雷根（Ronald Reagan）總統被小約翰．欣克利（John Hinckley Jr.）槍擊時，聯邦調查局探員知道凶手一共射擊了六顆子彈；中彈者身上有四顆，第五顆射中總統座車的右後窗，不過卻找不到第六顆。調查局探員在現場四處搜尋，仔細搜索並檢查了街上的每一塊碎片，之後終於找到這顆子彈——它射中對街樓上的窗戶，然後解體了。調查局探員在窗戶下方發現了子彈的碎片，但玻璃上只有一個小洞。

有時候，是可以確定子彈軌跡的。有個典型案例發生在華盛頓特區，一發子彈穿過窗戶，射入以色列領事館的牆上。剛開始人們認為這是一次恐怖攻擊，但當聯邦調查局專家從牆上的撞擊點，用雷射光束瞄準窗戶上的洞，光束穿過了附近的其他建築物，指向幾個街區外的空地。結果他們發現那裡有一名警衛正在追捕一名皮包搶匪，並朝對方開了一槍。子彈上的印痕也與警衛槍枝發射的測試子彈吻合，證明是他開的槍。

這些案例以及其他更多案例，都清楚顯示了專家使用極為嚴謹的程序，仔細搜索犯罪現場的重要性；也能證明鑑識團隊的工作，對於拼湊和證明發生過的事情，並將肇事者繩之以法來說，是多麼不可或缺。

第十三章

火災帶來爆炸，爆炸引起火災

▲ 當爆炸發生時，火焰、煙霧和燃燒的碎片被拋向空中。暗橘紅色的火焰和濃濃的黑煙，表示正在燃燒的物質含碳量豐富，例如油品類。

爆炸與火災密切相關，它們的化學反應過程非常相似，火災往往會帶來爆炸，或者爆炸後會引發大火。在這種情況下檢查與辨識受害者身分，對鑑識專家和其他檢查人員而言可說是困難重重。而要清楚事件發生的實際經過，還需要特殊專家的調查。

爆炸物，依靠碳與氧的結合

爆炸分成四種主要類型，差異取決於它們的能量來源：一、物理（爆炸的壓力容器）；二、化學（火藥），以及它們的軌跡，也就是所在地點；三、粉塵（例如空氣中高濃度的麵粉）；四、壓縮（塑膠炸藥的爆炸）。

世界上被製造出來的第一種爆炸物是火藥，其成分剛好呈現了爆炸的所有需求。火藥是一種混合物，主要由硝酸鉀（硝石）和木炭以及一些硫磺所組成。硝酸鉀是豐富的氧氣來源，會跟木炭中的碳結合形成二氧化碳氣體。若是在露天燃燒火藥，火藥會安全快速的燃燒完畢；但如果將其限制在剛性容器中，那麼快速膨脹的氣體便會造成爆炸。大多數的現代炸藥都依靠著碳與氧的結合。

氧的來源（氧源）和碳的包裝形式越緊密，爆炸的力量就越大。影響爆炸威力最重要的就是應該產生最多的氣體，並盡可能留下最少的固體。從這個方面來看，火藥的效率並不算高，因為火藥超過五〇％的爆炸產物是固體。還有許多其他炸藥也會留下大量的固體殘留物。

事實上，在我們走過的街道上，每分鐘都發生了數以百萬計的爆炸，這些爆炸發生於經過的汽車、卡車、公車和摩托車的引擎內部。在引擎的每個氣缸中，從大氣吸入的氧氣和燃料的混合物，會被壓縮後爆炸。家用瓦斯的爆炸在本質上也是相同機制，易燃燃料在封閉的氣罐空間中被空氣稀釋，並形成爆炸性的混合物。

爆炸物裡的氧源，可能是混合物裡的單獨成分（如火藥的成分），也可能是亦含有碳的化合物分子之一部分。在爆炸物的混合物中，最受青睞的氧源便是硝酸鹽和氯酸鹽。這既是常見的農藥化學品、化肥或除草劑成分，也常被用在恐怖攻擊中。一九九五年四月十九日，蒂莫西・麥克維（Timothy McVeigh）和特里・尼科爾斯（Terry Nichols）為摧毀奧克拉荷馬市的艾爾弗雷德・P・默拉聯邦大樓（Alfred P. Murrah Federal Building）所製造的炸彈，就是這種類型的混合物。

事實檔案

何謂爆炸物？

- 可能是單一物質或多種物質的混合物。
- 該物質或混合物處於「僅僅暫時穩定」的化學狀態。
- 一旦破壞這種穩定狀態，大量的能量會以高熱、迅速膨脹的氣體形式突然釋放。根據對爆炸的研究數據來看，爆炸衝擊波的溫度可能高達華氏九千度（約攝氏五千度），壓力則可能高達每平方英吋一千兩百噸（約每平方公分二十萬公斤），速度則可達到每小時一萬八千英里（約每秒八千公尺）。

隨著十九世紀在有機化學方面的進展，化學家合成了在單一分子中同時包含碳和硝酸鹽官能基（決定有機化合物的化學性質的原子和原子團）的物質。最早出現的就是硝化甘油、三硝基甲苯（TNT）和苦味酸（三硝基苯酚，俗稱黃色炸藥[22]）。目前較新的炸藥包括特屈兒（tetryl，三硝基苯甲硝胺）、PETN（季戊四醇四硝酸酯，塞姆汀炸藥〔Semtex〕的主要成分）和黑索金（Cyclonite，又稱RDX，是一種高能炸藥，學名環三亞甲基三硝胺）。

作為不穩定的化合物，這些炸藥都存在自發爆炸的危險，所以這些產品必須以操作上相對安全的形式來製造。例如，硝化甘油是一種液體，如果掉落或搖晃可能就會爆炸。阿佛烈・諾貝爾（Alfred Nobel）在一八六六年發明的第一個炸藥，便是硝化甘油和矽藻土（會吸附硝化甘油）混合而成，在面對衝擊時較不敏感。目前依據炸藥的用途不同，多半會採用各種「惰性物質」來「稀釋」炸藥。

▲1995年4月19日，奧克拉荷馬市的艾爾弗雷德・P・默拉聯邦大樓發生爆炸，作案所用炸藥的類型非常簡單，是現成的除草劑。

只要遇到衝擊、摩擦（例如火柴）、火焰或放電，便可引發爆炸。引發爆炸的因素是炸藥中某一點的溫度升高，引起反應。一旦反應開始，它就會自己產生熱量，並以球形衝擊波的形式向外擴散，其速度非常快，**通常爆炸反應在百萬分之幾秒內就結束了**。

由於製造出來的炸藥講求操作安全，因此可能很難引爆，而這也就是「雷管」（detonator）或「初級炸藥」發揮作用之處。它們的作用是產生最初的強烈衝擊，讓局部溫度急劇上升。這是一種不同類型的炸藥，通常是重金屬與氮的不穩定化合物，釋放氮來引發爆炸[23]。雷酸汞（Mercury(II) fulminate，用於舊式雷管）和疊氮化鉛（Lead(II) azide）就是典型的初級炸藥。

爆炸案調查守則

使用爆炸物的犯罪行為分成兩類，第一類是用來破門而入，例如突破牆壁、屋頂、地板或門，或是要炸開保險箱、炸壞保險箱鎖等；第二種

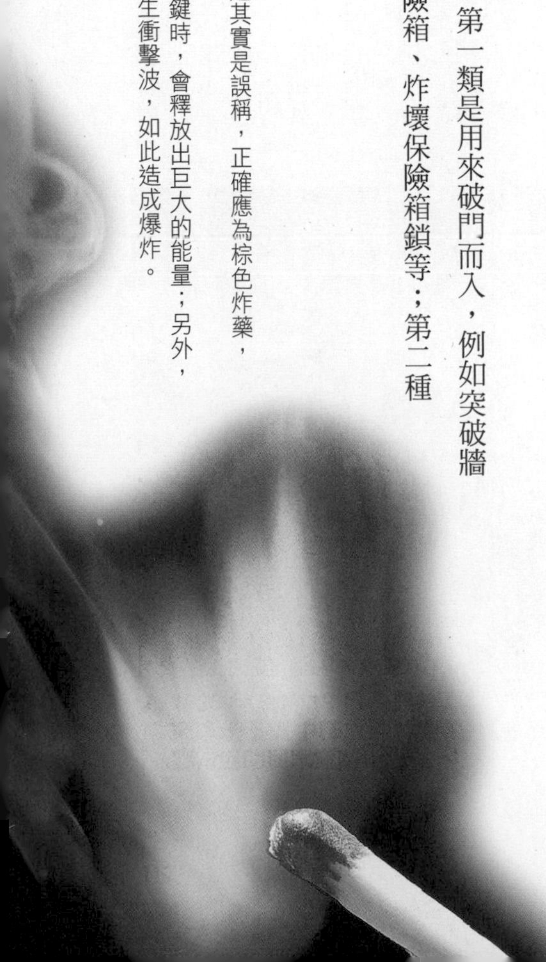

◀大多數人可能不認為簡單的火柴會產生什麼問題，但某些常見、家裡就有的物品，很可能具有致命爆炸物的所有特性。

22 編按：許多人會把TNT稱為黃色炸藥，這其實是誤稱，正確應為棕色炸藥，不過該稱呼卻也慢慢積非成是。

23 編按：含氮化合物中的氮原子彼此組起化學鍵時，會釋放出巨大的能量；另外，新生成的氮分子會形成迅速膨脹的氣體，產生衝擊波，如此造成爆炸。

則出於個人或政治動機，對人員或財產施以炸彈攻擊。有時在事故現場或自殺現場，也可能因為有爆炸而需要專業的爆炸調查員。

爆炸調查員跟其他鑑識人員一樣，都必須很小心的接近現場。這些能作為重要證據的爆炸碎片，可能散布在非常廣泛的區域。一個相當有用的經驗法則，便是估計從爆炸中心到「最遠碎片」的距離，然後用比這個距離再大五〇％的半徑，封鎖整個現場區域。在進行搜查之前的作業階段，還應該先拍下整個區域的照片。

▲ 瑞典炸藥製造商阿佛烈・諾貝爾，在 1866 年發明了炸藥。

▲ 硝化甘油的製造過程，涉及到濃硝酸與甘油的逐漸混合，過程中不得讓反應溫度超過華氏 48 度（約攝氏 9 度）。

事實檔案

簡易爆炸裝置（IED，又稱土製炸彈）已經為這個世界帶來日益嚴重的威脅，並在近年來許多重大恐怖事件中，產生了災難性影響。其中包括一九九五年的奧克拉荷馬市爆炸案、二〇〇二年的峇里島夜總會爆炸案、二〇〇五年的倫敦七七爆炸案、二〇一三年的波士頓馬拉松爆炸案、二〇一七年的曼徹斯特體育場爆炸案，以及其他更多爆炸案。

此外，簡易爆炸裝置也被用來攻擊戰區的平民和軍事戰鬥人員，並給那些害怕爆炸案發生在自己附近的人們，造成生活上不必要的恐慌。簡易爆炸裝置主要分成兩種類型：車載簡易爆炸裝置和人載簡易爆炸裝置，後者便是由所謂的「自殺炸彈客」負責運送與引爆，或是攜帶到一個地點放置後離開，這些爆炸裝置通常會藏在背包或袋子中。

即使裝置沒有按照計畫引爆，也會構成嚴重威脅，因為它們往往使用非常敏感的簡易初級炸藥所製成，例如三過氧化三丙酮（TATP）和六亞甲基三過氧化二胺（HMTD），所以非常危險。**許多這類裝置還包含了預先設置的「防解除」功能，只要輕輕一碰就會引爆**。因此若遇到這類爆炸裝置，在進行任何現場處置之前，一定要先由合格的拆彈人員處理。這些專家也能提供安全包裝及運送爆炸裝置或其樣本的建議。遇到無法拆除的情況，便須透過遙控爆炸來破壞裝置，鑑識人員得在事後進行殘留物分析，而且一定要等拆彈專家許可，才能進入現場採證。

仔細檢查損傷和計算衝擊波的方向後，便能確定爆炸中心。較長的金屬物體如管線、欄杆、窗框、家具和儲物架，甚至長釘子、螺釘或螺栓，都會依爆炸方向彎曲。金屬片或金屬板會呈現「盤狀」（例如家裡的門），空的金屬容器也會顯示出相同的凹陷效果，不過裝滿液體的容器則不會，比如水箱和冷氣散熱器，因為裡頭的液體難以被壓縮。案發後在實驗室中，亦可對類似物體進行測試，以確定造成損壞的爆炸壓力如何，這種測試可以用來了解炸藥的性質和使用的炸藥數量。

其他的結構構件通常會被爆炸吹動，也就是各種物體都朝爆炸衝擊波的行進方向移動。特別具指示意義的是沙堆、乾土或粉末，能夠展現方向。如果是水平表面，例如櫥櫃上方的工作檯面，可能會造成誤導，因為在衝擊波過後的低壓區域，水平表面很可能被向上抬升，讓人誤以為最初的爆炸發生在水平表面下方。

現場任何斷瓦殘垣都很重要。**一般垂直表面上的凹痕，或者更明顯的孔洞和刮痕，都有助於確定爆炸中心。爆炸點附近若有嵌入的碎片，亦可能用來確定炸藥是否裝在某種容器中、其性質如何。**也有機會發現雷管的碎片，包括電線和夾線蓋，以及機械起爆裝置或計時裝置的小碎片。爆炸實驗室蒐集了各種相關商品，可以用來辨識爆炸物及其雷管的製造商和來源。

如果爆炸案現場有屍體或傷者，也必須檢查他們身上和衣服上，是否有爆炸物和零件碎片的痕跡。要是爆炸後造成火災，還必須有火場鑑識人員協同檢查。

當現場的物理性檢查完成後，便可開始進行化學檢驗。所有爆炸物都會留下一些固體殘留物，無論這些殘留物質散落範圍有多廣，幾乎都找得到痕跡。如果以溶劑擦拭可疑區域，很可能會發現尚未完全消失的爆炸物微小樣本。現場也可能找到氯化爆炸物的痕跡，我們可以使用好幾種攜帶式蒸氣探測器進行檢測。

「離子流動率檢測儀」（IMS）是一種手持式化學檢測設備，藉以檢測現場器具是否有被裝填火炸藥。這種設備具有高選擇性（低干擾）和靈敏度，可以「嗅探」空氣中特殊的化學標記物（各種有機氣體），或檢測出某些裝置本身具有的獨特化學標記物，以便追蹤這些裝置的來源。

實驗室裡也有許多特定試劑可用來進行「斑點試驗」，以辨識出各種類型的炸藥。還可使用「氣相層析—質譜法」[24]分析樣品，並進行「定性無機分析」，找出殘留物中的微量汞或鉛。而樣本的定量分析，則有助於確定所使用的特定商業炸藥類型。

一九九三年二月二十六日，紐約世貿中心地下停車場發生大爆炸，造成十一人死亡，一千多人受傷。聯邦調查局爆炸物專家迅速趕到現

▲1993 年 2 月 26 日紐約世貿中心地下停車場爆炸案的炸彈製造者之一尼達爾．艾亞德（Nidal Ayyad），在保釋被法官否決後，由法警帶領著走出法庭。

24 譯註：氣相層析是針對揮發性及半揮發性有機分子所使用的分離技術，包括分離出碳氫化合物、酒精、芳香化合物、農藥等，在食品安全及環境測試等應用領域相當常見。將氣相層析與質譜儀結合，可用來分離複雜的混合物和判定微量等級之汙染物。

場，發現整個爆炸範圍都有硝酸鹽殘留，尤其是在其中一輛麵包車的殘骸上。經過調查，這輛麵包車是由穆罕默德・薩拉梅（Mohammed Salameh）在澤西市租用，他簽名的租賃合約上也有硝酸鹽的微物痕跡。後續調查讓聯邦探員找到了尼達爾・艾亞德和穆罕默德・阿布哈利馬（Mahmud Abouhalima）兩人，以及他們製造炸彈的地點。

犯罪檔案

泛美航空一〇三號班機（Pan Am Flight 103）

爆炸專家面對的工作，是檢查爆炸客機上大約四百萬個碎片。最後他們確定了爆炸源，是一個藏在收音錄音機裡的塑性炸藥，上面還裝了電子式數位計時器來定時引爆。這些跡證與其他證據，使得兩名利比亞人被指控犯下這起重大罪行。

一九八八年十二月二十一日，搭載一百零九名乘客的泛美航空一〇三A航班，離開德國法蘭克福機場（Frankfurt Airport），這是他們前往美國過聖誕節的第一段旅程。抵達英國倫敦的希斯洛機場（Heathrow Airport）後，他們必須等待六小時，才能轉機搭乘另一架泛美航空波音七四七客機「海之侍女快帆號」（Clipper Maid of the Seas），開始一〇三航班的航程。在此同時，他們的行李被裝進一個金屬集裝箱，轉移到新的飛機上。

下午六點零四分，一〇三航班獲准起飛。晚上七點零五分，當一〇三航班飛越蘇格蘭南部，準備穿越大西洋之前，飛機的光點從空中管制雷達螢幕上消失了。這架飛機被爆炸撕裂解體，且在高空的強風帶動下，碎片散落在極為廣闊的區域，有些殘骸甚至掉落在一百英里（約一百六十公里）外。三號發動機掉落在下方的洛克比鎮上，形成一個十五呎（約四．六公尺）深的坑洞，另一片機翼則造成一個三十呎（約九．一公尺）深的大坑，不僅摧毀兩棟房屋，還擠出超過一千五百公噸的土壤和岩石。機上的兩百五十九人全數罹難，死者還包括洛克比鎮的十一位居民。最早趕到現場的一支醫療隊負責人，看到許多屍體被炸成碎片的情景，回報道：「滿地的屍體碎片就像剛下過碎片雨一樣。」

事故調查小組在大約八百四十五平方英里（約兩千一百九十平方公里）範圍的蘇格蘭鄉村中，回收到大約四百萬件殘骸，接著將它們小心放在距離洛克比不遠的陸軍中央彈藥庫進行重建。調查發現，爆炸源於機身左下方前貨艙的一個金屬容器。一位事故檢查員在扭曲的金屬中，發現一小塊印刷電路板。這片碎片確定為東芝（Toshiba）收音錄音機的一部分，裡頭裝有十四盎司（約四百公克）的塞姆汀塑性炸藥，並被放進一個棕色的新秀麗（Samsonite）行李箱中。裝載這顆土製炸彈的行李，來自希斯洛機場中、法蘭克福航班轉運來的行李集裝箱。

調查後來交由英國皇家軍備研究發展局（RARDE）負責。研究人員耗費數週時間檢驗碎片，發現殘骸裡有更多的微小碎片，可以證實這臺收音錄音機本身就是炸彈。研究人員也在一件襯衫的碎片裡，發現了另一個重要的小碎片，並確定這是在蘇黎世製造之電子數位計時器的一部分。製造公司的紀錄顯示，他們只在一九八五年生產了二十臺，而下此特殊訂單的是利比亞政府。一九八八年二月在塞內加爾，兩名利比亞人被發現擁有其中十臺計時器，另一臺計時器則出現在一九八九年九月，於尼日上空爆炸的法國飛機殘骸中。

鑑識專家還檢驗了其他衣物碎片。其中一件是藍色的 Babygro（嬰兒連身套裝品牌）兒童連身衣，上面印有「馬爾他貿易公司」（Malta Trading Company）的標籤。列出法蘭克福一〇三A航班所裝載行李的托運單顯示，裝著連身衣的行李是馬爾他航空公司（Air Malta）的航班從首都瓦萊塔轉運過來的，不過並沒有任何來自馬爾他的乘客登上飛往倫敦的航班。至於另一條線索，是在新秀麗

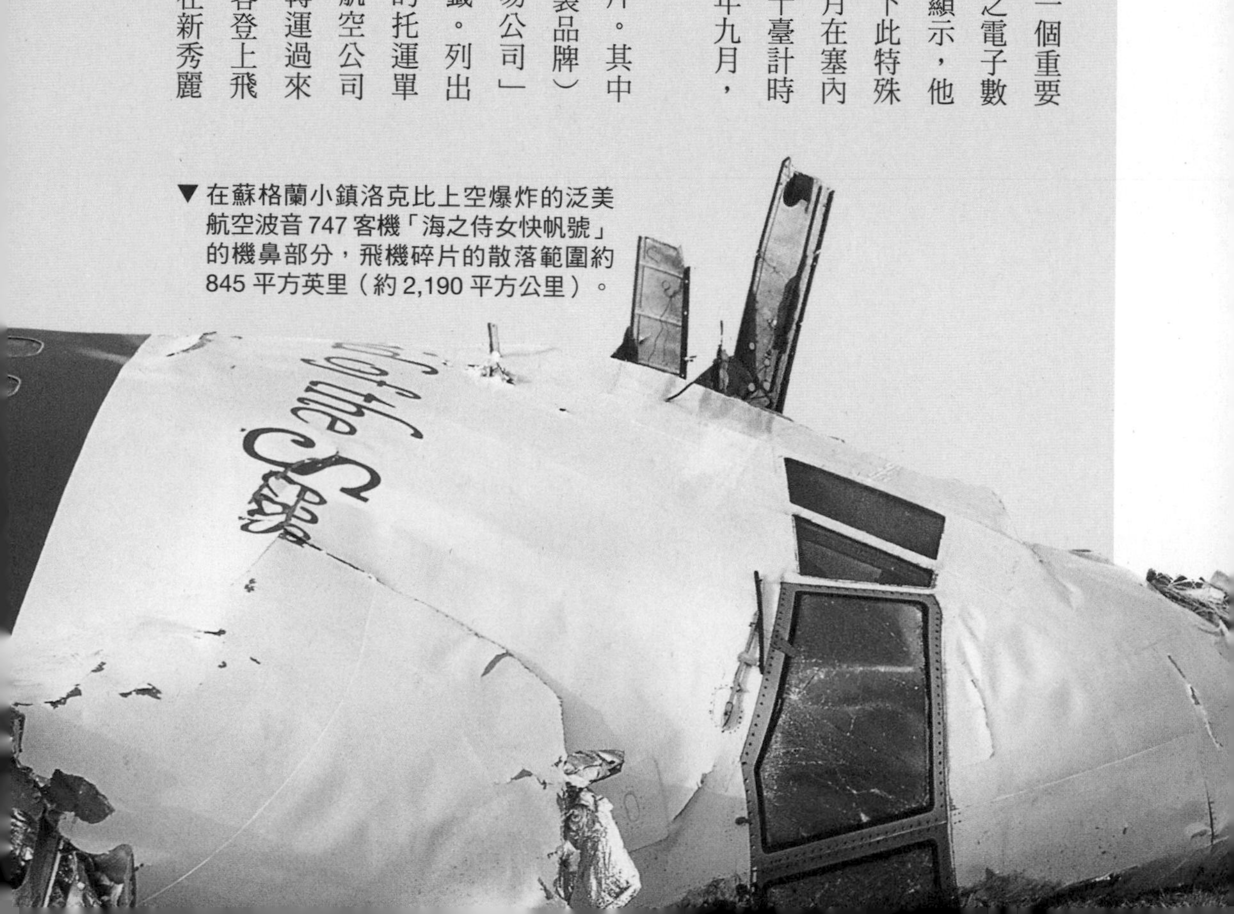

▼在蘇格蘭小鎮洛克比上空爆炸的泛美航空波音 747 客機「海之侍女快帆號」的機鼻部分，飛機碎片的散落範圍約 845 平方英里（約 2,190 平方公里）。

行李箱殘骸中，發現了一塊褲子的碎片。

探員哈利．貝爾（Harry Bell）在空難發生八個月後飛往馬爾他，追蹤這塊褲子碎布料到當地一家商店，店主記得在空難前一個月，有一名男子買了很多衣服，其中包括一件藍色的 Babygro 連身衣。店主說這個人是利比亞人，年紀大約五十歲，鬍子刮得乾乾淨淨；那天剛好下雨了，那個人買了一把雨傘。在 RARDE，研究人員檢驗爆炸現場發現的雨傘時，**發現了來自 Babygro 的童衣纖維，嵌入雨傘殘骸的傘布中**。

爆炸發生近三年後，美國和蘇格蘭當局聯手公布了兩名利比亞男子的姓名，他們說這兩名男子應該對這起爆炸案負責。由於馬爾他那位店主認出了照片裡的其中一人，因此在與利比亞政府進行了八年的法律纏訟之後，這兩個人終於接受蘇格蘭法院的審判，而且這場審判，史無前例的在中立第三地荷蘭召開。

▲ 一位事故調查員在海之侍女快帆號的殘骸中搜索。這場事故最後一共發現了大約 400 萬件殘骸。

好好檢查嫌犯的手

當警方逮捕涉嫌引發爆炸者時，如果能在他們身上、衣服、財物，或者在他們居住的房間裡找到爆炸物的痕跡，就會是非常有價值的證據。

近年來隨著痕跡檢測技術的發展，犯罪嫌疑人的「手」受到高度重視。因為**在處理爆炸物時，就算戴上手套，這些物質仍然可能穿透到皮膚上**。如果從另一個表面轉移（例如放置炸藥的桌子或炸藥的包裝材料），也會沾染到嫌犯的手。同樣的，這些沾染物也會從嫌犯的手掌，轉移到另一個表面，例如方向盤或汽車的其他按鈕等。

不過比較困擾的就是這種轉移，**當然也可能從犯人的手轉移到另一個無辜者手中**。我們從實驗中得知，原先沾染了炸藥的手，可能會在茶杯上留下可檢測的量，但這個玻璃杯也會將可檢測的量，轉移到另一個拿過杯子的人手上。

進行檢測時必須擦拭嫌犯的手。首先要用一塊乾燥的手術棉擦拭，接著用乙醚，最後用蒸餾水。然後要用木籤從指甲下面刮下碎屑，且採集的樣本都要仔細密封，放入個別證物袋中，並在袋上貼好標籤。

接下來就要透過一種或多種類型的色譜層析進行分析，包括氣相層析法、氣相層析－質譜法、高效液相層析法[25]、超高效液相層析法或離子層析法[26]。還可使用毛細管電泳作為離子層析的補充技術，以便分析無機低爆藥（low explosive）[27]殘留物。

犯罪檔案

馬克・安東尼・康迪特（Mark Anthony Conditt）

這名二十三歲的炸彈客，連續三週用自製的管狀炸彈嚇壞了整個德州奧斯丁市，並造成兩人死亡，四人受傷。

二〇一八年三月二十一日在美國德州奧斯丁市，馬克・安東尼・康迪特被警方圍捕時，於車內引爆炸彈自殺。這場搜捕行動動員了現場和實驗室的幾百位拆彈專家、聯邦探員和鑑識專家。

來自德州城市普弗拉熱維爾附近的康迪特，從三月二日開始了他的炸彈客生涯；當天一位名叫安東尼・塞凡・豪斯（Anthony Sephan House）的受害者，在撿起家門口的包裹

25 譯註：由於氣相層析有其局限性，因此進一步使用液相層析來分離混合物，以確認並量化各個成分的比例。
26 譯註：離子層析儀具有分離陰離子或陽離子的能力，是一種同時具有定性與定量兩種特性的鑑定工具。
27 譯註：炸藥依其爆炸方式或爆速高低可分為低爆藥與高爆藥，其中爆速低的炸藥稱為低爆藥，例如槍砲發射的火藥或火箭推進劑等。

炸彈後被炸死。

十天之後，德雷倫・梅森（Draylen Mason）在第二場炸彈襲擊中喪生，他的母親也受傷。就在同一天，埃斯佩蘭薩・赫雷拉（Esperanza Herrera）遭遇第三次炸彈襲擊而受傷。這些炸彈均以包裹形式掩護，放在受害者家門口。

三月十八日，第四枚炸彈放在路邊，由引爆線啟動，傷及兩名男子。下一枚炸彈則於三月二十日在聯邦快遞（FedEx）投遞服務站爆炸，造成一名員工受傷；另一枚炸彈則在不同投遞服務站被攔截下來並拆解。

來自聯邦調查局和美國菸酒槍炮及爆裂物管理局（ATF）的幾百名聯邦探員，在這五個爆炸區域搜尋燒焦的炸彈碎片和電子零件，尋找有關炸彈製造方式、材料及製造者的線索。

由於鑑識工作上的需求，這些材料被拿來與聯邦調查局恐怖爆炸裝置分析中心（位於維吉尼亞州匡堤科鎮，有簡易爆炸裝置資料庫）資料進行交叉比對，結果發現**這些炸彈都是由亞洲地區製造的電池供電，而這些電池是網購來的。炸彈裡所使用的化學物質，則是常見的家庭用品成分**。

一旦調查人員知道他們是在跟同一名炸彈客較勁，便立刻展開搜捕行動，奧斯丁市警方也向民眾公開示警，請大家不要接觸可疑包裹。若有人能提供線索，使犯罪者被繩之以法，警方也願意給予獎勵，而後續民眾打來回報可疑包裹的電話，就超過了一千通。

除此之外，調查人員也開始蒐集和檢查商店的收據和銷售明細，尋找是否有用於製造炸彈零組件的可疑紀錄。他們很快有所斬獲，確定康迪特為可疑分子。然而案件真正的突破點，是一名男子在奧斯丁以南六十英里的聯邦快遞投遞服務站，交付了兩個包裹的監視器錄影畫面。

這些線索將警方帶往康迪特家，並於三月二十一日早上追蹤他到奧斯丁北方的一家旅館，最後在三十五號州際公路將他攔下。

當特勤隊接近他的車輛時，康迪特引爆了另一枚炸彈自殺，並炸傷了一名警察。他還在手機上留下了一段二十五分鐘的影片供詞，宣稱一共有七枚炸彈。而當局表示，所有炸彈都已被找到。

▲社交媒體上找到的馬克・安東尼・康迪特照片，照片由一位自稱他母親的女人在 2013 年 2 月發布。

犯罪檔案

大學航空炸彈客（Unabomber）

在將近二十年的時間裡，他一直是美國的「頭號通緝犯」之一。他的自製炸彈帶有獨特的「簽名」，但沒人知道他是誰。最後是因為寄給媒體的信件，導致他的身分曝光。

聯邦調查局尋找這名被稱為「大學航空炸彈客」（因以大學和航空公司為郵包炸彈目標而得名）的人，持續了將近二十年。調查人員所面臨的問題是，這名炸彈客並沒有明顯的「犯罪模式」，其攻擊對象包括大學教授、飛機、電腦商店、廣告主管，甚至是遊說反對野生動物保護計畫的人。大學航空炸彈客的行動一共造成三人死亡，二十九人受傷。

不過從另一方面看，他的炸彈有許多可以明顯識別的「簽名」特徵——**這些炸彈的每個部位都是手工精心製作，而且材料在任何五金行都買得到**。大學航空炸彈客會自己製作盒子、鉸鍊和開關，剪斷鐵絲製作釘子，並且銼掉螺絲上任何可供識別的工具標記。他除了從木頭上切下木片，也會使用舊電線和家用管線。此外，在許多炸彈裡都可以找到一片印有字母「FC」的金屬，這兩個字母可能是在表達他對電腦的不屑。

一九七九年十一月，一架從芝加哥飛往華盛頓的美國航空公司飛機行李艙內，一部爆炸裝置引發了小火災。聯邦調查局探員發現了自製雷管的碎片，而且很快就得知在過去十八個月中，有兩起爆炸案都使用了類似的爆炸裝置。

第一顆炸彈出現在一九七八年五月，這是一個裡面裝滿了火柴頭的木箱，寄給了伊利諾伊州芝加哥市西北大學裡的一位教授。警衛在打開後因爆炸受傷，但倖存了下來。經過多年，大學航空炸彈客的爆炸裝置變得更加複雜。到了一九八五年十二月，第一起爆炸死亡事件發生了，死者是一位名叫休・斯克魯頓（Hugh Scrutton）的電腦商店老闆。

一九八七年二月，在猶他州鹽湖城一家電腦商店停車場，有人目擊大學炸彈客放置了一枚炸彈。目擊者描述他是白人，身高約六呎（約一百八十公分），年齡

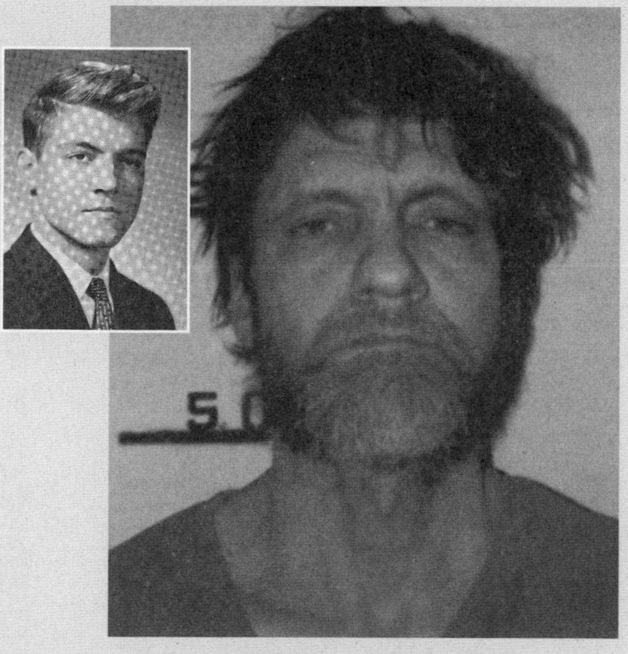

▲ 泰德・卡辛斯基在不同時期的照片，左上為 1962 年《哈佛大學年鑑》中的照片，右則攝於 1996 年被捕的時候。

在四十歲左右，中等身材，臉色紅潤，頭髮呈紅金色，身穿連帽運動衫並戴著一副飛行員墨鏡。不過聯邦調查局並未收到其他目擊報告，**而且在一九八七年至一九九三年間，也沒發生任何與大學航空炸彈客有關的爆炸事件**，聯邦調查局因而認為在那段時間裡，他可能被關押在監獄或其他形式的機構裡。

聯邦調查局實驗室在一九九三年六月發現了一條線索：一張與最新炸彈一起被發現的紙上面，壓印到上層紙上的字跡，上面寫了「打電話給納森（Nathan）——星期三、晚上七點」。不過這個證據也沒辦法提供多少線索。

一九九四年十二月，大學航空炸彈客目前為止最具威力的爆炸裝置，把打開包裹的湯瑪斯．墨瑟（Thomas Mosser，紐澤西州一位廣告主管）炸死。接著在一九九五年四月，郵包炸彈又炸死了吉爾伯特．默瑞（Gilbert Murray，加州沙加緬度的伐木業說客）。

▲ 泰德最後幾年的炸彈客生涯，都在蒙大拿州這間簡陋小屋內度過。

一九九五年六月，一份漫無邊際、聲稱來自大學航空炸彈客的三萬五千字宣言，寄給了《紐約時報》（*The New York Times*）和《華盛頓郵報》（*The Washington Post*）。信中提及如果這封信被登出來，爆炸案就會停止。這兩家報紙果然都刊登了，大學航空炸彈客隨之消聲匿跡。經過將近一年，芝加哥的大衛・卡辛斯基（David Kaczynski）偶然發現他哥哥寫過的一些論文，這些論文裡頭的一些語句，跟炸彈客宣言中的許多語句都非常類似。

於是聯邦調查局於一九九六年四月三日，在蒙大拿州的山間小屋裡逮捕了泰德・卡辛斯基（Ted Kaczynski），他當時五十五歲，外貌瘦削、鬍鬚蓬亂。後來在一九九八年一月，他被判處終身監禁。

火災現場勘驗

縱火，也就是故意放火燒毀他人或自己的財產，通常具有以下三種動機之一：保險詐欺、報復，或者隱瞞其他罪行，比如貪汙、搶劫或謀殺等。當然，也有無特殊動機的純破壞行為。**縱火案與大多數罪案不同，可能會由三方進行獨立調查**，包括消防、火場鑑識人員，他們的焦點放在找出起火點或起火原因；警方，負責尋找可能的縱火犯罪者；以及保險調查員，他們想找出不必支付保險金的任何可能性。

有一種聽起來可能有點偏頗，但卻相當符合實情的說法，那就是縱火案的發生率，可以當成一項衡量「經濟健康與否」的明確指標。當經濟不景氣，大量企業倒閉，縱火案數量就會增加。

犯罪檔案

查爾斯·舒瓦茲（Charles Schwartz）

他炸毀了實驗室，廢墟裡發現一具燒焦的屍體。但那真的是他本人嗎？愛德華·海因里希教授成功證明了這是另一個人的屍體。

美國第一位現代的犯罪學教授，是加州大學柏克萊分校的愛德華·海因里希。他原先是一位化學家，在一九二〇年代中期逐漸有了「犯罪偵查界愛迪生」的稱號。尤其在一九二五年，當他解開查爾斯·舒瓦茲之死的謎團後，在美國更是聲名大噪。

自稱化學家的舒瓦茲，在一九二五年七月二十五日、大爆炸摧毀實驗室之前曾說，他已經發明出一種與天然纖維完全相同的人造絲，兩者難以區分出來。舒瓦茲夫人在廢墟中發現丈夫的焦屍，而警方認為一位與舒瓦茲體型相似的旅行傳教士——吉爾伯特·沃倫·巴貝（Gilbert Warren Barbe），可能就是凶嫌，而且他人已經失蹤了。

不過此時發生一件可疑的事——舒瓦茲夫人竟然申請了高達二十萬美元的壽險保單理

賠，於是警方立刻找來海因里希教授。當他檢查完屍體，發現死者下顎缺了兩顆牙齒。雖然警方打電話詢問舒瓦茲的牙醫，證實他之前把這兩顆牙齒都拔了，然而海因里希認為它們最近才被拔掉；他也指出，屍體的眼睛是被人從頭骨上挖出來的。

接著海因里希又發現死者曾遭鈍器擊打，而且早在火災發生之前就已經死亡，死者指尖也都被強酸灼傷。當他拿到一張舒瓦茲的照片來比對，他發現舒瓦茲的耳垂形狀與死者並不相同。

警方告訴海因里希，舒瓦茲的眼睛是棕色的，傳教士巴貝則是藍色的。於是他把這些發現告訴警方，並表示：「死者不是舒瓦茲，比較可能是巴貝。」舒瓦茲當時應該是躲在某處，等待調查平息之後，再回到妻子身邊，享受壽險保單理賠的甜蜜結果。

待舒瓦茲遭到通緝，他立刻在加州奧克蘭的一間出租房裡被找到，但當警察敲門時，他選擇了飲彈自盡。

▲愛德華．海因里希教授被譽為「犯罪偵查界愛迪生」和「柏克萊巫師」，也是1920年代聲譽卓著的獨立鑑識調查員。

當火災調查小組抵達現場，他們的首要任務是確保建築物不會進一步倒塌。然而在現場查看或臨時採取補強做法，也可能導致一些重要線索被掩蓋或破壞。接下來，火災調查人員會尋找火災發生的位置，也就是「起火點」。**由於火焰會向上燃燒，因此火災發生的最低點，可能會發現重要的證據**。舉例來說，木頭地板和橫梁會碳化成棋盤格狀，靠近起火點的格子會比較小（燃燒最久，所以碳化最嚴重）。

找到起火點後，必須篩選周邊殘燼，尋找任何「計時裝置」的痕跡；**大多數縱火案件都會設定發生在晚上或安靜的週日下午**。在過去的案例裡，美國有名自認聰明的縱火犯，把自動定時開關收音機與燈泡連結在一起，將時間訂在他出城之後，也就是可以有明確不在場證明的好幾個小時以後，收音機會自動打開，接著點亮燈泡，燈泡又點燃了一條引信，而引信接到一瓶汽油上。然而這一切卻在火災後的現場留下足夠的證據，揭發他採取的縱火方法。

▲ 瑞典城市哥特堡一家迪斯可舞廳被燒毀的現場，有 63 位年輕人在午夜大火中喪生。後來逮捕了 3 名年輕的伊朗人，他們承認蓄意縱火。

事實檔案

火災調查小組會先詢問消防隊員火災類型、滅火時觀察到的現象，以及覺得是否有可疑之處等問題。接下來調查人員必須找出以下這些問題的答案：

- 現場房屋的「安全狀況」如何？門是否被強行打開或有其他闖入跡象？門鎖、跳開的警報系統或沒有正常運轉的灑水器周圍，是否看到工具破壞痕跡？
- 專業的消防員比較喜歡從屋頂進入火場，因為其他進入點很可能已經被大火摧毀，但有時消防員會忽略掉天花板或相鄰房屋牆壁上的明顯孔洞。
- 現場是否有「重要證人」（material witnesses，知悉犯罪消息者）？是否有人看到可疑的物品？或者看到某人離開現場？
- 現場有幾個「起火點」？若整場火災不只一個起火點，火災的起因立刻會變得相當可疑。
- 「可燃材料」的數量多嗎？是否多到足以引起火災？值得注意的是，就算是縱火案，也不一定會涉及到汽油或其他易燃液體。
- 「火源」為何？消防人員通常將火源分為五類：木頭、紙和織物；碳氫化合物，也就是油品類易燃液體；電氣系統和設備；易燃金屬如鋅和鎂；以及高溫放射性物質。
- 火災是慢慢悶燒引起的，或是由明火引起的？

事實檔案

消防單位會依火場報告的火焰和煙霧顏色，判斷火災中可能牽涉到的燃燒物質。

燃燒物質	火焰顏色	濃煙顏色
丙酮	藍色	黑色
苯（揮發油）	黃色至白色	灰色至白色
食用油	黃色	褐色
織物	黃色至紅色	灰色至棕色
香蕉水	黃色至紅色	灰色至棕色
潤滑油	黃色至白色	灰色至棕色
石腦油（溶劑油）	淡黃色至白色	棕色至黑色
硝化纖維	紅棕色至黃色	—
紙類	黃色至紅色	灰色至棕色
石蠟	黃色	黑色
汽油	黃色至白色	黑色
磷	白色	白色
橡膠	—	黑色
木材	黃色至紅色	灰色至棕色

有時可以在火災現場某處看到**聚集的大量碎片和灰燼，代表易燃材料被人刻意「堆積在一起」而引發火災**。若縱火者使用某種引線，包括扭捲的紙或織物的灰燼，也可能留下明顯的燒焦痕跡。

如果使用了助燃劑，例如汽油、石蠟或其他易燃液體來引起火災的話，一定會有一些助燃劑滲入地板裂縫，或者先被燒焦前的木頭吸收，這些隙縫或裂縫通常會因缺氧而無法燃燒。雖然我們一時之間可能無法區分酒精、油漆稀釋劑或其他非芳香液體，但是嗅覺敏銳的火災調查人員，通常可以仔細觀察到這種跡象。

目前已經開發出比人類嗅覺更複雜的測試方法，用來檢測助燃劑的成分。早期的做法是把Petrobst或Rhodakit兩種檢測粉末之一，噴灑在疑似含有碳氫化合物助燃劑的燃燒物表面，如果變色便是含有助燃劑。然而這些物質在使用上並不夠明確，所以後來已經棄用。現在使用的是更方便的攜帶式氣體檢知器；這種儀器的英國版稱為「氣體偵測管」（Gastec），美國版稱為「J–W芳香烴指示器」（J-W Aromatic Hydrocarbon Indicator）或「聞香器」（sniffer）。這種儀器最初設計用來檢測工業廠房中的易燃氣體，可檢測到10 ppm的濃度。

加州犯罪實驗室曾經報告過，他們在索諾瑪市附近一場造成兩人死亡的農舍火災裡，使用了這種檢知器。雖然在靠近一扇窗戶時沒有反應，讓火災很可能被認為是意外，不過在窗外的地面上，檢知器有了強烈反應。最後，很明顯的，縱火犯實際上是從窗戶往農舍裡面倒了助燃劑，但在倒入液體的過程中，灑出一些在地面上。

火災調查人員還會**利用訓練過的消防犬、金屬探測器、X光偵檢儀和離子移動率光譜儀進行檢查，以便在各種火場情況下，準確辨識引起火災的助燃劑所留下的微小殘留物**。此外，攜帶式氣相層析質譜儀也能即時提供調查線索和確認鑑定。這些檢知器並非用來檢測存在瓦礫堆中的助燃劑量，而是在瓦礫「上方」檢測助燃劑含量。由於這個特殊原因，檢查人員在插入檢知器探針之前，會先行擾動碎屑來抬升氣體。這種檢知器在追蹤氣體洩漏的火災類型時，特別有效。

調查人員也會使用兩種碳氫化合物化學測試器材，檢測火災現場的助燃劑。其中較常使用的是「德爾格檢知管」（Drägar tubes，簡易的檢測小管），可以測量空氣中的碳氫化合物；另一種是「碳氫化合物現場測試套件」，可用於分析土壤和水。

▲車禍後引起大火。如果供給燃料的任何部分破裂的話，電子點火系統便可能迅速引發火災，且隨著油箱內容物被點燃，經常會發生爆炸。

▲2013 年 4 月 8 日，位於德國市鎮迪普霍爾茨之帕拉斯集團（Pallas Group）CD 壓製廠的火災現場，消防隊員和消防犬正在尋找火災線索。

犯罪檔案

柯特・泰茲納（Kurt Tetzner）

這場火災看起來就是由車禍引起的，但奇怪的是，死者血液中並沒有一氧化碳，因而令人懷疑，這是一起保險詐欺與謀殺案件。

一九二九年十一月二十七日，一輛綠色歐寶（Opel）汽車在德國城市雷根斯堡附近起火。這輛車撞到了路邊標示里程的石碑然後起火，駕駛被困在車內，隨後消防人員在車內發現焦屍。死者身分很快就查出來了，是萊比錫商人柯特・泰茲納，他的妻子艾瑪・泰茲納（Emma Tetzner）也指認了丈夫的衣物殘骸。

警方認定這純粹是一起車禍案件，因此把屍體交給家屬安葬。然而保險調查人員對此依舊存疑，因為泰茲納在幾週前才剛買了壽險保單。隨後他們費盡千辛萬苦才獲得艾瑪同意，讓萊比錫大學（Universität Leipzig）法醫學研究所的理查・科克爾（Richard Köckel）教授驗屍。

擺在科克爾面前的遺骸，包括一個嚴重燒焦的軀幹，上面附有脊椎、頭骨下半部、兩條大腿的上部、部分右股骨和部分手臂，另外還有一塊頭骨碎片，如此而已。**他檢查氣管**

時，找不到煙塵的跡象，血液樣本裡也顯示不含一氧化碳。有沒有可能是柯特在汽車爆炸起火之前，已經先因撞擊死亡了？於是科克爾開始將警方對柯特的外表描述，與這具遺體的解剖結果進行比較。

柯特死時二十六歲，身高五呎八吋（約一百七十三公分），肩膀寬闊，身材魁梧。但是科克爾從上臂骨骺融合的階段（參見第五章），判斷死者不會超過二十歲，而且這具骨骼比較像是一位纖瘦年輕人的骨頭。

科克爾向警方報告了他的解剖結果：「**這不是泰茲納的屍體，而且這位受害者在汽車起火前已經死亡**。」他還認為這名年輕人是頭部中彈而死，因此頭骨上半部被移除了，屍體的下肢也不見了（可能因為身高或跛腿之類的明顯差異），以免身分暴露。

警方聞訊立即監視艾瑪，她經常使用的鄰居電話也被竊聽。十二月四日，警方截獲一名男子從法國城市史特拉斯堡打來的電話，該男子被告知稍後再撥，然後當天晚上，他就在史特拉斯堡被逮捕，並且確認就是柯特本人。

在接下來幾個月的審問裡，柯特幾次的供詞雖不相同，但整體看來，他確實打算進行保險詐欺，因此載了一個搭便車的人，並把他殺了，然後做出車禍的樣子，再放火燒車。一九三一年，柯特在雷根斯堡受審，最終獲判有罪並被處以絞刑。

火場高溫，常使屍體呈拳擊姿勢

當我們在火災殘骸中發現屍體時，經常會看到屍體雙手握拳，雙臂舉在身前，也就是所謂的「拳擊姿勢」（pugilistic posture）；雙腳也會呈現屈膝姿態，因為**高溫會導致肌肉幾乎立即收縮與僵硬**。

最重要的，是必須**查明受害者在火災發生時是否活著，後來才死於窒息**，可能是因為大火把氧氣耗光，或者是被濃煙嗆死。還要查明是不是凶手在死者死亡後，為了掩蓋謀殺而引發火災。法醫病理學家會從屍體上採集血液樣本，如果發現血液中存在一氧化碳，便能肯定火災發生時，受害者仍在呼吸；呼吸道和肺部的煙塵顆粒，也是一種容易判斷的跡象。

雖然死者的身體已被大面積燒傷，但仍有可能發現死前承受的任何傷害。因為活人受傷時，白血球會立刻遷移到傷口附近，產生一種獨特的發炎症狀——充血（hyperaemia），並起水泡。這些水泡中的液體可以檢測出陽性蛋白反應（C反應蛋白）。如果是死後發生的燒燙傷，通常會讓傷口變硬呈黃色，幾乎不會有水泡跡象，而且從傷口中抽取到的液體樣本，都不會有蛋白反應。

以火災來掩飾犯罪證據的凶手，通常很難達成目的。首先，**火災很可能被迅速撲滅；就算劇烈燃燒了很長一段時間，溫度也不太可能高到破壞鑑識效果**。一般火葬場的焚化爐溫度可達攝氏一千度，但即使在這種條件下，將屍體化成灰燼也要花上兩到三個小時。而就算是完全火化的遺骸，鑑識人員仍然可以從中檢測到鉈等無機毒物（參見第四章）。

被火燒死是件相當可怕的事。幸好將人活活燒死的案件很少見，而用火災來掩飾謀殺案件的情況也不多。不過縱火仍然是持續存在的危險事件，如同一位英國消防員所說的：「火是一種非常容易取得的武器。」

第十四章

微物跡證，細微卻影響重大

▲ 汽車擋風玻璃的構造，可以讓致命的玻璃碎片不會向內飛散，進一步傷害或殺死駕駛，其典型的裂痕模式是放射狀擴散。

嚴謹的犯罪現場勘察人員通常會手持放大鏡，花上好幾個小時來尋找微物跡證。他們正在尋找的是「不屬於現場」的任何東西。這些東西通常是犯罪分子帶來並留下的，偶爾也可能與受害者相關。當嫌犯被拘留時，他或她的每一件衣服、財物、家裡和工作環境等，都應該詳細檢查。

在本書其他章節裡，也描述過諸多檢測微物跡證的方式，例如各種紋跡型態；可分析血型和DNA的血液、汗液和其他體液；擊發後之彈頭、彈殼以及火藥射擊殘跡；火災或爆炸現場的碎片和殘骸；毛髮和纖維等。所有外來物質的微物跡證，也會以各種方式出現，有些證據甚至相當不明顯。**微物跡證必須能夠被辨識出來，而且與犯罪內容有關，否則就不能當成證據。**鑑識實驗室裡通常會保存著相當豐富的資料庫，內容包含玻璃、油漆、紙張、織物，和各種材料的物理特性與製造細節，還有許多用來比較的樣本，例如在美國的國家汽車油漆檔案庫裡，便擁有四萬五千多個原始油漆範例樣本。

如果比對資料庫的方法失敗了，或者需要縮小調查範圍的話，就得要求製造商提供更多樣品，以及他們的製造、銷售和經銷商紀錄。這些都需要花時間。然而在此同時，凶手可能依然逍遙法外，負責調查的警探也會對「等待實驗室報告」這件事，感到越來越不耐煩。

每一種玻璃，都有特定折射率

玻璃是一種極為特別的物質。從表面上看是固體，本質上卻是一種液體[28]，被冷卻到遠低於其凝固點（過冷），然後夾在兩片受高度應力的「表皮」之間。這個事實既能解釋玻璃的透明度，也解釋了它容易碎成小塊的原因。玻璃的這些特性，對於鑑識科學家的判斷來說相當重要。

當犯罪分子砸碎窗戶或門上的玻璃闖入建築物時，我們幾乎都能在罪犯衣服上的某個地方，發現玻璃的小碎片。一般在法庭上，經常會聽到辯護律師宣稱：「如果有人從外面敲破窗戶，玻璃會全部往內掉，因此不會在打破玻璃的人身上找到。」不過警方都知道事實並非如此。一九六七年，紐西蘭科學與工業研究部的D・F・尼爾森（D.F. Nelson）博士解決了這項爭論。尼爾森博士與刑事調查處合作，拍攝他用鐵錘砸碎玻璃的頻閃[29]照片。這些照片證明了雖然大約有七〇%的玻璃碎片從鐵錘前方飛走，但剩餘的碎片卻反過來飛向尼爾森博士，而且有許多小碎片撞到他的衣服上。

當玻璃被子彈打碎時，情況也是如此。微小的粒子可以朝開槍者的方向移動多達十八呎（約五・五公尺）之遠。細心的罪犯可能會立刻刷掉衣服上所有可見的玻璃碎片，甚至可能把衣服送去乾洗。但在**衣服的某個地方，或許是夾在布料纖維之間，可能還殘留著玻璃的細微顆粒。**

當然，大多數人都可能不小心摔破水杯或類似的玻璃製品，而且不會想到自己衣服上可能留有微小的玻璃顆粒。鑑識科學家必須證明嫌犯身上的玻璃，與現場發現的玻璃相同。

有幾種方法可以確定玻璃的「身分」，最講究的方法便是測量其「折射率」。**不同種類的玻璃都是為了不同目的的製造，且由於製造商和玻璃的類型均不相同，因此每種玻璃都有特定的折射率。**

28 編按：玻璃屬於非晶質，是其中的原子不按照一定空間順序排列的固體，而不固定的性質更接近黏滯性很高的液體。
29 譯註：透過連續閃光，讓拍攝主體在單一鏡頭中多次曝光的功能。

只要有非常細小的玻璃顆粒（小於人類頭髮剖面直徑），便可測量玻璃樣本的折射率。做法是先將樣本放在顯微鏡載玻片上，並用一滴高折射率標準液體覆蓋——通常會使用矽油，或是類石蠟液體（絕緣），包括 Cargille 顯微鏡油或嘉吉 FR3 天然酯。這些標準液體的折射率是已知的，在室溫下的折射率高於任何已知玻璃的折射率，當把玻璃檢體放在加熱的熱臺上，隨著溫度逐漸上升（約每分鐘攝氏〇．一度到一度），液體的折射率會下降，當玻璃證物影像消失，記錄當時溫度，便可換算出玻璃的折射率。這種方法之所以能夠測量，是因為已經知道溫度和液體折射率之間的關係。此種方法被稱為「玻璃折射率測量系統」（Glass Refractive Index Measurement System），簡稱 GRIM。顯微鏡載物臺（放置載玻片進行檢查的平臺）配有加熱裝置和非常靈敏的溫度測量裝置，顯微鏡的目鏡則裝有攝影機，以便將影像放大，也能在電腦螢幕上觀察，儀器各部的訊號亦會輸入電腦進行評估。

▲ 當竊賊用手打碎玻璃時，無數的玻璃細微碎片會被回彈，並卡在他的衣服裡。

事實檔案

大家應該都知道以一定角度放入水中的棍子，看起來會是彎曲的。這是因為在這兩種介質中，水的密度大於空氣的密度，導致光線傳播的速度較慢。玻璃也有同樣的減速效果，而光線射入玻璃表面的角度（入射角的正弦值）與光線穿透玻璃時的角度（折射角的正弦值），兩者比率稱為「折射率」。真空（與空氣中近似）的折射率為一；玻璃依製程不同，折射率通常在一．五到一．七之間。

另一種折射測定法是，只要液體的折射率高於玻璃樣本的折射率，就可以在碎片周圍看到微弱的光暈，稱為「貝克線」（Becke line），得名自最早觀察到貝克線的科學家——弗里德里希．約翰．卡爾．貝克（Friedrich Johann Karl Becke）。當液體溫度逐漸升高，其折射率便會降低，當貝克線消失，表示液體的折射率與玻璃相同。

玻璃的「密度」（每立方公分的重量）也是相當有價值的線索。我們並不需要為玻璃秤重，如果它在特定液體中既不下沉也不上浮，那麼其密度便與該液體相同。鑑識科學家會用上兩種液體的混合液，一種密度比玻璃高，一種密度比玻璃低，只要改變混合液比例，便可達到與玻璃相同的密度。如果兩個不同樣本在相同的溫度下，都懸浮在相同比例的混合物中，就表示這兩個樣本的密度相同。

玻璃還可以藉由「光譜學」進一步鑑定。玻璃在高溫碳弧[30]或雷射光束中燃燒時，玻璃裡的每種元素都會讓火焰有一種特定的顏色；當火光透過稜鏡或類似裝置產生光譜，該光譜便可測量出特定的波長。不過此種檢測方法會破壞材料樣本，而這在刑事審判提供證據時，是個必須面對的重大缺點。儘管如此，它在鑑定染色玻璃方面仍具特殊價值。

另一個選項是「微區螢光光譜」（Micro X-ray fluorescence）分析，這用到真空樣本室中的「銠」（原子序較高的元素）X 射線管，以 X 光來激發樣本元素。發射的 X 光是定量抑或半定量分析[31]，必須取決於樣本中的元素濃度。

近年來，使用「中子活化分析」已經相當普遍。在一小塊材料中，便可辨識出多達七十種不同成分。這種分析法相當有用，因為它可以檢測光譜分析無法發現的微量元素。

檢測細小的玻璃微粒，對於調查「罪犯是否到過現場」而言非常重要。在一般車禍和肇事逃逸等案件中，較大的玻璃碎片對於鑑識科學家具有同樣重要的意義。比方說重新組裝破碎的汽車頭燈玻璃，需要高度技能和經驗，因為藉由重組頭燈，便可確定汽車的品牌和類型。

玻璃是一種「過冷」[32]液體，當我們在檢查拋射體之撞擊方向時，放射狀裂痕之側面肋狀條紋（stress mark）會在子彈撞擊面之反面產生垂直角度。這些角度在將破碎的玻璃片重新組裝時，會有很大的幫助。

在某些情況下，儘管玻璃被子彈或其他快速物體擊穿，但大體上仍完好無損。而玻璃碎片的類型，通常可以揭示出許多導致碎片產生的原因。

犯罪檔案

嘉寶（Gerber）嬰兒食品案

在產品內摻入異物是聯邦重罪，而當這類消息傳出時，經常引起消費者恐慌。聯邦調查局分析了多起嬰兒食品中的玻璃碎片後，證明並非製作過程的汙染。

一九八八年，美國報紙刊登了全美各地的母親們，在嘉寶嬰兒奶粉罐裡發現玻璃碎片的新聞。以前雖然有過包裝線上燈泡摔破，汙染到罐內奶粉或罐外包裝的情況，但這次帶有碎玻璃的奶粉罐，卻出現在不同批次的產品中，實在不太像是因為包裝線上摔破燈泡。由於產品摻入異物是一項聯邦重罪，因此這些奶粉罐被送到聯邦調查局實驗室進行檢驗。

檢查人員報告：「每個罐子裡的玻璃都很獨特，包括鏡子的玻璃、頭燈玻璃、燈泡玻璃……在我看來，這些應該是不同的消費者自己放進去的。」究其原因，可能是這些人希望食品公司可以賠點錢給他們。

30 編按：兩根接觸的碳棒電極在空氣中通電後，分開時所產生的放電電弧。
31 譯註：定性分析可檢測樣本性質，定量分析可檢測樣本數量，半定量分析則是在難以計量下，較為準確的估算分析。
32 譯註：降低液體或氣體的溫度至凝固點以下，但又不使其凝固，便可造成過冷現象。

當高速射擊穿過平面玻璃，往往會發生錐形破裂，也就是入口孔小於出口孔。在這種情況下，所有（或者幾乎所有）碎片都會落在出口孔那一側。如果射出子彈速度相對較低（例如發射自很遠的距離），或使用較大顆的飛行物（例如石頭），則玻璃會在破裂之前先彎曲，然後出現放射形破裂，裂痕會從出口孔，以星形狀延伸。

使用尖頭的工具（例如鐵鎚的尖端）敲擊玻璃，也會導致放射狀破裂，而且會圍繞中心點出現一個圓弧形的「蜘蛛網」形狀。由於這些裂縫發生在玻璃的另一側，因此它們會產生微小的碎片，噴回打擊玻璃的人身上。

在不只一枚飛行物穿透玻璃的情況下，甚至可以分辨出穿孔的產生順序。第一枚飛行物會造成放射狀破裂，下一枚也會如此。然而這時，如果放射狀裂痕，碰到由第一枚飛行物造成的放射狀裂痕，通常會延伸到該裂痕處即停止。

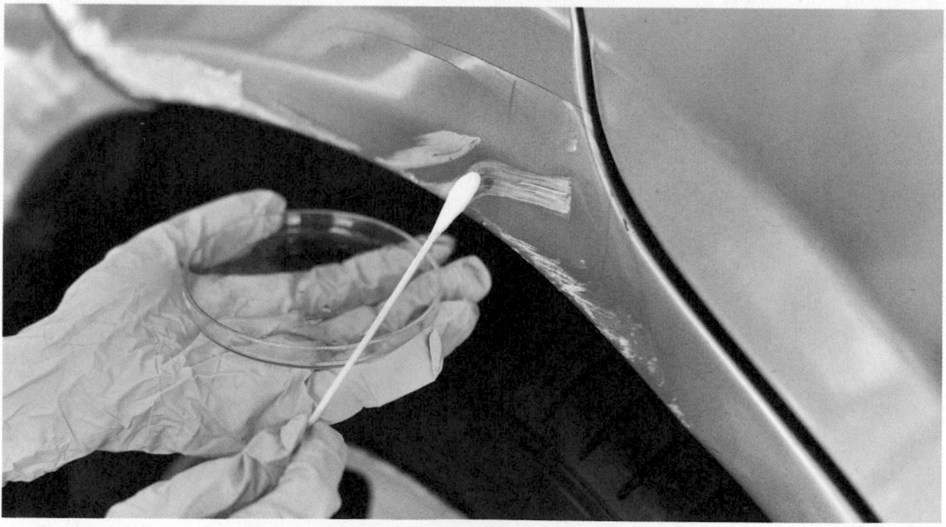

▲ 在肇事逃逸的汽車事故中，只要鑑定現場發現的頭燈玻璃碎片，就能查明肇事車輛的車型。

油漆，大部分與汽車有關

油漆碎片的鑑定，採用了許多與玻璃鑑定相同的技術。大部分情況都與汽車油漆碎片有關；車輛在製造過程中，工藝複雜者可能會重複塗裝車漆達八層以上，顯微鏡檢查經常會發現沿碎片邊緣的底漆塗層。

在上層油漆符合汽車製造商給出的樣品後，從這些碎片的底漆，還可以將尋找範圍縮小到單一型號的汽車、製造的工廠，甚至是上漆和送到經銷商的時間。如果有必要的話，還可透過微形態特徵、光譜測定法和氣相色層分析法進一步確認。

犯罪檔案

史帝芬・布雷德利（Stephen Bradley）

澳洲雪梨一名小男孩在自家附近遭人綁架並殺害，而他的屍體被包裹在地毯中。警方靠著真菌、灰泥（抹牆用熱石膏）、狗毛和稀有樹木的種子等跡證，找到凶手的家。

巴希爾・索恩（Bazil Thorne）和芙瑞達・索恩（Freda Thorne）住在雪梨不起眼的郊

區。一九六〇年七月七日，他們八歲的兒子格雷姆（Graeme）在上學途中被綁架。一名帶有濃重外國口音的男子打電話給索恩夫婦，索要贖金兩萬五千英鎊，好讓小孩安全回家。

在接下來兩天裡，警方發現格雷姆身上一些隨身物品，被丟在城市的邊緣地帶。然而綁架他的人，並沒有進一步的要求。

八月十六日，男孩的屍體在離他家約十英里處（約十六公里）被發現，且全身用地毯裹著，地毯有一端的流蘇不見了。至於男孩身上有被棍棒打傷的跡象，死因為窒息死亡；他的衣服上有粉紅色乾硬物質的痕跡，鞋子和襪子上則開始長黴菌了。此外，地毯上的毛髮檢測來自三個人以及一隻狗，國家醫療辦公室的卡梅倫・克蘭普（Cameron Cramp）博士還說，幾乎可以肯定「這隻狗是北京犬」。

這些黴菌包含四種不同類型的真菌，植物學家納維爾・懷特（Neville White）教授計算出大約在五週前開始生長，也就是說**歹徒在綁架格雷姆後不久就撕票了**。粉紅色的乾硬物質經檢驗，顯示為用於房屋飾面的灰泥。最後，經過約一個月的檢查，男孩衣服上的葉子、種子和樹枝種類也分析完成。比較特別的是其中有一種非常稀有的柏樹種子，而發現屍體的地區並沒有這種樹。

警方在媒體上詢問是否有人知道一間粉紅色房子，附近生長著這種樹，之後便有一位郵差通知了警方。然而他所報告的房子已經空無一人。屋主史帝芬・布雷德利的本名叫伊斯特萬・巴蘭尼（Istvan Baranyay），是匈牙利移民，他在綁架當天與家人一起離開雪梨，在九月二十六日搭船前往英國，鄰居也證實他養了一隻北京犬。警方在房子裡找到一張老照片，布雷德利和他的家人就坐在包裹格雷姆屍體的地毯上野餐，他們還找到了地毯上少掉的另一半流蘇。

布雷德利在九月二十日賣掉他的車，警方得知後發現這輛車仍然停在二手車商的停車場。後車箱裡有粉紅色的碎片，跟男孩身上發現的粉紅色乾硬物質相同。

有鑑於布雷德利夫婦所乘坐的船，中途會停靠斯里蘭卡的最大城市可倫坡，偵辦人員便先搭機飛到此地，待船一靠岸就逮捕凶手。一九六一年三月二十九日，布雷德利被判有罪並處以終身監禁。

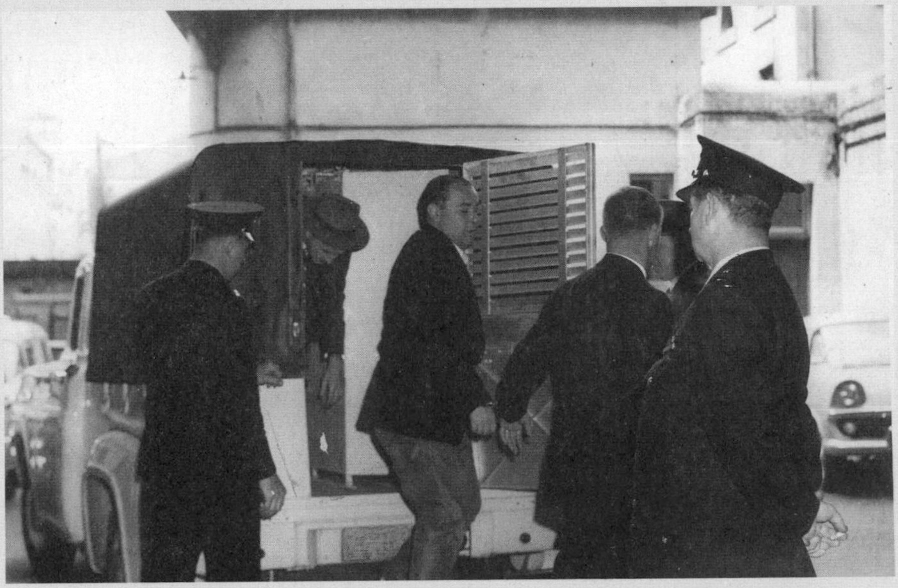

▲史帝芬．布雷德利（本名伊斯特萬．巴蘭尼）因謀殺 8 歲的格雷姆．索恩，在斯里蘭卡被逮捕，並由警方押解回澳洲。

工具，會留下壓痕、劃痕、切痕

很多類型的犯罪在某個階段都會用到工具，例如入室盜竊和破壞保險櫃、製造炸彈、偽造文書，甚至是破壞商品和肢解屍體等，這些工具都會留下自己獨特的痕跡。

竊賊通常會使用某種工具進入室內，鑑識檢查人員把竊賊留下的這些痕跡歸類為壓痕、劃痕或切痕等。

出現在木製或鋁製門窗框架等位置的壓痕，可能是以某種金屬製桿子所造成，例如鍾子、鑿子、螺絲刀或撬棍的末端等，這些金屬比門窗框架的材料來得更硬。如果在嫌犯身上發現一件工具，通常可以把這件工具拿來跟留下的痕跡比對。在木頭、金屬或油漆上的劃痕，通常是由刀或類似工具所造成。

同樣的，我們也可以拿來與嫌犯所擁有的工具比對。刀、鋸子、剪線鉗等工具，可能留下切痕，而這個類別的工具，還包括用來穿透鎖具或保險箱壁的硬化鑽頭。這些切痕通常只能比對可疑工具的近似程度，因為工具的切削刃面很容易磨損或破壞。然而，偶爾也可以很明顯的比對成功。

▲即使是最普通的工具，例如上面用來破門而入的撬棍，也會留下與工具相符的痕跡（如果被發現的話），可以用來將凶嫌定罪。

犯罪檔案

丹尼．羅森塔爾（Danny Rosenthal）

這名會對活雞進行「實驗」的精神病虐待狂，不僅謀殺了自己的父母，鋼鋸片的檢驗結果也證明他肢解了父親的屍體。

二十七歲的美國人丹尼．羅森塔爾，獨居在英國南部南安普敦一座平房裡。他的父母相當富有，母親莉亞（Leah）住在以色列，父親米爾頓（Milton）則在巴黎擁有一間豪華公寓。

一九八一年末，警方獲報丹尼的父母都失蹤了。莉亞最後一次被人看到，是在造訪兒子家的時候，因此警方聲請了搜索票。他們發現丹尼（據信患有思覺失調症）在自己的平房裡有個「實驗室」，而且經常在實驗室裡對活雞進行奇怪的實驗。來自奧爾德馬斯頓村中央法醫研究所的鑑識科學家，**在滿地的鳥類血跡中，發現了人類的血液和鋼鋸的痕跡。雖然鋼鋸的刀片已經不見**，但邁克．賽斯（Mike Sayce）醫師發現了**鎖緊的螺母周圍，卡了一些骨頭碎片和人血**。

與此同時，法國警方也發現了一名男子被肢解的遺骸，現場沒有頭部和雙手，但身體特徵與米爾頓相符。接著在他的公寓裡，警方發現了微小的骨頭碎片、血跡和鋼鋸片。

賽斯博士偕同法國病理學家米歇爾・杜里尼翁（Michel Durignon）教授，比較了鋼鋸片以及遭肢解屍體骨頭上的痕跡。他的做法是切開一塊蠟後，在切痕撒上碳粉，便可比對發現鋸齒與骨頭上的痕跡相符。

後來警方證明，鋼鋸片是丹尼在幾週前購買的，這個證據也讓他的謀殺罪在一九八二年六月獲判成立。至於他母親莉亞的屍體，則依舊下落不明。

紙張和墨水，輔助鑑定犯人的字

無論手寫或印刷的文件，經常是犯罪調查中的珍貴證據。筆跡本身也非常重要，除了可以用來提供罪犯的心理特徵，也可以辨識其身分（參見第十六章）；而紙張和墨水可以進行好幾種分析。

墨水主要分成四種類型：最早的形式是碳煙（又稱炭黑）[33]與水混合，而這仍是所謂印度墨（又稱中國墨，即書法、繪畫用墨汁）的基本成分；已經使用了幾個世紀的西洋藍黑色墨水，則是由鐵鹽與沒食子酸（gallic acid）和單寧酸（tannic acid）混合製成，這些酸最初是從櫟癭（oak gall）汁中取得；至於彩色墨水，含有合成染料，而且通常是水溶性染料；原子筆墨水也類似，但可能含有不溶於水的顏料。以上這些類型的墨水還含有阿拉伯膠、乙二醇以及其他添加劑，用意在防止墨水滲透紙張，並使墨水能夠更持久。

一張紙不僅可以用來書寫或印刷文件內容，還可以保留其上一張或多張紙上（像是在便條紙或筆記本中）**因書寫而壓凹的印痕，從而得知內容**。例如，一張已經遺失的收據，將威廉・亨利・波德莫爾（William Henry Podmore）送上絞刑臺，原因是他於一九二九年在英國南部的南安普敦，謀殺了他的雇主薇薇安・梅西特（Vivian Messiter）。波德莫爾從便條紙板上撕掉這張收據，試圖消滅他在場的證據，但他所寫的文字，在收據底下的紙張留下了明顯凹痕。在光線斜射下，波德莫爾的收據文字清晰可辨，因此被拍下來作為呈堂證供。

有一種更新的檢驗技術，稱作「靜電檢測儀」（electrostatic detection apparatus，簡稱ＥＳＤＡ），原理是基於紙張上的壓力（審定註：有筆跡寫過的

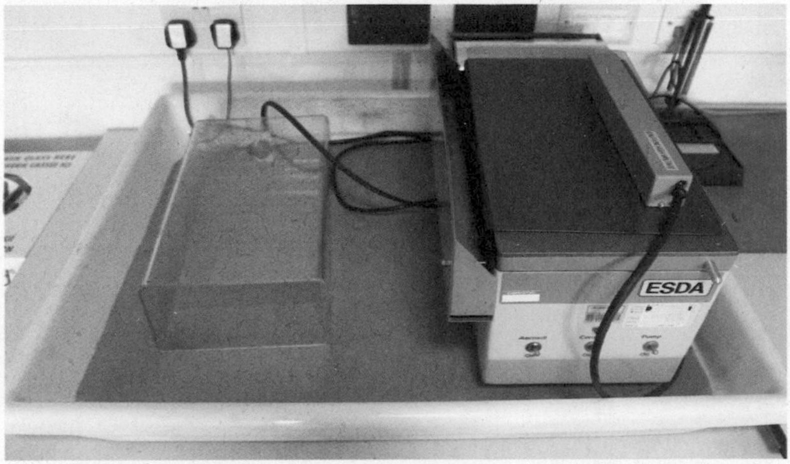

▲靜電檢測儀可以揭示上層紙張所寫的內容痕跡。紙張的凹痕部分會帶靜電，當我們把影印機碳粉和玻璃微珠的混合物，倒在覆蓋的聚酯薄膜上，碳粉便會被吸引到帶電的凹痕圖像上。

33 譯註：在空氣不足的情況下燃燒碳氫化合物，所得到的極細微碳黑粉再與廢氣分離而得的純黑粉末，即為碳煙。

地方）會影響其電氣性質（電性），增加其保持靜電荷的能力。靜電檢測儀包括一個多孔金屬[34]的平臺，檢測時把紙張鋪在上面，再鋪一層透明聚酯薄膜。金屬操作臺下方的真空吸力將這個層疊的文件「三明治」固定在一起，然後對它放電。於是紙張的凹痕部分會帶靜電，當我們把影印機碳粉與玻璃微珠的混合物，倒在這層聚酯薄膜上，碳粉便會被吸引帶電的凹痕圖像上，如此便可讀取圖像。評估的圖像必須拍攝下來，或以黏合劑提取成證物，以便記錄或保存，後續才可掃描。

犯罪檔案

約翰・馬格努森（John Magnuson）

他寄了一個郵包炸彈給鄰居。但他沒想到重要的包裝紙，竟然可以從爆炸碎片中回收檢查。專家鑑定過包裝紙，證實是他的筆跡，甚至還鑑定出他用來書寫地址的筆和墨水。

一九二二年十二月二十七日，美國威斯康辛州馬許菲爾德市的六十五歲居民詹姆斯・查普曼（James Chapman）收到一個包裹，他還以為是遲來的聖誕禮物。不幸的是，這個包裹並非禮物。當他打開包裹時，包裹劇烈爆炸了。查普曼因此失去一隻手，他的妻子克萊門汀（Clementine）也受了重傷。

現場專家回收了包裝紙的碎片，並將它們重組在一起，上面出現了一個手寫地址：

「威斯康辛州馬許菲爾德市R.1，詹姆斯・查普曼」（J.A. Chapman, R.1, Marsfilld, Wis.）。密爾瓦基的鑑識專家約翰・泰瑞爾（John Tyrell）仔細檢查這項證據。原先他認為格式錯誤的字，一定是想以某種方式偽裝筆跡，不過進一步分析證明這是真實筆跡，而且寫的人可能已經盡力了。至於「Marshfield」這個字的拼寫錯誤，表示對方可能是外國人，泰瑞爾還認為應該是瑞典人。[35]

而當地只有一位瑞典人，也就是四十四歲的農民約翰・馬格努森。他曾因為在土地上開鑿一條排水溝的計畫，與查普曼激烈爭吵。十二月三十日，他被警方拘捕偵訊，由於不知道炸彈的包裝紙碎片留存了下來，因此**同意提供自己的筆跡樣本，結果與包裝紙上的筆跡相符**。

在馬格努森的審判中，兩位知名筆跡專家——紐約的阿爾伯特・謝爾曼・奧斯本（Albert Sherman Osborn）和芝加哥的J・福代斯・伍茲（J. Fordyce Wood），均同意泰瑞爾的看法。**奧斯本發現筆跡有十四點相似之處**，並結論道：「其他人不可能寫出這些文件所顯示的筆跡特徵和特殊重複點，因此絕非巧合。」

34 編按：金屬內部彌散分布著大量有方向性或隨機的孔洞，這些孔洞的直徑約兩微米到三毫米之間。

35 編按：威斯康辛州的郵政編碼應為WI，而非Wis。另外，瑞典人會將Mars發音為Marsh，且若未受過教育，會將field拼寫成filld或fild。

另一個具有說服力的證據，就是泰瑞爾觀察到地址是用中型光滑筆尖的鋼筆書寫，且用的是**卡特公司（CARTER'S）出品的黑色墨水，混合少量桑福德（Sanford）文具公司出品的藍黑色墨水**。

警方在馬格努森家裡搜查，發現他女兒有支鋼筆符合描述。她雖然習慣使用桑福德的藍黑色墨水，但她把鋼筆借給一位同學後，同學用卡特的墨水重新裝填過。

綜合以上證據，馬格努森於一九二三年三月三十一日被判處了無期徒刑。

犯罪檔案

「希特勒日記」之謎

轟動出版界的發現，結果卻是一場騙局，因為這本日記的用紙，在阿道夫．希特勒（Adolf Hitler）死後近十年才生產出來。

一九八一年二月十八日，西德古納亞爾（Gruner + Jahr）出版公司的主管們，收到了三本日記，用幾乎無法辨認的字體寫成，而這些據說是阿道夫．希特勒的日記。根據記者格德．海德曼（Gerd Heidemann）的報導，這些日記來自一位富有的神祕收藏家，他是一位東德將軍的兄弟。

三名專家受邀來檢查這批日記，包括蘇黎世警察鑑識部門前負責人馬克斯．弗雷—蘇澤（Max Frei-Sulzer）博士、來自南卡羅來納州的奧德維．希爾頓（Ordway Hilton），以及萊茵蘭—普法茲邦警方的筆跡分析員。

幾週之後，三名專家宣布這些日記是真的，古納亞爾出版公司立即開始了祕密協商，準備在全球出版這些日記。

不過古納亞爾出版公司當時也把部分日記樣本，提交給了包括朱利葉斯．格蘭特（Julius Grant）在內的西德鑑識專家，他們把檢查集中在日記本身的「材料」上。一九八三年五月六日，就在日記出版前幾個小時，西德鑑識專家們宣布這些日記是偽造的，**紙質非但很差，還用一九五四年以前未曾使用的「增白劑」處理過**；日記的裝訂部分也含有增白劑，**裝訂線中更含有二戰之後才合成出來的聚酯纖維，而且書中有些墨水的痕跡不超過十二個月**。

事實證明，記者海德曼已經把出版公司購買日記的款項，存入了自己的銀行帳戶。而他所謂的消息來源，並不是富有的收藏家，而是罪犯康拉德．庫喬（Konrad Kujau），於是兩人均被判處有期徒刑。至於古納亞爾出版公司方面，根據估計，這場騙局讓他們一共損失了超過兩千萬德國馬克。

犯罪檔案

馬克・霍夫曼（Mark Hofmann）

珍稀書籍與文件的書商，靠著販賣與摩門教歷史相關的偽造文件賺了不少錢。最後的這次偽造，暴露了他對印刷技術方面的盲點，罪行隨之被揭發。

美國猶他州鹽湖城的馬克霍・夫曼，專門從事珍稀書籍與文件交易。一九八五年，他決定偽造美國歷史上最著名的佚失文件——《自由人誓詞》（*Oath of a Freeman*）36。這是一張只比明信片大一點的紙，一六三九年在麻州印刷；雖然誓言文字有流傳下來，但所有的印刷文件都已佚失。而由同一臺印刷機印製的另一部作品——一六四〇年出版的聖詠經《海灣聖詩》（*Bay Psalm Book*），除了各地藏本之外，很容易找到比較現代的翻印摹本。於是霍夫曼從《海灣聖詩》中複印了幾頁文字，接著裁剪並黏貼每個字母，以便用當時的字體，組合成誓詞文件上的所有文字，再以此製作了一個印刷版。他還從大約相同時期的書裡撕下空白頁面，作為仿古印刷用紙。

而為了製作與當時相似的墨水，他先燒掉一本十七世紀書籍的皮革裝訂部分加入其中，以確保墨水在「放射性碳定年法」的檢驗下，顯示結果都與該誓詞的年代相同。他還讓黴菌在紙上生長，以產生典型的「褐斑」（foxing），最後再把仿冒的文件暴露在臭氧中，讓墨水氧化褪色。接著他便以一百萬美元的價格，把這份文件賣給了國會圖書館。

古文獻專家無法確定這張誓言的真假，於是送到加州大學，以迴旋加速器（cyclotron）進行中子活化分析，他們在報告中表示這種墨水似乎與《海灣聖詩》中的非常相似。亞利桑那州立犯罪實驗室的文件專家威廉・弗林（William Flynn）則不太確定。但在鑑定霍夫曼賣給摩門教會的其他文件上，他成功證明了七十九份文件中，有二十一份有問題。

郡檢察官泰德・坎農（Ted Cannon）最後指出，這份誓言一定是偽造的。他甚至不必靠迴旋加速器、碳定年法或顯微鏡，就判定了造假這件事。因為這位郡檢察官曾經從事凸

▲馬克・霍夫曼相當自豪的展示了他賣給鹽湖城摩門教會檔案館的文件，這些文件據稱非常稀有。

36 譯註：《自由人誓詞》內容在捍衛麻州政府的地位，亦即不再受英國管束命令，因此除了是美國的第一份印刷品外，也有其歷史意義。

版印刷十七年，對字體細節一清二楚。

他說每個金屬字母都鑄在一個金屬的「主體」上，而該金屬主體的長度，必定大於任何字母升部（字母向上超過主線的筆畫部分）最高處和降部（字母向下延伸超過基線的筆畫部分）最低處之間的距離。因此，一行字體中的降部與下一行中的升部之間的距離，不可能少於金屬主體之間的固定距離。而在霍夫曼製作的贗品上，有幾個地方肉眼可見並非如此，因為在他的裁剪黏貼文本上，並未完全保留升部和降部之間應有的距離。

第二個問題出在文本周圍的邊界。一旦這些字體順序被組裝好，就會使用長長的金屬條固定在適當的位置，然後再圍繞中間的文本設置好邊界的範圍。在霍夫曼的黏貼過程裡，並不需要這樣固定，因此文本和邊框之間的空白空間不夠，但凸版印刷時不可能這樣憑空固定字體。

第十五章

聲音再像，聲紋也不會一樣

▲「聲譜儀」（sound spectrograph）最初由勞倫斯．科斯塔（Lawrence Kersta）在 1960 年代所開發，這是一種把語音轉換為聲譜圖的視覺顯示儀器。圖中這是英文單字「baby」的波形。

「我認得她的聲音。」這類證據有時會在法庭上被採納，而這反映了每個人的聲音，都具有可以經由耳朵辨識的「特徵」這個事實。但這種聲音上的認同相當主觀，亦即聽者也可能搞錯。一般證據應該以「實體證據」的形式呈現，才能說服陪審團。因此，若想提出聲音的實體證據，只能透過「錄音」一途。然而在錄下供詞時，還必須採取嚴密的預防措施，確保該錄音不可能以任何方式被篡改。即便如此，技術上的缺陷也可能使聲音失真，讓人無法準確辨識聲音，儘管現代的電腦軟體已經在相當程度上解決了這種問題。但由於上述原因，鑑識科學家不得不等到**一九六七年，才確定了一種語音辨識技術，不僅很容易展示給陪審團，還能作為呈堂證供。**

在二戰期間，電子語音的辨識能力變得非常重要，因為在竊聽德國軍事通信中，必須能夠區分不同的說話者。紐澤西州貝爾電話實驗室（Bell Telephone laboratories，現名為諾基亞貝爾實驗室〔Nokia Bell Labs〕）的科學家和工程師，著手研究這個問題，勞倫斯・科斯塔（Lawrence Kersta）就是其中一員。他在戰後繼續這項工作，終於在一九六三年開發出一種可以記錄人聲音高、音量和共振的方法，他稱之為「聲譜圖」（spectrogram）。他寫道：

> 兩個人的發聲器官（包括嘴唇、舌頭、牙齒等，可以區分出不同的語音）有著同樣動態使用模式的可能性很低。因此，聲紋具有「個人獨特性」的主張，便是基於兩個說話者不可能具有相同的共鳴腔尺寸和聲帶使用模式，相似到足以混淆聲紋的辨識。

科斯塔的設備會在磁帶上記錄一段二・五秒的語音，然後進行電子掃描。掃描線條可以顯示在映像管螢幕上，也可以用指針記錄在旋轉的捲筒圖紙上。這種做法可以獲得兩種類型的聲紋，通常作為呈堂證供的是條狀圖——**水平刻度代表錄音的時間長度，垂直刻度代表聲音的頻率，響度**（Loudness，音量的相對大小）**的部分，則透過線條的密度呈現**。另一種聲紋是輪廓式圖紋，可以表現出聲音更複雜的特徵，適合在電腦上進行比較。

一般演講中最常使用的英文詞語是「a, and, I, is, it, on, the, to, we, you」（一個、和、我、是、它、在、這、給、我們、你們）。為了確定聲紋的可靠性，科斯塔錄製了五萬條個人聲音。有許多人聲聽起來非常相似，但在螢幕上，可以清楚看到這些聲紋的差異。

他還請了專業的人來模仿聲音，證明雖然耳朵聽起來難以區分，但它們的聲紋卻明顯不同。

從一九六七年開始，美國法院偶爾會承認聲紋證據（不過現在大多數國家對聲紋證據，依舊抱持相當懷疑的態度）。開始承認的重要分水嶺，便是一九七一年對盜獵者布萊恩・胡松（Brian Hussong）謀殺尼爾・拉法夫（Neil LaFave）一案的審判（見下頁犯罪檔案）。

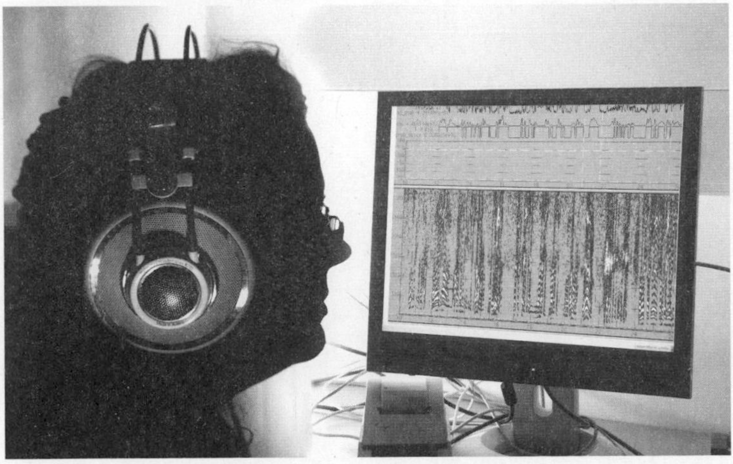

▲現代鑑識人員在語音分析時，會使用電腦軟體來分析錄音，並且生成可靠的語音描述檔案，以協助確定某人的身分。

犯罪檔案

布萊恩・胡松（Brian Hussong）

一名惡名昭彰的盜獵者，槍殺了一名獵場管理員並斬首。警方苦於找不到嫌疑人的槍，後來是藉由竊聽器錄下他祖母的聲音，才逮到了這名罪犯。

尼爾・拉法夫是威斯康辛州綠灣附近「森西巴野生動物保護區」（Sensiba Wildlife Area）的狩獵管理員，於一九七一年九月二十四日下班後不見蹤影。第二天，警方在一個淺土堆裡，發現了他被斬首的屍體，屍體身中好幾槍，而他的頭就埋在附近。

負責調查的警官馬文・格利科夫斯基（Marvin Gerlikovski）懷疑可能是報復性仇殺，便下令把所有曾因盜獵而被拉法夫逮捕的人，都找回來偵訊。那些無法提供當天不在場證明的人，都被要求進行測謊，他們也都同意了，只有狡猾的布萊恩・胡松拒絕測謊。

格利科夫斯基警官聲請了法庭命令，允許他在胡松家裡的電話裝上竊聽器，記錄所有通話。胡松其中一次通話對象，是他八十三歲的祖母艾格尼絲（Agnes），**她在電話裡向他保證，所有槍都藏好了**。隨後警方立刻對她家展開搜查，發現了藏起來的槍枝，並將這些槍枝送往州犯罪實驗室；彈道學專家威廉・拉思曼（William Rathman）很快就證實，其中一把槍與拉法夫屍體附近發現的點二二口徑彈殼相符。

在胡松的審判中，艾格尼絲表示自己對藏槍一事毫不知情。然而，密西根州語音識別部門的歐內斯特·納許（Ernest Nash）出庭作證，指出錄音帶中的聲紋確實屬於艾格尼絲，他還提出證明，展示該聲紋與胡松其他親屬的聲紋不同。於是胡松被判有罪，並被處以無期徒刑。

同樣在一九七一年，科斯塔受邀對一起特殊案例發表意見。傳記作者克利福德·歐文（Clifford Irving）向麥格羅希爾（McGraw Hill）出版社提供了一份傳記手稿，據他所說是由性情古怪的百萬富翁霍華·休斯（Howard Hughes）授權。為了支持自己的說法，他出示了據稱是休斯寫給他的信件，這些信件也被筆跡專家證明為真實筆跡。然而休斯在已經隱居了十五年之後，終於打破沉默，宣布歐文所謂的傳記，充其量是他自己冒名寫的「全虛構小說」。

休斯在隱居的巴哈馬天堂島講了兩個小時的電話，提出他的說明。問題在於電話裡的聲音，

▲ 百萬富翁霍華·休斯於美國參議院小組委員會發言期間的照片。在聽證會上錄下的聲音，為大約 30 年後起訴克利福德·歐文提供了明確證據。

是否真的是休斯的聲音？科斯塔檢查了這通電話的錄音，並與三十年前休斯在參議院小組委員會上發表的演講錄音做比較。他宣布電話裡的確實是休斯的聲音，並聲明：「我們以科學家的名譽保證，幾乎是百分之百肯定。」於是在一九六二年六月，歐文被判偽造文書罪，並以有期徒刑定讞。

▲ 克利福德・歐文利用偽造的霍華・休斯傳記，差點從麥格羅希爾出版社手中成功騙走 65 萬美元。

犯罪檔案

愛德華・李・金（Edward Lee King）

當一個年輕人大肆吹噓他在一九六五年「華茲區暴動」（Watts riots）中的作為時，並沒有意識到錄製下來的聲音分析，會導致他被定罪。這是一個具有里程碑意義的案例。

一九六五年洛杉磯華茲區的暴動，是美國歷史上極具破壞性的暴動之一，發生了大量搶劫和縱火案件，報紙和電視記者也廣泛報導了這些事件。一位哥倫比亞廣播公司

（CBS）的電視記者，採訪並錄下一名年輕人的遭遇，這個年輕人背對著鏡頭，吹噓他的煽動性暴力活動。

過了不久，警方逮捕了十八歲的愛德華·李·金，懷疑他就是接受採訪的年輕人。警方請來聲紋專家勞倫斯·科斯塔，將電視錄音與金的錄音進行比較。在持續近兩個月的審判中，科斯塔作證聲紋相同，金於是被判犯下縱火罪。

當金提出上訴，律師提出一個重要的法律問題，理由是金提供的聲音樣本，等於「自證其罪」（self-incrimination）[37]。最後，美國最高法院裁定自證其罪的違憲免責權，並不適用於本案。

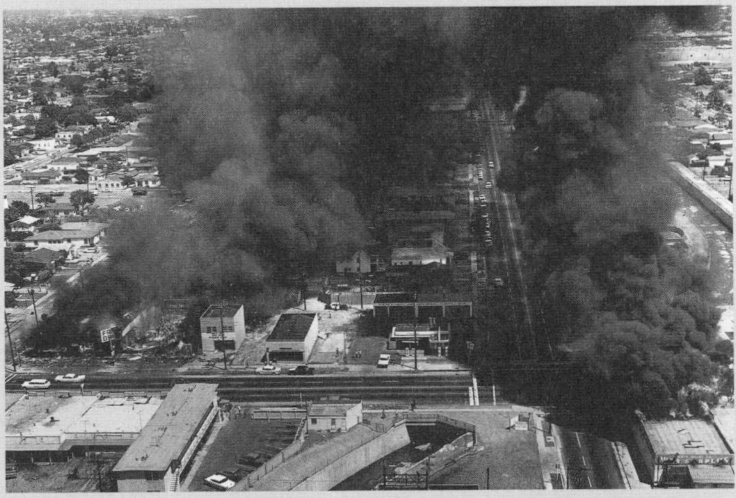

▲1965 年 8 月 13 日，暴徒在為期 6 天的暴動中搶劫放火，濃煙籠罩了洛杉磯的華茲區。

37 譯註：美國憲法第五修正案中，規定任何人「不得在任何刑事案件中被迫自證其罪」，否則就是違憲。

在鑑識界，現代鑑識的語音分析，仍然使用了許多與過去相同的指標，並以數位方法比較語言的用法、語調、流利度，以及單一元音（母音）和輔音（子音）的發音細節。現在的調查人員還有許多有效的工具，例如生物語音辨識軟體，有助於同時辨識和區分來自不同聲道的不同聲音，還可以同時將多個聲音分成單聲道錄音，判斷性別，並且確定是「誰」在「何時」說話。而螢幕的圖形界面，更可實現簡單快速的比較、重播和分析等功能。

聲紋辨識在其他領域也相當有用，比方說美國，就把它與其他生物辨識技術一起用在安全系統。授權人員會預先將一系列短語記錄到電腦硬碟中，當人員想進入限制區域時，電腦會比對人員的語音與這些短語的錄音紀錄，然後才允許進入。此外，聲紋辨識還被用在瀏覽器開啟某些網頁時，例如亞馬遜雲端聯絡中心（Amazon Connect），便以類似的語音樣本進行註冊和驗證。然而在許多情況下，出於安全目的，聲紋辨識通常會被其他形式的生物特徵辨識取代，例如臉部辨識、虹膜掃描、指紋辨識和手指靜脈掃描等，有時聲紋也會與這些生物特徵辨識結合使用。

以更大範圍的角度來看，語音生物辨識技術已經越來越廣泛的運用在操作智能虛擬助理（IVA）和智能個人助理（IPA）上，例如透過語音指令操作的智慧家用設備、穿戴設備與智慧型手機等，大家常用的語音助理，包括智慧型喇叭 Amazon Echo、蘋果 iOS 系統的 Siri、谷歌智慧型音箱 Google Home、Google 助理（Google Assistant）等。這些智能設備所記錄和儲存的數據，可供調查人員使用。比方說警方和其他執法機構，便可透過聲請搜索票或傳票，要求提供這些語音訊息，將其作為調查或立案的部分證據。光是在二〇一九年上半年，亞馬遜公司就收到了三千多件來自警方的數據查閱申請，其中有兩千多件獲得了許可。

這種對個人語音數據的查詢，自然會引發有關隱私和道德的各種問題，儘管大多數應用程式和網站的聲明都包含特定條款，警告用戶如果是在政府機構的要求下，他們可能會交出這些個人數據。不過就亞馬遜和谷歌公司來說，如果它們遇到這樣的調查要求，一定也會同時通知用戶，除非搜索票裡明確禁止通知該用戶。

犯罪檔案

伊恩·布雷迪（Ian Brady）& 米拉·韓德麗（Myra Hindley）

虐待兒童的罪犯「沼澤殺手」（Moors murderers，因棄屍沼澤而得名），變態的錄下一些受害者的死前時刻。警方也從背景的電臺廣播聲，確定了受害者的死亡時間。

一九六六年，在英國法院對伊恩·布雷迪偕同米拉·韓德麗謀殺多名年輕人的審判期間，一卷錄音帶成了最沉重的證據。裡頭錄下的聲音出自年僅十歲的萊斯麗·安·唐尼（Lesley Ann Downey），她正在向布雷迪苦苦哀求，當時他強迫她脫光衣服拍攝色情照片，並且性侵再勒斃。

萊斯麗於一九六四年十二月二十六日被綁架並殺害，屍體埋在附近的荒野中，直到一九六五年十月十六日才被發現。

在錄音的背景中，可以聽到盧森堡電臺（Radio Luxembourg）的廣播，歌手阿爾瑪．科根（Alma Cogan）的歌聲清晰可聞，為這段錄音提供了明確日期。

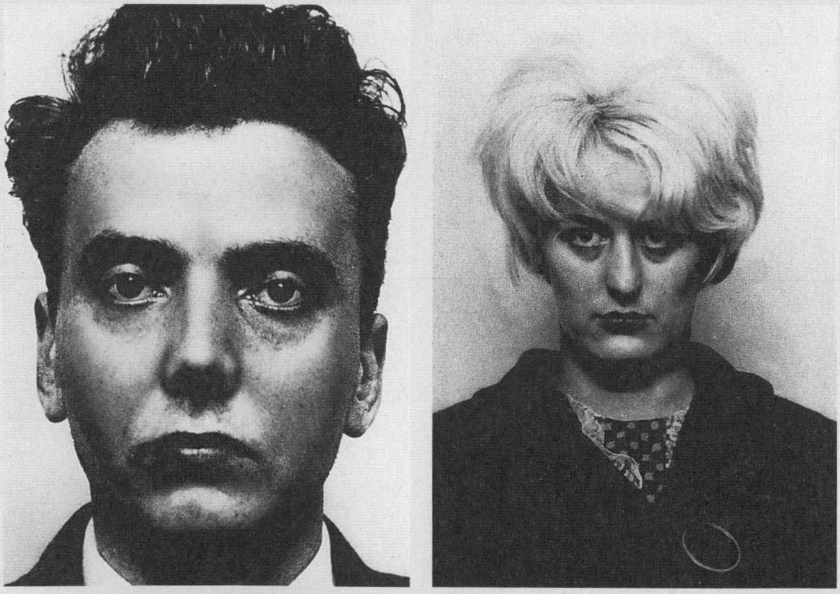

▲「沼澤殺手」伊恩．布雷迪（左圖）和米拉．韓德麗（右圖）。

▲ 英國警方在寒風陣陣的約克郡薩德沃斯沼澤（Saddleworth Moor），搜索遇害者屍體。

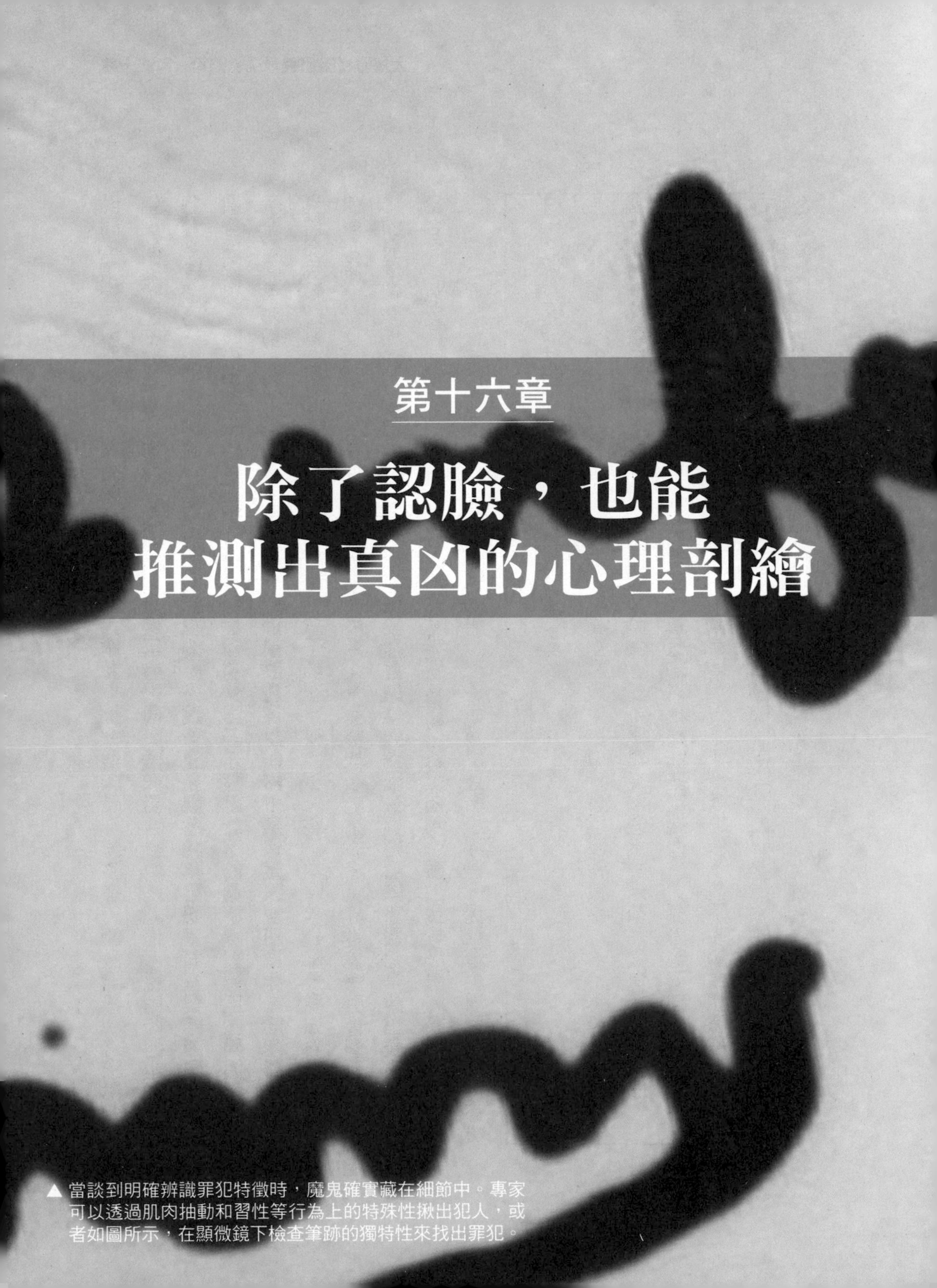

第十六章

除了認臉，也能推測出真凶的心理剖繪

▲當談到明確辨識罪犯特徵時，魔鬼確實藏在細節中。專家可以透過肌肉抽動和習性等行為上的特殊性揪出犯人，或者如圖所示，在顯微鏡下檢查筆跡的獨特性來找出罪犯。

刑事調查中長期存在的問題之一，便是「確定犯罪者」。現場證人有可能會看錯或認錯人，嫌犯也可能找到當時在遠離案發地點處，相信自己看過嫌犯的人，而成為不在場證明。當沒有明確的犯罪者身分時，警方就必須尋找可能鎖定嫌犯的線索。所有警察單位都會記錄並保留已知犯罪分子的犯罪手法（Modus Operandi，簡稱MO，即作案的模式），這有助於縮小搜索範圍。此外，分析犯罪性人格和心理的現代方法，也已經有重大進展。最後，當一名嫌疑犯被逮捕，尤其是在法庭審判的時候，明確證實犯罪者的身分相當重要。

在十九世紀，有許多犯罪學家認為可以找到某種「罪犯類型」。這種理論的領頭人物是義大利的切薩雷．龍布羅梭（Cesare Lombroso），他在一八七六年出版了《犯罪人》（*L'Uomo Delinquente*）一書。龍布羅梭在研究了將近七千名罪犯後得出結論：「他們的外貌與其所犯罪行的類型直接相關。」儘管他的理論遭到質疑，但這為「人體測量學」（anthropometry）提供了動力，該研究是在探究不同人體類型之肢體測量值上的變異情形。

▲切薩雷．龍布羅梭是19世紀犯罪學家中的領頭人物，希望能夠辨識「犯罪者」獨有的人類學特徵。

當時的巴黎人類學會會長是路易斯．阿道夫．貝蒂隆（Louis Adolphe Bertillon）博士，他參與了不同種族的頭骨形狀和大小的比較與分類。他的兒子阿方斯．貝蒂隆似乎對這項工作不感興趣，但在巴黎警察局檔案辨公室擔任初級職員時，阿方斯突然意識到父親的研究，可以應用在辨識已知罪犯上。他回想起了比利時統計學家朗伯．凱特勒（Lambert Quetelet）的研究——**沒有兩個人的「身體測量值」會完全相同**，於是向自己的上級解釋並提議建立一種辨識系統。在一八八二年十一月至一八八三年二月期間，阿方斯建立了一個包含一千六百條紀錄的卡片檔案系統，用來對照參考被捕罪犯的測量值。這種技術也很快就被稱為「貝蒂隆鑑別法」（bertillonage）。

一八八三年二月二十日，一個自稱杜邦（Dupont）的人被帶進警局。阿方斯為他測量了各項人體尺寸後，未抱太大期望的開始檢查他所建立的卡片。慢慢的，他越來越開心，最後興高采烈的抽出一張卡片大叫著：「去年十二月十五日，你因為偷空瓶被捕，那時你自稱馬丁（Martin）！」

新的卡片檔案系統在巴黎的報紙上，得到了極為轟動的宣傳。到一八八三年底，阿方斯已經可以查到將近五十名慣犯，第二年則可辨識出三百多名，因此法國各地警察和監獄當局，很快就全面採用了貝蒂隆鑑別法。

▲ 一幅 1899 年的版畫，描繪了巴黎警察總部的人體測量課程，阿方斯．貝蒂隆在此開發了他的「貝蒂隆鑑別法」。

後來，阿方斯把目標轉向

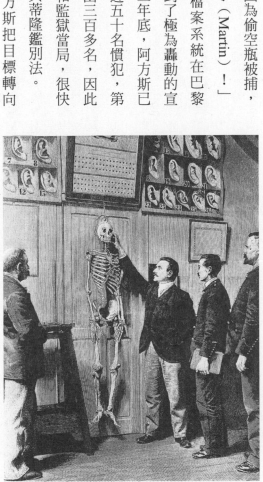

「攝影」。他率先建立了拍攝全臉肖像和側面肖像的做法，且至今有些地方仍採用這種將「嫌犯照片」建檔的形式。他還推行了他所謂的「肖像特徵」（portrait parlé），這是一種以書面形式（文字與繪圖）準確記錄鼻子、眼睛、嘴巴和下巴等臉部特徵形狀的系統，而此系統也成為許多現代臉部辨識系統的發展基礎（當然現在多採數位記錄和測量）。

雖然指紋辨識技術的發展（參見第八章），讓各國不再需要採用貝蒂隆鑑別法，阿方斯本人卻頑固的堅持下去。

臉部指認，可能受情緒和偏見影響

「列隊指認」（identity parade）以找出嫌犯，是一般電影和電視劇中相當熟悉的畫面，但這個方式如今多半已被取代，改用電腦系統裡的標準影片資料庫編譯成「動態影片」來顯示。這些影片包括許多段十五秒的鏡頭，一個人會先面對攝影機，然後轉到一個方向，接著轉到另一個方向。受害者在指認嫌犯並做出決定之前，會依序查看這些影片內容兩次。

這種影片系統具有巨大優勢，包括設定快速、可靠（排除了不敢面對指認的問題，就像過去列隊指認時的情況）；而且資料庫龐大的好處，在於指認時的辨認序列對嫌犯來說會更公平。對於受害者而言，不僅所受威脅較小（因不再需要面對嫌犯），安排指認也來得更容易，受害者在自己的電腦上就能看著影片指認完畢，不必為此去一趟警察局。然而在美國和一些其他國家，依舊會使用靜態照片序列，其中包含嫌犯和另外五個人以上的照片。[38]

無論使用何種指認系統，應該都要遵從四個基本規則：一、應該是單盲測試（執行指認的負責人不知道嫌疑人是誰），而且在許多地方都必須是雙盲測試（管理員和受害者都不知道幾號才是嫌疑人），以防止偏見。二、應該提供公正公平的指示。三、嫌疑人不得在外表上特別突出，在理想狀況下，指認序列裡的每個人在身高、體型、頭髮和臉部顏色等方面，應要差異不大。四、應從證人那裡取得指認確定的聲明。

舊式列隊指認或現代數位照片序列的指認，都存在了許多問題。以前人們經常會在警察總部附近的街道被攔下來，詢問是否願意參加列隊指認（有車馬費）。由於大多數人都沒有太多空閒時間，而且證人也不可能等太久，因此聚集的列隊人數經常

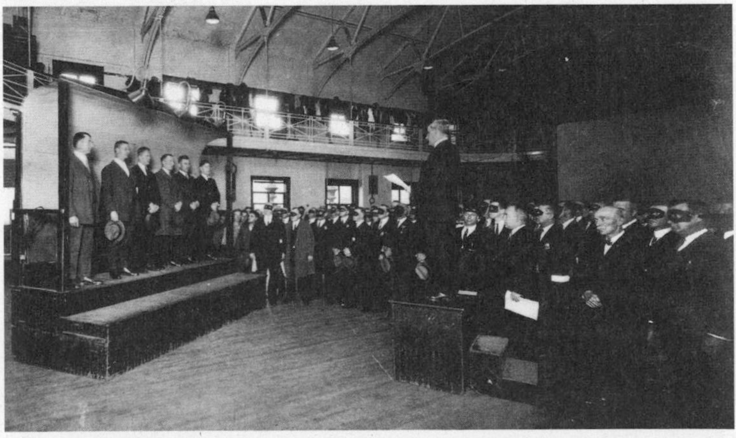

▲ 早期的列隊指認並不像目前的照片序列指認，有一些相當基本的預防措施。例如現在對目擊者展示影片或照片序列時，並不會強迫他們與嫌疑人在同一個空間出現，如此便可避免目擊者受到恐嚇或壓力。

38 譯註：臺灣警方在受害者指認嫌犯方面，亦可分為真人指認（安排六名以上於外型無重大差異之被指認人）、照片指認（不得以單一照片提供指認）、錄影畫面指認等（摘自《警察機關實施指認犯罪嫌疑人注意事項》）。

不夠。為了湊足必要人數，警方往往是到餐廳找已經下班的警務人員充任。

此外，不論是列隊指認或照片序列，都還有另一個問題：這種做法經常會讓每個出現在其中的人，看起來都像罪犯似的。證人也經常在指認某人時，感受到莫大壓力。

澳洲蒙納許大學（Monash University）心理學講師唐納．湯姆森（Donald Thomson）博士，就強烈批評指認的過程，因為他親身經歷過這種事。有一天，他在一個電視節目裡，直言不諱的評論了新南威爾斯州警察的做法，後來他正巧被帶到警局，並被要求站在受指認的隊伍中。一位在家裡遭受襲擊的婦女，仔細看了一整排男人，毫不猶豫的指認了湯姆森就是襲擊她的人。湯姆森說：「我的第一個想法是警察想嚇我。」幸好，他擁有不在場證明——攻擊事件發生時，他正在電視臺的攝影棚上節目。後來警方發現，那個女人遭到攻擊時，電視上正在播放該檔節目，因此在受到襲擊的壓力下，她的記憶不知何故，將湯姆森的臉疊加在攻擊者臉上。

正如湯姆森所說：「在創傷和震驚中，我們會失去部分記憶力，然後將相關的記憶串連在一起，以便在腦海中重建整起事件。」

事實檔案

人類到底如何區分一個人與其他人的差異呢？過去有人提出，某個腦細胞可能被印上訊息，讓我們能夠分辨可能遇到的任何物體。舉例來說，大腦裡可能會有「祖母細胞」，讓人可以理解並辨識出自己的祖母。不過正如當時任教於麻省理工學院（MIT）

的惠特曼・理查茲（Whitman Richards）教授所說：「如果對你可能看到的每一種動物或每一種事物，大腦都安排一種細胞專門做出反應的話，那麼你很快就會用完所有腦細胞。」

理查茲的同事大衛・馬爾（David Marr）提出一個完全不同的理論。他認為**眼睛會先給大腦一個快速的整體印象**，就像藝術家畫的「快速素描」，只用了幾條線條來描繪出物體輪廓。**來自眼睛細胞的信號，將會檢測物體的明暗對比，以辨識出物體的一般形式**。馬爾和他的同事們也根據這個原理，製造出第一部掃描電腦，用來產生類似藝術家素描的圖片。

馬爾還認為**大腦會先從這種粗略草圖中，辨識出物體輪廓，然後越來越接近物體上的重要特徵**，進一步建構出完整的詳細圖像，儲存在大腦中。

基於類似的原理，現代的人臉辨識軟體使用了演算法來分辨人臉的獨特特徵，並將其轉換為數學表示（抽象轉為具體），然後與辨識資料庫中的其他人臉進行比較。

一般目擊者會先注意到的特徵是頭髮、嘴巴和眼睛：頭髮的顏色、形狀和長度；嘴巴的形狀和狀態；以及眼睛的形狀和顏色。例如墨鏡可以改變臉部的外觀，因此乍看之下可能無法辨認。接下來是臉部的整體形狀，這就像馬爾的電腦所製作的「草圖」一樣。目擊者唯獨在有足夠時間專注於其他細節時，才可能完全辨識出某張人臉，並把這張臉與大腦記憶中儲存的內容相比較，然後進行識別。如果是熟悉的臉孔，那麼只需要幾分之一秒即可完成。

毫無意外的，當目擊者面對列隊指認中的嫌疑人時，如果有人神似他們在壓力狀態下看到的人，他們也會立刻感受到很大的壓力，因此經常認錯人。

犯罪檔案

詹姆斯・漢拉蒂（James Hanratty）

在英國司法界極具爭議的案件之一，就是涉嫌性侵和殺人的嫌犯指認照片與被捕男子不符，但他仍然被判有罪而受絞刑。後來，第二名嫌犯竟現身坦承犯罪。

一九六一年八月二十二日晚上，已婚男子麥可・格雷斯坦（Michael Gregsten）和他的情人瓦萊麗・史托莉（Valerie Storie），把車停在英國南部斯勞市附近的一塊田地旁，坐在車裡聊天。突然，一名持槍男子打開後門爬了進去，命令格雷斯坦開幾個小時的車，一路開到A6公路上一個叫做「死人山」（Deadman's Hill）的地方停車，然後開槍打死格雷斯坦。

接著男子性侵史托莉，並對她開了五槍，然後駕車離開。史托莉奇蹟般的活了下來，不過因傷殘疾已經難以復原。警方在倫敦的一輛公車上發現一把上膛的轉輪手槍，經鑑定為這

▲詹姆斯・漢拉蒂因犯下A6公路謀殺案，於1962年4月4日被絞死，然而此結果受到了嚴重質疑。

場謀殺的凶槍；格雷斯坦的車也被發現遺棄在倫敦。

瓦萊麗．史托莉描述了凶手的長相，警方據此製作了一張凶嫌肖像畫，**不過這張肖像畫幾乎在每個細節上，都與警方公布的另一張凶嫌圖片不同**。另一張凶嫌圖片是根據三位目擊者的描述所作，這些目擊者都看到一名男子駕駛格雷斯坦的車，三人描述的唯一共同特徵就是「凹陷的棕色眼睛」，而史托莉也記得這一點。

與此同時，偵查人員拘留了兩名涉案嫌疑人——詹姆斯．漢拉蒂、彼得．阿爾豐（Peter Alphon），警方在前者的酒店房間裡發現了凶槍的彈殼，後者則是第二天晚上住進房間的房客。漢拉蒂本人看起來跟凶嫌圖片

▲ 在貝德福德郡的 A6 公路上，瓦萊麗．史托莉被發現倒在麥可．格雷斯坦身旁，後者頭部中彈，她則身受嚴重槍傷。白色屏風處就是格雷斯坦的陳屍地點。

的樣子一點也不像，非但沒有向後梳的深色頭髮，眼睛也是淡藍色的；相較之下，阿爾豐與史托莉的描述非常相似。

然後在沒有任何解釋的情況下，史托莉改變了她的說法：攻擊她的人有淡藍色的眼睛，而且眼睛又圓又大。她在第一次列隊指認中，未能認出阿爾豐，但三週後，她在第二次列隊時指認了漢拉蒂。於是漢拉蒂立刻被逮捕，並經審判有罪，很快就在一九六二年四月被絞死。

漢拉蒂堅稱謀殺當晚，他人在英國北部，後來也有目擊者站出來支持他的不在場證明。更誇張的是阿爾豐，由於擺脫了被起訴的恐懼，他大膽發表起一連串聲明，說自己是被「利益相關者」僱來破壞格雷斯坦和史托莉之間的婚外情。

這些事件讓列隊指認嫌犯的效果進一步受到質疑。大眾對漢拉蒂被定罪絞死的不滿，一直持續到了今日。[39]

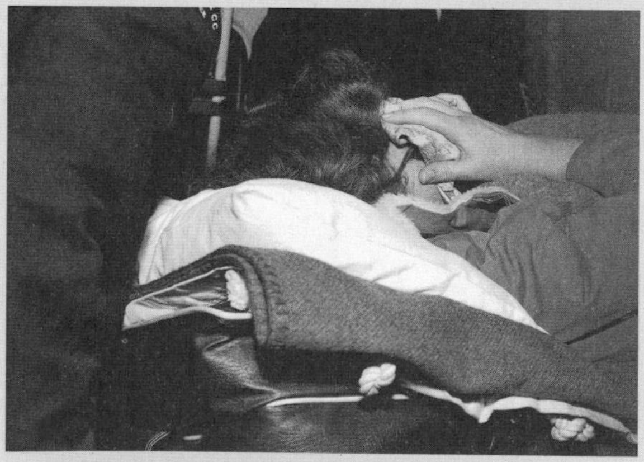

▲ 史托莉被抬上貝德福德郡巡迴審判（法院為方便民眾訴訟，於轄區設置巡迴地點，法官再至該處受理並審判案件）庭外的一輛救護車時，摀住了自己的臉。她在庭上作證自己受到的槍傷，導致她腰部以下癱瘓。

記錯並非列隊指認過程中的唯一問題，**「偏見」也可能扭曲證人對所見事物的認知**，進而產生重大影響。過去，英國倫敦警察廳舉辦了一場宣傳活動，其中有張海報上有個街景照，並帶有問句：「你會怎麼做？」街景照中有個身穿短滑雪夾克和開領襯衫的黑人正向右跑，緊跟在他身後的，是一名穿著制服的警察。照片的含意似乎很清楚：這名黑人是罪犯，正被警察追捕——然而照片下方的文字表明，這位黑人是一名便衣警探，正在追捕海報範圍外的嫌犯，而追在他後面的，其實是前來協助的制服警察。

由此可見，在辨識嫌犯時，偏見顯然是個很大的問題。傳統列隊指認形式被放棄的部分原因，就是為了避免偏見。現在的照片序列指認就比較正常，如前所述，證人會一次檢視一張臉。心理學家認為這種做法可以讓證人更有效的專注於每張臉，減少辨識錯誤的可能性。

臉部重建，過去真的是用「拼」的

一九四〇年代後期，洛杉磯警察局民事部門負責人休·麥唐納（Hugh McDonald），到歐洲追查那些利用二戰後混亂局面為非作歹的壞蛋和騙子們。

39 譯註：二〇〇二年，英國刑事案件審查委員會曾就本案進行 DNA 證據檢驗。檢驗報告中說明了，從漢拉蒂墳中屍體所提取的 DNA，與史托莉內衣沾到的精液、以及包裹手槍之手帕上的 DNA 樣本相符，證明犯人是漢拉蒂無誤。

他發現證人對於罪犯的描述，經常相互矛盾而且不夠完整。因此，他開始**在透明的紙上畫出粗略的草圖，包括不同的眼睛、鼻子、臉部形狀，讓這些透明紙張可以疊在一起**，形成一幅可能被線民認出的壞人肖像組合圖。

回到美國後，麥唐納把他的想法帶到加州聖塔安娜市的湯森公司（Townsend Company）。他們對開發這個項目相當重視，因此在與當地警察單位協商幾年之後，該公司生產出了第一個「容貌拼圖」（Identikit）包。這個組合包由五百二十五張經過分類編號的透明膠片組成，每張透明膠片都有一個臉部特徵圖像，包括一百零二對眼睛、三十二個鼻子、三十三對嘴唇、五十二個下巴和二十五種不同的小鬍子和絡腮鬍。事實上，這就像是前面提過的貝蒂隆肖像特徵的拼圖版。不過裡面並沒有耳朵的部分，原因正如麥唐納所說：「許多犯罪的受害者通常會全神貫注的看著罪犯的臉，而無法同時看清罪犯的耳朵。況且可以在拼完臉部後，用蠟筆在透明膠片上繪製特徵，例如耳朵很大或耳朵畸形，也可以補上疤痕或痣。」

麥唐納宣稱可有多達六百二十億種不同的臉孔特徵組合。這種組合系統還有一個很大的優勢：在傳真機、掃描機或電腦尚未開始使用之前，可以把容貌拼圖組合包中透明膠片的數字和字母代碼，傳送給另一個警察單位自行組合。

到一九六〇年時，容貌拼圖系統已經被世界上許多警察單位採用。儘管它成功了很多次，但也有許多令人不安的失敗例子。

一九七一年推出的潘瑞臉部辨識套件（Penry Facial Identification Kit）——PhotoFIT，是相當值得推崇的改良方案。攝影師亞克．潘瑞（Jacques Penry）宣稱他的系統並非改良自容貌拼圖；

這個想法他在一九三八年就想到了，當時他正在挑選圖解照片，準備放進他的新書《臉的特性》（*Character from the Face*）裡。然而過了三十年，他才找上英國內政部警察研發部門，獲得了生產第一個套件的合約。

PhotoFIT與容貌拼圖類似，但它使用的是攝影元素而非繪製圖像。潘瑞於一九六九年生產的第一個「白人正面基本套件」（Front-view Basic Caucasian Kit），能夠組合出五十億張不同的臉。在一九七〇年時，「亞非補充包」又可增加五億張臉孔；後續還有推出其他補充包，例如一九七四年推出的女性補充包。累積下來，光是完整的白人基本套件，就包括兩百零四個前額和髮型、九十六對眼睛、八十九個鼻子、一百零一張嘴、七十四個下巴和臉頰部分，以及各種「配件」，例如頭飾、鬍子和絡腮鬍、眼鏡、皺紋和耳朵等。

無論容貌拼圖或PhotoFIT，現在都已經被Faces這類電腦軟體取代。電腦軟體在

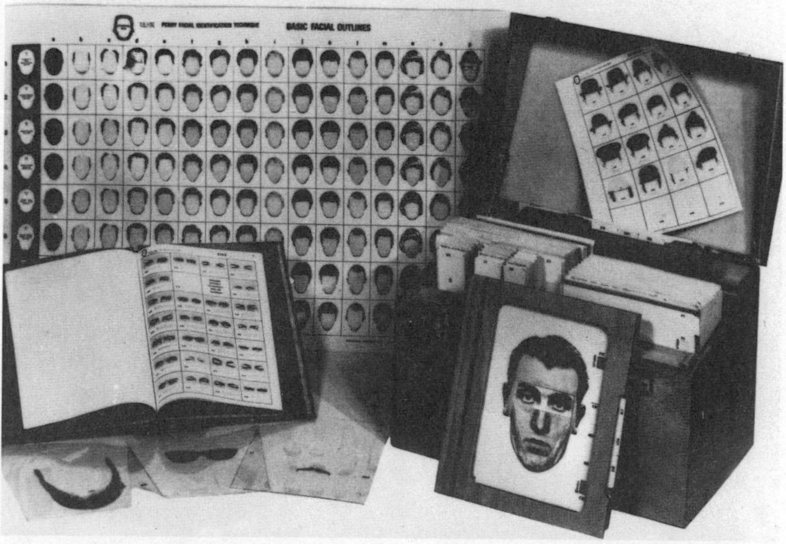

▲ 潘瑞臉部辨識套件——PhotoFIT 於 1971 年在英國推出，讓視覺辨識領域向前邁出了重要的一步。照片裡的是「白人正面基本套件」，能夠組合出大約 50 億張不同臉孔。

使用上相當有效，因為電腦可以儲存大量的攝影元素，而且每個元素都可以獨立操控來改變相對尺寸；圖形不僅可以旋轉或傾斜，還能立體呈現，軟體也可以改變臉部的顏色和紋理等。

有些臉部辨識軟體可以只透過十二個可變特徵，對臉部進行分類，這些特徵包括鼻子的長度、眼睛之間的距離和顴骨結構等。另一種方法是辨識型組合成像系統，例如EvoFIT等，**目擊者會在螢幕上觀看隨機生成的臉孔**，並選擇與嫌疑人類似的臉孔。這些圖像被組合成一個合成圖像，然後可以透過諸如吸引力、愉快或誠實等變量，進行細部調整。據說這種系統可以產生更容易辨識的合成圖像，因為這是一種「視覺過程」，既不需要用語言表達來形容，也不需要將臉部分解為各個元素，畢竟大腦在短暫看到臉部時並不是這樣運作的。

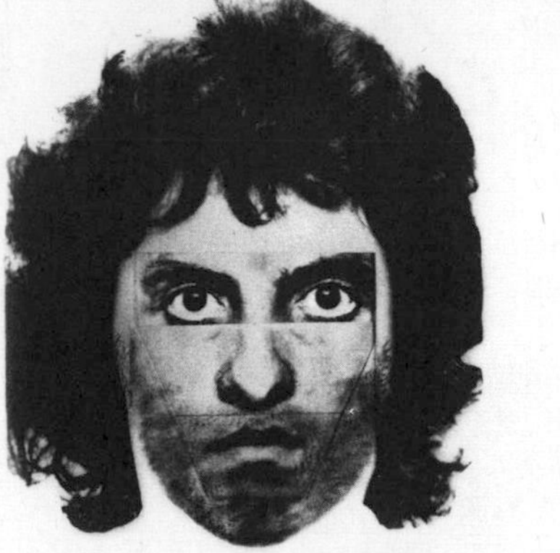

▲一名老婦人在英國肯特郡湯布里奇鎮的家中被毆打致死，圖為因謀殺而被通緝的男子肖像。這幅肖像根據幾名目擊者所提供的描述，利用PhotoFIT拼湊而成，這些目擊者曾多次看見他到這名老婦人家中。

有些正在開發中的軟體，可以基於DNA來進行臉部重建。透過遺傳數據的分析，可以確定諸如皮膚、頭髮、眼睛顏色、身高、年齡、臉型、鼻子形狀和禿頭與否等細節。就目前而言，這種技術和3D臉部重建技術，都不是法律認可的正式辨識技術，產生的證據尚無法被法庭接受；不過這確實可以用來縮小潛在嫌疑者的範圍，還可同時獲取DNA方面的其他證據。這種技術在未來極具潛力，不僅可以用來辨識嫌犯，還可以協助重建只留下頭骨的受害者臉部，讓別人有認出他們的機會。

筆跡，展現你的個性

一個人的筆跡就像指紋一樣具有特徵和個性，難以改變。如果因傷而無法用慣用手寫字的人，在經常被迫用另一隻手寫字後，字跡中與慣用手寫字相同的特徵，便會逐漸出現。**筆相學家宣稱能夠判別這些特徵以及書寫者的心理狀態，還可能藉由書寫者的心理狀態，反過來找出潛在或實際的罪犯。**（審定註：筆跡鑑定與筆相學〔graphology〕不同，筆跡鑑定乃是藉由字跡書寫慣性與變異特徵的範圍，來判斷書寫者；筆相學則是藉由字跡，推測書寫者性格。）

無論一個人是否試圖掩飾他們的筆跡，或是筆跡受到身體、情緒、環境的影響，筆跡裡的大量細節，都可以幫助專家辨識該書寫者。舉例來說，雖然每次簽名都不會一模一樣（事實上，兩個完全相同的簽名會立刻讓人懷疑是偽造的），但本質上書寫慣性特徵並不會改變。

▲針對用於鑑識科學的筆跡鑑定，進行電腦化的辨識系統研究。該系統可以確定兩個字母是否由同一個人所寫，還可以提供有關書寫者性格特質的線索。

犯罪檔案

安東・法恩德里奇（Anton Fähndrich）

一位頂尖的筆跡專家，針對瑞士一系列爆炸事件的年輕嫌疑犯，提供了極為詳細的剖繪資料。當警察找到這名男子時，發現他與筆跡專家的描述相當吻合。

一九六二年六月三十日傍晚，一枚炸彈在瑞士琉森市一家餐館的電梯內爆炸。接著在二十四小時內，連續發生了四起爆炸，包括另外兩部餐廳電梯、一個地窖和一輛汽車下方，導致五人受傷，其中一人重傷，並造成價值十萬瑞士法郎的損失。過了不久之後，又發生了兩起爆炸。

當警方檢查這些炸彈碎片時，發現雷管是標準製造品。經查詢，他們找到了一名槍枝經銷商，這位經銷商記得幾天前，把這些雷管賣給一名在登記冊上簽名「Afled Späni」的男子，該男子還寫了一個假地址。

警方請來了蘇黎世著名筆相學家M・李森奧（M. Litsenow）協助。雖說不太可能只靠姓名和地址來剖繪一個人的性格，但他願意一試。針對簽名，他表示顯然是假名，因為書寫起來很不自然。他還推測寫字的人是個智商一般的普通人，年齡介在二十到四十歲之間，估計比較接近二十歲；在學校應該是個可憐蟲，性格並不穩定；雖然會製造炸彈，但手法並不專業，應該不是相關技術人員；由於個性上明顯不穩定且自卑，所以不太可能從事會與公眾接觸的門市工作。如果他是一名農業雇工，可能不會知道琉森市的餐館在哪裡，況且這座城市的工廠很少，如此結合前面判斷，他可能是臨時工、倉管人員或者類似的工作。

李森奧說，鑑於這個人的自卑情結，其炸彈攻擊的動機，很可能源於自我感覺重要的需求。同時，他外表上看起來很拘謹，**從筆跡則可看出他應該很健壯、精力旺盛，甚至可能擅長運動**。

另外，幾乎可以肯定他認識一個名叫「阿弗雷德」（Afled）的人，**他寫的地址與他的生活一定有所聯繫**，而他的父母可能酗酒或分居。李森奧建議警方可以諮詢社服部門。還有，這名男子很可能曾因一件小事，與警方發生衝突。

有了這些剖繪線索後，警察逮捕了六名年輕男子。除了一名男子有嫌疑外，其餘人均查無嫌疑。這名男子的名字叫安東．法恩德里奇，二十歲，是一名倉管人員。他穿著拘謹，棕色頭髮往後梳齊，臉上留著小鬍子，住在一間教堂旅館裡，那邊的人都很喜歡他。

比對過嫌疑人的筆跡與假簽名，警方發現許多相似的特徵，而且地址是他以前當臨時工的地址；此外，他最近贏得了兩次拳擊比賽冠軍。當警方訊問時，法恩德里奇提到他的父母，因酒後鬧事多次被捕後分居。一開始他否認與爆炸事件有關，最後終於承認放置這些炸彈是「為了報復社會」，炸彈的聲音、大眾的喊叫聲和警笛聲，都讓他興奮不已。

儘管 Write-on 和 CEDAR-FOX 等應用程式的開發，已經對冗長的辨識過程有了很大幫助，然而筆跡的分析和比較，根本上是一項非常漫長而複雜的任務。筆跡的判斷原則，先是在十九世紀的法國獲得闡述，隨後主要在德國和瑞士有所發展。

筆相學家會先將書寫分成三個區域（英文字跡鑑定的區分法）。一般來說，年幼的孩子經常在作業簿上練習寫字，而作業簿上三個區域是用四條水平線畫出來的；隨著年齡增長，有些人依舊以同樣的方式書寫，但**大多數人的書寫方式會與標準形式有所「變異」，表現出自己的個性**。筆相學家認為，這些變異便是個性的確切指標。例如書寫文字的上層區域代表智力、精神品質、野心和理想；中間區域代表個人的好惡、理性和對日常社會生活的適應能力；下層區域則可揭示本能和潛意識的衝動，以及書寫者的性慾和物質利益等。

接下來，筆相學家會分析筆跡的傾斜度，再分析英文字母的形成方式，包括個別字母或成組單字都要看。以大寫字母來舉例，一般認為字體較大表示個性慷慨，且很需要表達自我和受到關注；字體較小表示自卑，且渴望平靜的生活；寫得又

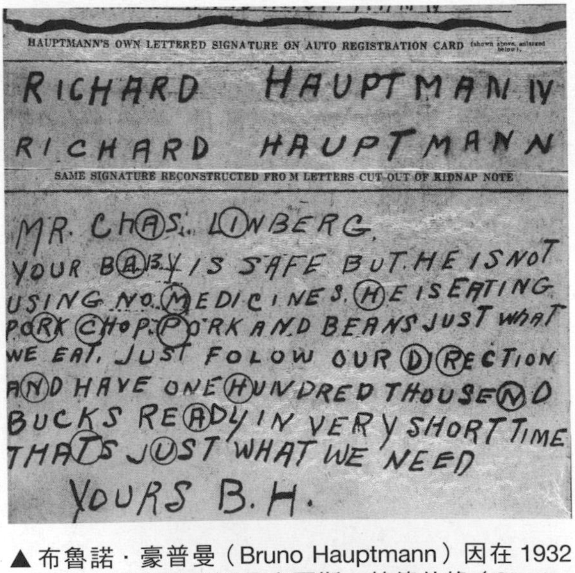

▲布魯諾・豪普曼（Bruno Hauptmann）因在 1932 年綁架和謀殺飛行員查爾斯・林德伯格（Charles Lindbergh）的小兒子而受審，圖為審判中出現的證據。照片裡圈出的許多字母，都與 1934 年豪普曼在汽車登記申請書上的筆跡相似。

高又窄表示個性強烈但壓抑，難以結交朋友、拘束，挫敗感隨之而來；稜角分明顯示出侵略性和固執，缺乏適應力；字體較圓表示深情和幽默，如果字圓且又寬又胖的話，則代表隨和與懶惰；筆畫末端往內回捲，則被認為是欺騙的徵兆。

最能說明這些問題的便是大寫字母「I」（我），它在筆跡中直接代表「自我」。例如寫得較小的I，代表缺乏自信；而一個華麗而誇張的I，則是一個人想要成為目光焦點的標誌性寫法；如果I是一個簡單的向下筆畫，代表個性自信、聰明和平衡；若I不直或向左傾斜，無論哪一種，都表示這個人無法安心享受生活，可能是對過去的事情感到內疚，或有欺騙的傾向。

當然，這些只是筆相學家採用的幾個標準判例，而這種話題既豐富又引人入勝。

心理剖繪，分析罪犯特質

一九五〇年代，切薩雷．龍布羅梭關於罪犯外型測量的理論早已被拋棄，犯罪學家們更認真的把注意力轉向「犯罪心理學」。

最早的完整研究報告由卡爾．伯格（Karl Berg）教授撰寫於一九三〇年，內容與德國連環殺手彼得．庫爾滕（Peter Kürten，被媒體稱作「杜塞道夫的吸血鬼」〔Vampire of Düsseldorf〕）有關。但更進一步的研究，要一直等到一九五七年，當時詹姆斯．布魯塞爾（James Brussel）博士對「紐約瘋狂炸彈客」喬治．梅特斯基（George Metesky，見下頁犯罪檔案）所做的心理分析，準確到令人難以置信。

犯罪檔案

喬治．梅特斯基（George Metesky）

「紐約瘋狂炸彈客」的罪犯剖繪，是心理分析史上的首次重大成功。這項技術在現在聯邦調查局追蹤暴力犯罪分子的過程中，依舊發揮著重要作用。

一九四〇年十一月，在紐約電力供應廠商聯合愛迪生（Consolidated Edison）的窗臺上，發現了一枚小型未爆彈。旁邊留有一張全英文大寫的便條紙：「騙子聯合愛迪生，這是給你們的！」十個月後，在街上發現了另一枚類似的未引爆炸彈。而當日本於一九四一年十二月偷襲珍珠港時，警方又收到了另一張貼在紐約西徹斯特郡的便條紙，上面寫著：「在戰爭期間，我將不再製造炸彈。我的愛國情操讓我做此決定，我會日後再把愛迪生集團繩之以法，他們將為卑鄙的行為付出代價。F.P.」

在接下來的五年裡，包括聯合愛迪生、報社、飯店和百貨公司等，都收過類似的通知。然後就沒有動靜了。警察猜測 F.P. 若非放棄了行動，就是已經過世了。結果在一九五〇年三月二十五日，大中央車站（Grand Central Station）又發現了一枚未引爆的炸彈。

所有炸彈都是精心製作，而且「瘋狂炸彈客」（大家開始如此稱呼這個人）看起來並不打算將這些炸彈引爆。然而，下一顆放在電話亭的炸彈確實爆炸了，而寄給報社的信件帶來了更強烈的威脅：「為正義而做。」在接下來四年裡，陸續有十二枚炸彈爆炸，一九五五年放置的六枚炸彈中，有兩枚沒有爆炸。

隨著炸彈的破壞力越來越大，儘管目前只有四個人受了輕傷，但炸彈客顯然變得更加憤怒。他在寄給《紐約先驅論壇報》（*New York Herald Tribune*）的一封信中宣稱：「爆炸事件將一直持續到聯合愛迪生公司被繩之以法。」

一九五六年十二月二日，一枚炸彈在布魯克林區的派拉蒙劇院（Paramount Theater）爆炸，造成六人受傷，其中三人傷勢嚴重。紐約警察犯罪實驗室的督察霍華・芬尼（Howard E. Finney）決定採用當時最特別的做法，前去諮詢精神病專家詹姆斯・布魯賽爾博士。

布魯賽爾博士向芬尼提供了非常詳細的罪犯心理剖繪。據他分析，瘋狂炸彈客是一名男性，可能是偏執狂，年齡約五十歲左右；體格強壯，鬍子刮得乾乾淨淨，外表一絲不苟。他還是一個獨來獨往的人，未婚，但可能與一位年長的女性親戚住在一起。此外，他是移民或移民之子，很

▲「瘋狂炸彈客」喬治・梅特斯基被關押在沃特伯里的監獄裡。他在被捕後對攝影師微笑，結束了一場持續 16 年的間歇性爆炸破壞行動。

可能是斯拉夫人或波蘭人，英語不是他的母語，**「而且當你逮到他時，他應該會穿著雙排扣西裝，而且扣子扣得整整齊齊」**。

警方依照布魯塞爾博士的建議，公布了這份剖繪摘要。之後，炸彈客寫了一封信給《紐約新聞報》（*New York Journal-American*），提及他在聯合愛迪生的工廠受傷，造成了永久殘疾，卻未收到任何賠償。當警方仍在查看聯合愛迪生的人事紀錄時，該名男子在另一封信裡提供了最後的線索：「我在一九三一年九月五日，在聯合愛迪生工廠工作時受傷。」

警方從人事紀錄上查到一個符合條件的人——喬治．梅特斯基。他出生於一九〇四年，是一位波蘭移民之子，住在布里奇波特、康乃狄克州和西徹斯特郡三地附近一個大型波蘭社區裡，而之前那些信件，恰好

▲ 梅特斯基被捕後第二天早上，警方在他家車庫發現了製造炸彈的材料。

是從布里奇波特到紐約市之間區域所寄出。警方打電話到梅特斯斯基家裡，他現在和兩個同父異母的姐姐，住在布里奇波特附近的沃特伯里。梅特斯斯基的體格很好，但由於當時是深夜，他正穿著睡袍。於是警探請他穿好衣服，等他再次出現，身上穿著襯衫和領帶，以及一件藍色的雙排扣西裝，並且扣好了所有扣子。

梅特斯斯基因有精神障礙，不適合受審，所以被法官判定終身監護。還有，他說字母「F. P.」代表「公平競爭」（Fair Play）。

從一九五〇年代起，犯罪學家對所謂的「心理剖繪」越來越感興趣。然而，這項理論在一九六四年嚴重受挫，當時由一群精神病學家組成的團隊（布魯塞爾博士也是成員之一），協助警方分析「波士頓勒殺狂」的心理剖繪。他們得出的結論是（必須說，布魯塞爾博士並不同意此結論）：有兩名罪犯，一個是獨居的男人，很可能是一名學校老師；另一個罪犯則是憎恨女性的同性戀。然而，當真凶阿爾伯特・德薩爾沃終於被查獲，警方發現他是作案的唯一凶手，而且是一個性慾旺盛、有孩子的已婚男子。

一九六九年，霍華・泰騰（Howard Teten）在位於匡堤科的聯邦調查局學院（FBI Academy），開始研究心理剖繪。他從布魯塞爾博士身上學到許多珍貴的見解。帕特・穆蘭尼（Pat Mullany）在一九七二年加入他的行列，兩人開始把連續殺人犯的採訪用錄音帶建檔，並使用電腦資料庫，搜索類似的思維模式。一九七四年初，他們一起在匡堤科建立了聯邦調查局的「行為科學小組」（Behavioral

Science Unit），並將羅伯特・雷斯勒（Robert Ressler）招進團隊中。

這個初出茅廬的單位，很快就有機會測試他們的犯罪研究。一九七三年六月，七歲的蘇珊・耶格（Susan Jaeger）在美國蒙大拿州博茲曼市附近，從家人一起露營的帳篷中被綁架。泰騰和穆蘭尼整理了一份初步剖繪資料：嫌犯是一名住在該地區的年輕白人男性，獨自一人在晚上散步時看到了這個家庭營地。他們還得出結論，認為女孩可能已經死亡。

博茲曼聯邦調查局幹員彼得・鄧巴（Peter Dunbar）看到一名嫌疑人符合這個描述——二十三歲的越戰退伍軍人大衛・邁爾霍夫（David Meirhofer），但沒有證據能夠證明他與綁架案有關。後來在一九七四年一月，一名拒絕邁爾霍夫追求的十八歲女孩也失蹤了，他再次成為嫌疑人；但他自願接受測謊和注射「自白劑」（truth serum）[40] 測試，而且兩者都通過了。

然而，匡堤科團隊還有更多資訊要處理，他們分析出來的罪犯剖繪，

▲紐約心理學家詹姆斯・布魯塞爾博士，藉由「紐約瘋狂炸彈客」喬治・梅特斯基的心理剖繪，取得了重大成功。他手上拿的是他所寫的《犯罪心理醫師案例手冊》（*Casebook of a Crime Psychiatrist*）。

絕對符合邁爾霍夫。而且他們知道有些精神病患可以將負責犯罪的人格，與自我人格區分開來，因而通過測謊。泰騰和穆蘭尼還認為嫌犯很可能是那種會打電話給受害者親屬，以「重溫犯罪刺激」的人。因此，鄧巴要求女兒被綁架的耶格夫婦，在電話旁邊放一臺錄音機。

果然，在蘇珊被綁架的滿一年那天，耶格夫人接到一個男人打來的電話，說他把她女兒帶去歐洲了，並且給她一個很好的生活，比父母所能提供的更好。一名語音分析師據此做出結論，錄音帶上的聲音與邁爾霍夫的聲音相符。然而根據蒙大拿州法律，這個證據並不足以獲得法官開出的搜索票。於是，穆蘭尼安排耶格夫人在他的律師辦公室與邁爾霍夫對質。在整場會議期間，他都表現得很冷靜鎮定，但耶格夫人回家後不久，就接到了一名「先生」的電話。對方自稱「鹽湖城的崔維斯」（Mr. Travis of Salt Lake City），並說是他綁架了蘇珊。還沒等他繼續說，耶格夫人就打斷他的話：「嗯，大衛你好。」

終於，鄧巴得到了搜索票，並在邁爾霍夫家中發現兩名失蹤女孩的遺體。邁爾霍夫最終承認犯案，還坦承自己殺了一名當地男孩（當時尚未破案）。不料被捕隔天，他就在牢房裡上吊自殺了。

在美國，不光是聯邦調查局對連環殺手的心理狀態感興趣而已。早在一九五七年，一位名叫皮爾斯．布魯克斯（Pierce Brooks）的洛杉磯警探，就被派去調查兩名年輕女性遭性侵和謀殺的案

40 譯註：又稱「吐真劑」，是一種可以降低中樞神經活性、具有鎮靜效果的麻醉藥物，可以降低大腦在說謊時必要的編謊能力，因而讓人更容易說實話。

件，而這兩名女性明顯沒有關聯。他得出的結論是，兩起案子的凶手是同一人，接著他花了幾週時間瀏覽報紙與文件，尋找跟這個凶手有相同犯罪手法的其他謀殺案件。當凶手哈維・格拉特曼（Harvey Glatman）最終被捕時，布魯克斯從格拉特曼的偵訊裡得到一份詳細的供詞，這也是記錄連環殺手心理狀態的早期文件之一。

一九八三年七月，已經從事警察工作三十五年的布魯克斯（現在成了警方顧問），出現在華盛頓特區的參議院小組委員會面前。他與時任行為科學小組負責人羅傑・德普（Roger Depue）一起提議建立「暴力犯罪逮捕計畫」（ViCAP）。幾個月後，雷根總統宣布成立「國家暴力犯罪分析中心」（NCAVC）。在成立之前，匡堤科做犯罪研究工作的聯邦調查局探員們，主要是依據犯罪現場的照片，來提供罪犯及其周圍環境的詳細剖繪。現在他們引進了ViCAP的犯罪分析報告，分發給所有五十九個現場研究部門。目前仍在使用的表格上，有大約兩百個問題，涵蓋了「案件管理數據」、「犯罪分類」（包括可能相關的罪行）、犯罪細節及其受害者、犯罪手法、驗屍資料和鑑識證據等資料。使用此表格時（必須在電腦上填寫並歸檔），調查人員可以要求NCAVC將罪行與電腦資料庫中的其他犯罪案件做比較。一九九七年，行為科學小組更名為「行為分析小組」（Behavioral Analysis Unit），作為執行刑事調查分析項目的調查支援單位。

現在的「行為調查諮詢」（英國）或「刑事調查分析」（美國），仍然受到警方高度重視，可以幫助調查人員檢查證據並建立罪犯檔案，**檔案內容包括行為模式、人格特徵、精神病理學和人口統計方面（例如種族、年齡或地理位置）等心理變量**。這些訊息可以用來縮小嫌疑人的範圍，亦可據以調整審訊在押嫌犯的方法。至於調查心理學的方法，包括了罪犯剖繪和犯罪行為分析等。

犯罪檔案

理查德．特倫頓．蔡斯（Richard Trenton Chase）

聯邦調查局專家羅伯特．雷斯勒坐在辦公桌前，就能提供加州一名精神病殺手的罪犯剖繪。

一九七八年一月二十三日，沙加緬度卡車司機大衛．沃林（David Wallin）回到家中，發現二十二歲的妻子特蕾莎．沃林（Teresa Wallin）陳屍在臥室。屍體旁有個優格的罐子，似乎曾被凶手用來喝下被害者的內臟血液，而且被害者身體也有幾個部位不見了。

案件發生時，聯邦調查局行為科學小組的羅伯特．雷斯勒正要造訪西岸。他在出發之前，寫下了本案罪犯的初步剖繪：

白人男性，年齡約二十五歲到二十七歲；外表瘦弱、看起來營養不良。住所極其髒亂、邋遢，可在此找到犯罪證據；有精神病史，曾吸毒。不與人來往，獨自生活，可能大多待在家裡。失業，可能收到某種形式的殘障補助金；若有跟任何人同住，應該就是和父母。無服役紀錄；高中或大學輟學。可能受一種或多種形式的妄想性精神狀態所苦。

在雷斯勒抵達加州之前，凶手再次犯案。一月二十六日，在距離沃林謀殺案不到一英里（約一．六公里）遠的一間房子裡，警方發現了三具屍體──三十六歲的伊芙琳．米羅斯（Evelyn Miroth）遭到肢解，死狀甚至比前一案件的特蕾莎還要殘忍；她六歲的兒子傑森（Jason）和家人的好友丹尼爾．梅雷迪思（Daniel Meredith）被槍殺；伊芙琳的小侄子則失蹤了。警方從嬰兒床裡的血量來看，確信他也已經死了。

「我越發感到急迫和確定……這個人一定會再次殺人。」雷斯勒在罪犯剖繪裡添加了更多細節：「單身，獨自生活……離遺棄的旅行車應該不到一英里。」他認為這名**男子先前曾在該地區盜竊「特定物品」，例如女性衣物之類的東西，而非鎖定更有價值的目標**。

在雷斯勒的建議下，警方將調查集中在這個小區域內。隨後他們找到了一位目擊者，曾與她在高中時認識的一個年輕人交談過，那個年輕人名叫理查德．特倫頓．蔡斯，而他的外表相當令人震驚：「蓬頭垢面、像死屍般削瘦，身上的運動衫沾有血跡，嘴巴周圍有發黃的麵包皮，而且眼睛凹陷。」

於是警方派人監視蔡斯的家，將他引出再加以逮捕；當時蔡斯持有一把點二二轉輪手槍，以及梅雷迪思的錢包。在他的卡車裡，警方發現了一把十二吋長的屠刀，以及沾滿血漬的橡膠靴。他的家裡相當髒亂，冰箱裡有幾個容器，裝著身體部位和人腦組織。日曆上寫有「今天」字樣的那幾天，正是犯案的日期，而整本一九七八年日曆上，還註記了另外四十四個日期，而且都寫上同一個詞。

蔡斯被捕後，電腦的罪犯特徵搜索或對兇手的偵訊都顯示，雷斯勒剖繪得非常準確。

罪犯剖繪在許多情況下都被證明相當有用。例如在一九八二年至一九八六年間，倫敦警方正在追捕一名犯下至少三十起性侵和三起謀殺罪的男子。一九八五年七月，他在一夜之間攻擊了三名婦女。警方所掌握的線索，是作案地點遍布倫敦市和倫敦周圍各郡，但都在火車站附近，且三名謀殺受害者都以相同方式被勒死。薩里大學（University of Surrey）應用心理學教授大衛．坎特（David Canter）利用警方提供的訊息，製作了這名歹徒的罪犯剖繪：住在倫敦北部的基爾伯恩至克里克伍德地區一帶，是一名半熟練工人（技術要求較低的工人），很了解倫敦鐵路系統，且工作不需與大眾有太多接觸；已婚無子，與妻子關係並不穩定；有一、兩個往來密切的男性好友。

警方在電腦上查到超過兩千名符合剖繪的嫌疑人。經比對坎特的分析資料與警方資料庫，約翰．法蘭西斯．達菲（John Francis Duffy）的名字排在最前面，而當鑑識證據確定他就是兇手時，警方發現坎特的罪犯剖繪裡寫到的十七個重點，有十三個完全符合。

另一個比較特別的案例，則與英國心理學家保羅．布里頓（Paul Britton）的工作有關，他曾多次協助警方查案。一九八八年八月，寵物食品公司寶路（Pedigree Petfoods）收到一封信，宣稱他們的食品罐頭已經被毒藥汙染，信中要求寶路在五年內付給他五十萬英鎊。警方諮詢了布里頓，他認為這種威脅非常嚴重。信裡透露出寫信者並非精神病患者，而且是一名智力中等以上的男性，儘管沒有達到大學水平，但受過正常教育。布里頓建議寶路，應該開始支付款項到敲詐者在信中列出的幾個儲蓄帳戶，而且要用假名付款；希望在適當的時機點，有人現身從自動提款機提款。

就在寶路交付第一筆勒索款項一週後，開始有人提取帳戶裡的現金，而且幾乎每晚都會在英國各地的提款機提款。待警方把這些提款地點標示在地圖上，便可推斷出勒索者的活動範圍。布里頓也做出結論，表示這個人住在倫敦東部的霍恩徹奇地區附近。他並不是年輕人，因為他很有耐心的計畫了這場行動，而且根據他可以到處自由旅行來看，很可能是一名退休人士。

警方一直對案件保密，並隨機選擇全國範圍內的提款機地點進行祕密監控，可惜失敗了。後來有家報紙披露了此案件，歹徒遂將勒索目標換成亨氏食品公司（H. J. Heinz Company）。毫無疑問，警方發現他是認真的，因為廠商很快就發現罐裝的嬰兒食品，被混入氫氧化鈉粉末或破損的剃刀片。剛開始亨氏食品公司不願比照寶路的做法，但最終還是同意付款到歹徒提供的帳戶。

在與警方的私下談話中，布里頓說出了駭人的看法——他認為敲詐者曾是一名警察。因為**歹徒對警方的調查程序非常熟悉，而且可能相當了解以前類似案件的做法，所以甚至知道哪些提款機可能被監控**。對此，布里頓表示：「這人個性頑固，在擔任警察時可能表現不佳。他本以為可以升遷，結果職業生涯卻停滯不前，他便怪罪於自己的上司……他正在展現自己本來可以做得多好。」

最後，在一九八九年十月二十日，一個監視小組終於在倫敦北部逮捕了一名接近自動提款機的男子，名叫羅尼・威徹洛（Rodney Witchelow），四十三歲，就住在霍恩徹奇地區。他曾經是東倫敦地區重案組的警探，於一九八八年十月因醫療原因退休，但還與同事們保持著良好友誼——有一次，他竟然坐在一輛警車上，參與監視提款機的行動。

第十七章

鑑識的科學與設備

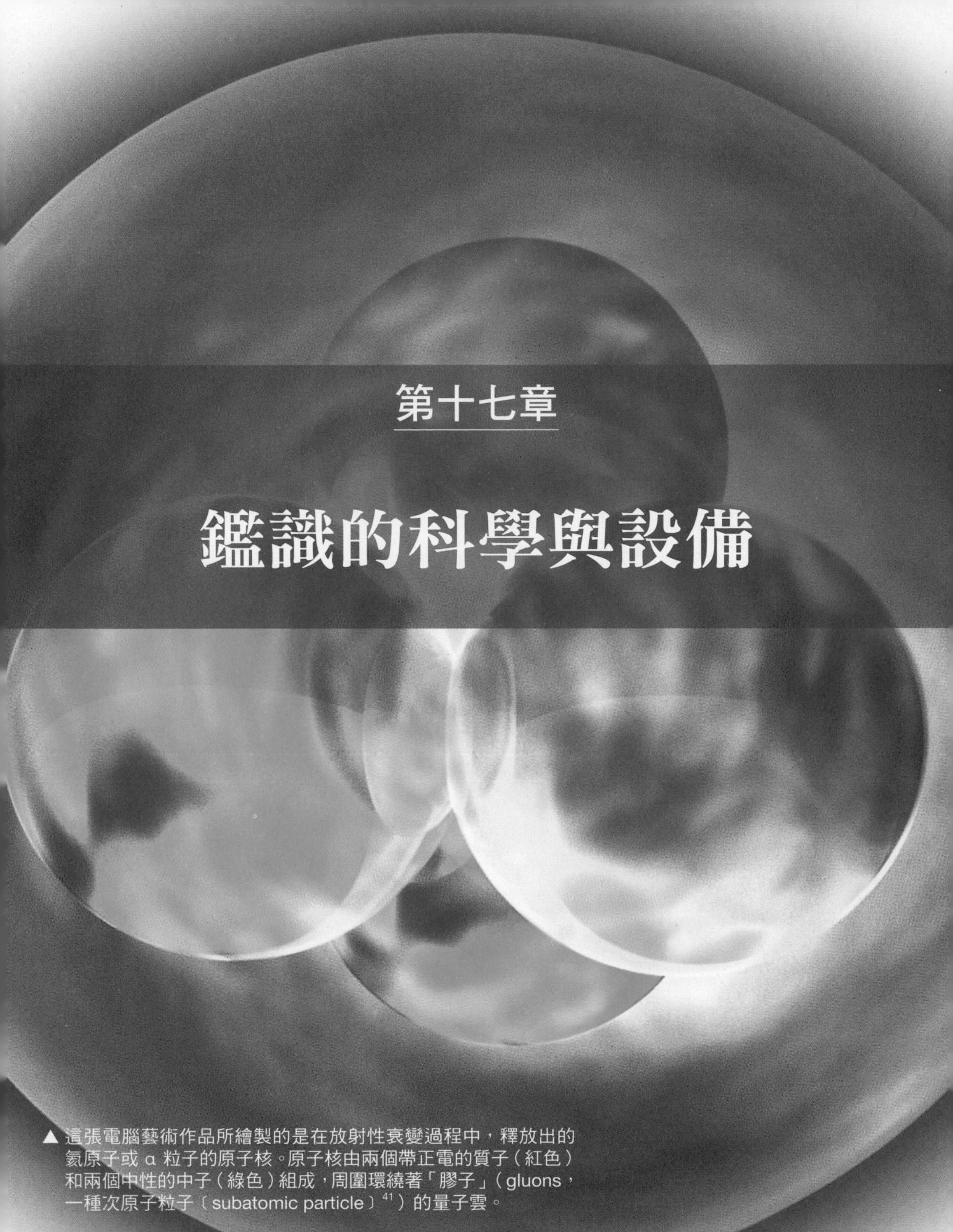

▲ 這張電腦藝術作品所繪製的是在放射性衰變過程中，釋放出的氦原子或 α 粒子的原子核。原子核由兩個帶正電的質子（紅色）和兩個中性的中子（綠色）組成，周圍環繞著「膠子」（gluons，一種次原子粒子〔subatomic particle〕[41]）的量子雲。

41 譯註：比原子還小的粒子，例如電子、中子、質子、夸克、膠子等。

有許多針對犯罪的鑑識調查都涉及到微物跡證，例如血液、精液和汗液中的DNA；爆炸殘留物；毒藥；毛髮和纖維；油漆、玻璃、紙張和墨水；以及泥土和沙子的微細碎片等。

當現場找到這些微物跡證時，通常都已經被其他物質汙染了。我們在實驗室檢查時可以使用專門的技術和設備，分離和辨識每個單獨的成分。我們將簡要說明實驗室採用的主要分析方法，希望有助讀者理解過去和現在的調查所涉及的科學原理，藉以了解目前鑑識調查的複雜性。

色層分析法，從混合物中分離單一化合物

在所有類似的分析形式中，色層分析法（簡稱層析法）是一種從混合物中分離和辨識單一化合物的巧妙方法。這個名字是在一九〇六年，由此技術的最早開發者——俄羅斯植物學家米蓋爾・斯維特（Mikhail Tsvet）所命名；他利用層析法來分離植物色素。

所有層析法的原理都涉及兩個「相」：可以吸附混合物成分物質的「固定相」，以及所有成分都可溶解於其中的「移動相」。組成成分的分離取決於固定相和移動相之間，對於檢體成分的分子競爭。**當檢體被移動相帶動而通過固定相時，不同的組成成分會以不同的速率被吸附與分配，並逐漸分離。**

斯維特的技術非常簡單，當初他把酒精中含有各種植物色素的溶液樣本，放在裝有氧化鋁柱（當時是碳酸鈣柱）的玻璃管頂部。繼續添加更多的酒精後，溶液會沿著試管向下移動，使各種植物色素逐漸分離成條帶狀。最後，不同的植物色素就會在酒精溶液中分離出來。

而在現代的改良裡，我們會使用許多不同的檢測器，可以感應並選擇性的辨識和量化這些成分。分析後的訊息也會呈現在連接到檢測器的電腦上。我們還可以測量溶劑從柱底流出時，對於紫外光的吸收情形（見第四〇八頁的「光譜測定法」），並將其記錄為層析圖。

層析的其他改良包括「濾紙層析法」和「薄層層析法」，這兩種方法都可以直接辨識成分，無須進一步分析。濾紙層析法使用一張濾紙作為固定相；薄層層析法則是在玻璃板、金屬或塑膠薄膜上，使用矽膠、氧化鋁或纖維素等吸附劑薄膜，加上石膏之類的固定劑。將固定相的下端浸入適合的溶劑中，溶劑會透過毛細作用向上移動。待分析的樣本斑點放在底部，已知物質的對照組樣品則放在旁邊。當溶劑移動到頂部之後，將紙、板、金屬或薄膜等之固定相烘乾，接著噴灑合適的試劑或用紫外線照射來定位分離的成分物質。如果來自未知樣本的斑點移動到與已知物質「相同距離」，便可比對出混合物裡的特定成分。

氣相色層分析法，也稱為氣液色層分析法，用於分離液體和氣體的混合物，也都在層析柱中進行，共分為三種方法。在一般「氣相色層分析法」裡，固定相乃是以細黏土或玻璃珠、碳氟化合物、石墨化碳黑珠或常用的矽藻土上，塗裝在不銹鋼、玻璃、石英或氣相層析管柱中；移動相則是指惰性氣體如氮氣、氦氣或氫氣等，以帶動被分析的檢體。至於液體，必須加熱到各自的沸點以上，管柱也得加熱。而各種類型的檢測器，可以測量隨後出現的不同成分。

固體樣本如纖維和油漆，也可以透過這種方法的延伸做法進行分析，即「熱解氣相色層分析法」。此方法要將樣本加熱到分解成氣態成分的溫度。分離開來的成分物質，通常會具有足夠的特徵，可以與已知物進行比對而辨識出來。

「液相色層分析法」則可在平面或管柱中進行，並使用液體作為移動相。目前最常使用的類型是高效液相色譜，必須使用非常小的填充顆粒以及較高的壓力來進行。

在後來的改良裡，分離化合物的高效液相色層分析法和氣相色層分析法，可以與質譜法（稍後詳述）相互結合應用。質譜法是一種量測帶電粒子質量／電荷（m/z）的分析方法，用來縮小化合物的可能範圍，因此更能協助辨識物質。

▲ 高效液相色層分析法可以將化合物分離為其組成部分，以便在實驗室中分析和鑑定。它在鑑識學裡具有相當多用途，包括分析毒品、炸藥、纖維、墨水和塑膠等。

電泳，呈現不同速率的分子

在第九章和第十章，均曾概述過電泳的基本原理。從基本原理來看，這種技術類似於層析法，因為它的做法是**依據分子透過固定相時的不同速率，讓這些速率差異呈現為電泳圖**。在電泳中這種「遷移」運動，是由穿過固定相的直流小電流所產生。檢體之成分物質可藉由分子大小在特定介質

（例如洋菜膠）之泳動速率的不同而分離開來，此稱為凝膠電泳。

目前在鑑識實驗室更常見的做法是毛細管電泳。此方法可以分為幾種類型：在亞毫米（submillimeter，小於一毫米）直徑的毛細管進行，以及在微米和奈米流體通道中進行等。這些做法在鑑識實驗室環境中非常有用，可以快速、靈敏且可靠的檢測爆炸化合物和火藥射擊殘跡、確定墨水特性，甚至適用於DNA分析。

質譜分析，成分含量少也能用

質譜儀是鑑識化學分析所使用的複雜設備之一，而就組成部分而言，質譜儀可以用來分析有機化合物（具有由碳原子組成結構的「骨架」）。當有機化合物的混合物透過氣相色層分析法進行分離時，混合物中的許多成分通常含量太少，無法藉由一般化學分析確認，而這就是質譜分析的重要之處。

欲分析的樣本會先被加熱金屬絲產生的電子轟擊，如此可以把樣本中的分子分解成碎片，而且每個碎片都帶電。接下來，碎片進入光譜儀時會通過電場加速，然後進入一個磁場，把它們從直線路徑偏轉成圓形路徑。**這條圓形路徑的半徑會根據個別碎片的質量不同而變化**，較重的碎片沿著半徑較大的路徑移動，較輕的碎片則偏轉到半徑較小的路徑中。**路徑的半徑取決於磁場的強度**，隨著磁場強度增加，較重碎片的路徑半徑會逐漸減小。

質譜儀的內部構造是彎曲的，末端有個狹窄的小縫，縫的另一側則有一個檢測器。當磁場較弱時，只有最輕的粒子會被偏轉到足以透過這個狹縫；隨著磁場加強，較重的粒子也會被偏轉，然後穿過狹縫。如果在磁場增強時，把檢測器移動到狹縫的另一側，便會得到由不同質量電荷比值的片段所形成的光譜。該光譜中的每個片段位置，依其質量的不同而定，而每個片段的強度，又依片段的比例不同而定。只要了解化學結構，便很容易辨識出檢體中的化合物。在實務上，檢測器會與電腦相連，因而可以提供非常快速的分析。

中子活化分析，檢測伽馬射線

放射性元素會發出三種輻射：α粒子（氦核）、β粒子（電子）和伽馬射線（例如X光）。**透過在核反應堆核心中，使用中子來轟擊其他元素，可以讓這些元素具有放射性**。而每個元素都會發射具有特性能階的伽馬射線，所以我們可以檢測這些元素所發射的伽馬射線，並測量其能量以辨識。這種方法可用來辨識金屬、油漆、玻璃、纖維和其他材料中的微量元素，以及其比例。

折射測定法，光透過特定材料的速度各異

在第十三章提過了玻璃等材料折射率的實驗室測量方式，而被稱為「折射計」的儀器，也可用於測量折射率（尤其在遇到液體的情況下）。

我們已經知道發生折射的原因，是因為光通過特定物質的速度小於真空（或者，實際上是空

氣）中的速度，折射率指的便是這兩種速度的比值。「色光光譜」是由玻璃稜鏡或在彩虹中，因為折射率隨光的波長變化而產生。因此，**折射計會使用單一波長的光，通常是用黃鈉光（鈉光燈）**。比較典型的例子便是「浦夫立奇折射計」（Pulfrich refractometer），這是一個由拋光的玻璃塊所組成的儀器，上表面有一個可以裝液體的小凹槽。當一束鈉光從下方穿過玻璃塊，測量其射出角度便可計算出液體的折射率。

顯微鏡種類多，偏光、電子、原子力……功用都不同

「簡單顯微鏡」是利用穿透被分析檢體的反射光線，或從檢體表面反射的光線，透過透鏡系統加以放大觀察；即使方法如此單純，但在辨識跡證方面仍舊具有極大價值。「比對顯微鏡」則是把兩個檢體並排放置，接著透過單一目鏡觀察，這我們在第十二章有提過。

「位相差顯微鏡」在辨識纖維和檢查生物組織方面非常有用。實際上，這種工具會導致一些穿過檢體的光波與其他光波「不同步」，使得樣本內部結構的某些部分（變得透明），被看作相對清晰的明暗反差。

「偏光顯微鏡」和「複合顯微鏡」、「立體顯微鏡」，三者都是現在鑑識科學家經常使用的光學顯微鏡類型。顧名思義，偏光顯微鏡使用的是「偏振光」（電磁波只會在同一平面上振動的光），不僅可以用來檢測微小證據碎片（如纖維、晶體和土壤）的存在，亦可根據偏振照明下不同材料的獨特外觀，協助辨識微物證據。

普通光學顯微鏡的放大倍率和解析度，受限於可見光的波長，無法看到小於波長的結構。而電子顯微鏡，就是為了解決這個問題而開發的。雖然電子也被當成微小的粒子，但它們也能表現出波動的形式（波粒二象性），而且波長比可見光短得多。

電子顯微鏡基本上可分為兩種類型：「穿透式電子顯微鏡」以電子束穿透非常薄的檢體，可以提供放大超過一百萬倍的影像；「掃描電子顯微鏡」則從檢體表面反射電子進行分析，其有效放大倍率範圍為二十倍至三萬倍。

目前也會使用到「原子力顯微鏡」，這是一種解析度非常高的「掃描探針顯微鏡」，使用非常尖的探針來掃描檢體表面，提供有關檢體表面形態的奈米級關鍵訊息。

光譜測定法，檢測各種光的波長

將光分離為其組成電磁輻射的波長，便會產生光譜。人眼可見的波長範圍裡，波長最長的是紅

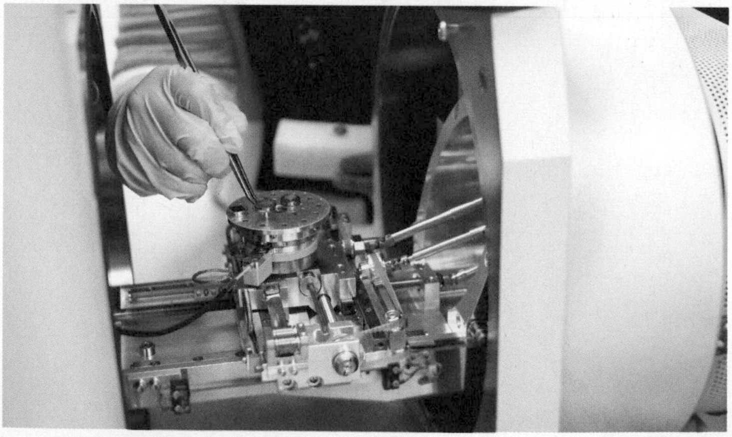

▲掃描電子顯微鏡使用聚焦的高能電子束，在固體檢體表面產生一連串訊號。該訊號是來自電子與檢體的交互作用，所顯示出的檢體訊息，包括組織結構、化學成分和晶體結構等。還有一種穿透式電子顯微鏡，鑑識分析也經常使用。

色，最短的是紫色。此外，波長比紅光更長的是紅外線；波長比紫光短的是紫外線。**光譜儀便是用來檢測各種光的波長**。

當一束電磁輻射穿過檢體物質，某些特定波長會被吸收，而被吸收的波長代表有特定的成分物質，因此可以用來辨識混合物的成分。

其中的「發射光譜法」利用了元素的特性——**元素被加熱到高溫時，會發出具有特徵波長的光，這點在玻璃、油漆和金屬的分析中相當重要**。檢體在碳弧中透過雷射或電子轟擊（例如在質譜儀中）加熱，發出的光通過玻璃稜鏡聚焦以產生光譜。這種光譜通常不是連續光譜，而是由一系列不同顏色的線所組成，每條線代表一個特定的波長。由於玻璃會吸收紫外線，因此當我們需要更寬的光譜時，便會使用一種稱為「繞射光柵」（Diffraction Grating）的設備來取代稜鏡。

「吸收光譜法」則採用相反的原理。**在火焰中蒸發的元素會吸收特定的波長**，輻射源通過火焰照射，再通過繞射光柵，便會顯示被吸收的波長，呈現為光譜中的一連串「暗線」。雖然發射光譜和吸

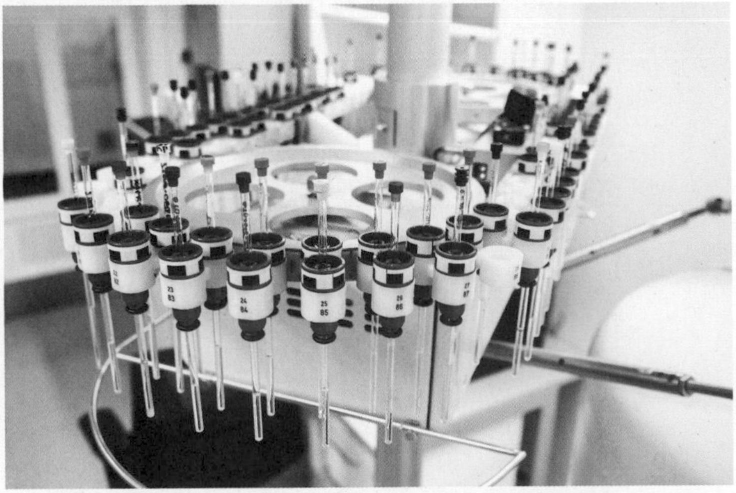

▲「核磁共振譜儀」可用來檢測毒物，尤其是有機磷農藥；毒理學上也適用，可以檢測藥物使用情況，及血液和尿液中的酒精含量。

收光譜都會破壞證據，不過這種做法只需要很小量的檢體，即可進行分析。

「核磁共振光譜」是一種非常靈敏的化學分析技術，讓鑑識科學家能夠了解樣本的分子結構。近年來，隨著藥物化學家研究新型精神藥物化合物的結構，核磁共振光譜儀也越來越常派上用場。

大多數光譜儀器現在都已連接到顯微鏡，或者已經作為「整合顯微鏡系統」裡的組成儀器之一。例如「顯微分光光度計」，用以測量可見光和紫外光範圍內的光譜；「傅立葉轉換紅外光譜儀」則最常用於纖維分析；還有內建「能量色散 X 射線譜」或「波長色散 X 射線光譜」，以及微探針分析功能的「掃描電子顯微鏡」，可以用於分析玻璃和油漆。X 射線能譜分析儀則可用來分析火藥射擊殘跡。在分析玻璃時，可以使用「導感耦合電漿質譜法」來分析元素含量。上述這些儀器有時會被組合使用，以便在可以分析的材料類型方面，具備最佳的辨識力和靈活性。

「高光譜影像」（hyperspectral imaging）是一種以光譜學為基礎的分析技術，最近正在探索鑑識科學上的相關應用。此技術會蒐集幾百張不同波長的圖像，並以精細的波長解析度來測量每個像素的連續光譜。這點相當有用，因為每種材料都有特定的光譜特徵，可以在辨識時有著像指紋一樣的用途。

致謝

特別感謝以下人士提供的寶貴意見和專業知識：丹地大學萊弗休姆鑑識科學研究中心（Leverhulme Research Centre for Forensic Science, University of Dundee）主任尼亞芙・尼克・戴德（Niamh Nic Daéid）教授、丹地大學法醫學資深講師大衛・薩德勒（David Sadler）博士，以及斯特拉思克萊德大學（University of Strathclyde）鑑識科學中心助教佩尼・哈德瑞爾（Penny Haddrill）博士。

第五章內關於咬痕的額外說明（參見第一三五至一三七頁），要感謝丹地大學法醫齒科學資深講師席拉・曼尼卡（Scheila Mânica）博士和法醫齒科學講師阿德米爾・佛朗哥・小羅薩里歐（Ademir Franco do Rosario Junior）博士。

第十章的額外說明，要感謝倫敦蓋伊和聖湯馬斯NHS信託基金會（Guy's and St Thomas' NHS Foundation Trust）臨床遺傳學顧問梅麗塔・歐文（Melita Irving）博士；她也是二〇二一年二月皇家醫學學會「法醫遺傳學」網路研討會主席。

圖片來源

AKG Images: 51, 188, 195, 266

Alamy: 24 (Cliff Hide News) , 247 (PA Images), 250 (Javier Larrea/agefotostock), 257 (Sacramento Bee/Randy Pench/Reuters), 321 (Facebook via USA Today Network/Sipa USA), 332 bottom (Carmen Jaspersen/dpa picture alliance), 351 (DGDImages), 361 (Jochen Tack/imageBROKER), 409 (Forance)

Associated Press: 54, 55, 92, 104, 155, 181, 260, 275, 276, 272, 379, 380

Neville Chadwick Photography: 245

The Fairfax Photo Library: 347

Getty Images: 34 (John B Carnett/Bonnier Corporation), 112 (Natasja Weitsz), 197 (Damien Meyer/AFP), 199 (Halil Sagirkaya/Anadolu Agency), 201 (Orlando Estrada/AFP), 284, 385 (Paul J Richards/AFP)

Getty Images/Corbis: 70, 90 both, 94, 103, 113, 119, 131, 134, 139, 140 both, 145-148 all, 163, 165 top, 200, 212, 216, 285, 288-291 all, 299-301 all, 308, 313, 316, 317, 323-324 all, 327, 363-365 all, 371-373 all, 375, 383, 388, 391, 392, 394

Alexander Gray, Leverhulme Research Centre for Forensic Science: 404

Harrap Ltd/Sir Sydney Smith: 153 right

iStock: 93 (Theasis), 185 (Flyparade), 231 (Manusapon Kasosod), 235 top (Yuri Arcurs), 235 bottom (D-Keine), 337 (dlewis33), 348 (Tuaindeed)

Katz Pictures: 117, 357 (Ben Martin/Time Inc)

Kobal Collection: 109

Mary Evans Picture Library: 53, 87, 89, 98, 99, 101

Richard Neave, Unit of Art in Medicine, Manchester University: 142 both, 143

Oxford Scientific Films: 59, 64 right, 81, 97, 121

PA Photos: 26, 67, 100, 102, 175, 278, 328, 378, 384

Pictor International: 224

Popperfoto: 30, 31, 36-38 all, 46, 57, 62, 63, 368-369 all

Public Records Office: 76-78 all, 153 left, 152 both, 167, 168

Scenesafe Evidence Recovery Systems: 198

Science Photo Library: 21, 43, 65, 108, 120, 124 all, 173, 177, 178, 183, 184, 203, 206, 219, 225, 226, 228, 263, 267, 268 both, 269, 271, 281, 305, 309, 311 both, 332 top, 359, 401

Shutterstock: 25 (Stephen Barnes), 28 (Presslab), 159 (Santi S), 222 (Couperfield), 239 (Ktsdesign), 243 (Choksawatdikorn), 256 (Angellodeco), 340 (Elmar Gubisch), 344 (Artfully Photographer), 408 (Anucha Cheechang)

U.S. Department of Justice/Federal Bureau of Investigation: 190 all

Wellcome Trust Medical Photographic Library: 50, 73, 84, 96, 135, 160, 161, 165 bottom, 293

Wellcome Trust Medical Photographic Library/National Medical Slide Bank: 72, 64 left, 164, 297

Western Mail & Echo: 126-128 all

Western Media Publishing: 236-238 all

國家圖書館出版品預行編目（CIP）資料

神探的科學：毒理學、指紋辨識、臉部重建、鑑識彈道學、血液、DNA分析，最完整鑑識調查技術，長銷20年。／布萊恩．隱內（Brian Innes）、露西．唐卡斯特（Lucy Doncaster）著；吳國慶譯.--初版.--臺北市：大是文化有限公司，2022.08
416面；17×23公分.--（TELL；43）
譯自：Bodies of Evidence: How Forensic Science Solves Crimes
ISBN 978-626-7123-73-7（平裝）

1.CST：鑑識　2. CST：法醫學　3. CST：刑事偵查

586.63　　111008610

TELL 043

神探的科學

毒理學、指紋辨識、臉部重建、鑑識彈道學、血液、DNA分析，最完整鑑識調查技術，長銷20年。

作　　者／布萊恩・隱內（Brian Innes）、露西・唐卡斯特（Lucy Doncaster）
譯　　者／吳國慶
審　　定／白崇彥
責任編輯／張慈婷、連珮祺
校對編輯／陳竑悳
美術編輯／林彥君
副總編輯／顏惠君
總 編 輯／吳依瑋
發 行 人／徐仲秋
會計助理／李秀娟
會　　計／許鳳雪
版權經理／郝麗珍
行銷企劃／徐千晴
業務助理／李秀蕙
業務專員／馬絮盈、留婉茹
業務經理／林裕安
總 經 理／陳絜吾

出 版 者／大是文化有限公司
臺北市100衡陽路7號8樓
編輯部電話：（02）23757911
購書相關諮詢請洽：（02）23757911分機122
24小時讀者服務傳真：（02）23756999
讀者服務E-mail：haom@ms28.hinet.net
郵政劃撥帳號／19983366　戶名／大是文化有限公司

法律顧問／永然聯合法律事務所
香港發行／豐達出版發行有限公司 Rich Publishing & Distribution Ltd
地址：香港柴灣永泰道70號柴灣工業城第2期1805室
Unit 1805, Ph.2, Chai Wan Ind City, 70 Wing Tai Rd, Chai Wan, Hong Kong
電話：21726513　傳真：21724355
E-mail：cary@subseasy.com.hk

封面設計／林雯瑛　內頁排版／江慧雯
印　　刷／緯峰印刷股份有限公司

出版日期／2022年8月初版
定　　價／新臺幣560元（缺頁或裝訂錯誤的書，請寄回更換）
I S B N／978-626-7123-73-7
電子書ISBN／9786267123751（PDF）
9786267123744（EPUB）